Philipp Müller

•

Freitod – Die beste Lösung

Philipp Müller

Freitod – Die beste Lösung

Eine Abrechnung mit der Lebensbejahung
oder das Denken eines 35-jährigen Schweizers
im Jahre 2001 nach Christus

Für alle Unbeugsamen, die der Lebensbejahung entsagen

© 2004 Philipp Müller

Herstellung und Verlag: Books on Demand GmbH, Norderstedt

ISBN 3-8334-1286-0

Dank an meine Eltern für die finanzielle Unterstützung,
einen besonderen Dank an meinen Vater

für die fachliche Beratung
und an meine Freundin Vera für das menschliche Beistehen!

Inhalt

Vorwort

Ich möchte in diesem Buch, in einfacher Sprache und auch für nicht belesene Menschen meine aus der Biographie und grundsätzlichem Denken entstandene Philosophie darlegen. Es ist ein Denken, das keine Hoffnung und keinen Sinn für die menschliche Existenz sieht. Ich vertrete daher die klare Ansicht, dass der Freitod (das Wort Freitod benutze ich bewusst, da das leider immer noch am meisten verwendete Wort Selbstmord bereits eine Verurteilung beinhaltet) die am wenigsten schlechte Lösung für den einzelnen Menschen, ja für die ganze Menschheit wäre. Es soll auch aufgezeigt werden, wie gerade der Anfang jeglicher Tragödie, die Geburt, ein nicht akzeptabler Akt ist und wie die Fortsetzung des menschlichen Lebens eine systematische Abrichtung zur Lebensbejahung durch die lebensbejahende Masse bedeutet. Diese nenne ich bewusst lebensbejahende Mafia oder Sekte. Das Buch wird leider genügend Beweise dafür liefern, wie die lebensbejahende Gesellschaft tatsächlich diese Bezeichnungen verdient. Ich stelle meine Philosophie gegen alle Formen von Lebensbejahung und setze mich mit ihnen und ihren Theorien auseinander. Gerade das fast totale Fehlen einer grundsätzlichen Freitodbejahung in der Menschheitsgeschichte macht dieses Buch bitter nötig. Vor allem fehlt eine wahrhafte und auch moralisch begründete Lebensverneinung, die dann eine Freitodbejahung geradezu verlangt.

Als Leitfaden für dieses Buch zeige ich meine Grundtheorien kurz bereits in diesem Vorwort auf.

Theorie 1:   Grund-Sinnlosigkeits-Theorie: Das Leben mit all seinen unveränderbaren Grausamkeiten (Krankheiten, Umweltkatastrophen usw.) und die Unangepasstheit des Menschen an die Natur führen zu einem Überlebenskampf aller gegen alle. Als wahrer Mensch und Denker muss man aber diesen sinnlosen Kampf ablehnen.

Theorie 2:   Schönheits-Theorie: Im Menschen ist die Suche nach Schönheit veranlagt und diese kennt Grundgesetze, es ist also nicht alles Geschmackssache.

Theorie 3:   Liebes-Theorie: Nach Theorie 1 und 2 kommt es ist in der Liebe zum Kampf aller gegen alle um die knappen Güter Macht, Reichtum und Schönheit. (Dazu gehört auch des Menschen Sucht nach Anerkennung beziehungsweise Berühmtheit, um hier und jetzt in der anonymen Masse jemand zu sein und um nach dem Tode in der Nachwelt möglichst lange unsterblich zu bleiben; dies gilt gerade heute, wo kein Mensch mehr im Ernst an ein Leben nach dem Tode glaubt; das Ganze ist natürlich eine Selbstlüge, denn alles ist vergänglich und der Tote hat ohnehin nichts mehr davon.) Dieser Kampf lässt vielmehr VerliererInnen als SiegerInnen zurück, und selbst Letztere zermürben sich in diesem. Die Frauen als das schönere Geschlecht und die Männer als das körperlich stärkere schließen fürs Überleben ein Bündnis. Die Frauen „schenken" den Männern ihre Schönheit, während die Männer für die materielle Sicherheit besorgt sind. Somit bedeutet dies für die meisten Frauen indirekte Prostitution. Die Liebe und Sexualität, das einzig theoretisch Schöne der menschlichen Existenz, erweist sich in der Realität als Katastrophe.

Theorie 4: Frustrations-Theorie: Aus den Theorien 1 und 3 ergibt sich, dass der Mensch sich in dauerndem Kampf befindet. Es versteht sich, dass dabei alle als seelische Verlierer enden, und für kurzfristige Siege muss man sich quälen. Daraus folgt, dass jeder Mensch in seinem Leben hauptsächlich Frustrationen erleidet. Diese probiert der Mensch mit den verschiedensten Methoden (Drogen, Religionen, Aggressionen usw.) zu kompensieren.

Theorie 5: „Gute"-Menschen-Theorie: Obschon es Unterschiede gibt, kann der lebensbejahende Mensch kein guter sein, weil er etwas akzeptiert, das grundsätzlich schlecht ist. Somit folgt, dass die so genannten guten Taten von Menschen unehrlich und unglaubwürdig sind, da sie letztlich etwas fundamental Falsches stützen. Viel eher erlebte ich solche Menschen als Selbstdarsteller und Selbsthelfer, auch wenn ich ihre positiven Taten für andere nicht abtun möchte. Aber es geschieht alles auf der grundsätzlich grausamen, lebensbejahenden Ebene, und Helfen erweist sich nur als Tropfen auf den heißen Stein der Fakten aus den Theorien 1, 3, und 4.

Theorie 6: Freitod-Theorie: Jeder Mensch denkt in seinem ehrlichsten und menschlichsten Moment ernsthaft an Freitod. Er lässt sich aber aufgrund der natürlichen Todesangst, der Angst, vergessen zu werden (dazu gehört auch der Schmerz, geliebte Menschen verlassen und hinterlassen zu müssen, wobei nach den obigen Theorien dieser Schmerz nicht mehr so klar ist, was auch das Buch bestätigen wird), der gesellschaftlichen

Ächtung des Freitodes und des Fehlens von humanen Tötungsmethoden von seinem innersten Wunsch abbringen und zwingt sich selbst, aber auch unter dem Druck der Mafia, wieder ins Leben. Im Alter zwischen ca. 15 und 30 Jahren verliert jeder Mensch seine Illusion eines positiven Lebens und damit seinen Lebenssinn und seine wahre Lebensfreude.

Es soll also in diesem Buche aufgezeigt werden, wie es möglich ist, dass die große Mehrheit der Menschen gegen innerstes Denken die Lüge des Lebenssinns vertritt und weiterlebt. (Im naturbedingten Grundempfinden unterscheiden sich die Menschen nicht so sehr. Das eigene Leiden, das der anderen und das Gewissen spüren alle Menschen etwa gleich. Ob man nun weiterlebt oder nicht, ist also auch eine Folge davon, ob man seine veranlagte Menschlichkeit und Ehrlichkeit behalten und weiterentwickeln will oder ob man den auch veranlagten und vor allem lebensbedingten Egoismus behalten und weiterentwickeln will.) Das Buch soll auch meine große Wut auf diese Welt und ihre Menschen herausschreien. Manchmal erlaube ich mir sogar einen gewissen Zynismus, obwohl ich diesen nicht als geeignetes Mittel für meinen Wahrheitskampf ansehe. In diesem Sinne, Wahrheit und Zynismus gemischt, behaupte ich, dass dieses Buch das wichtigste der ganzen Menschheitsgeschichte ist, sozusagen das Buch, welches das Ende der Geschichte beschließt oder einläutet. Oder in Anlehnung an das pseudopositivistische, katastrophale Buch „Das Ende der Geschichte" wäre es dann das Buch mit dem anderen Ende der Geschichte. Oder ganz ohne Hemmungen, bin ich der größte und wahrste Denker aller Zeiten, ein Philosophiegenie, an das nur noch der verehrte Jean Améry und sein Buch „Hand an sich legen" herankommen. Aber nun wieder etwas Zurückhaltung, denn dies entspricht ja dem Denken meines Buches, das den Menschen als Nichts sieht und angesichts von Moral und Tod jeden Größenwahn verbietet. Somit wäre ich also, vom Prinzip her, ein Genie nach den Leistungskriterien dieser Gesellschaft, die ich ja bekämpfe. Denn effektiv sage ich nur die Wahrheit, die alle im Innersten kennen oder kannten. Und das ist und soll keine Heldentat sein. Die Wahrheit kennt keine HeldInnen. Man kann mich nur als solchen sehen, weil ich es wage, gegen den Strom zu schwimmen, und auch vor so genannten berühmten Namen kein Blatt vor den Mund nehme.

Ich hoffe, Sie sind an der Wahrheit interessiert, und ich wünsche Ihnen viel Kraft beim Lesen meines nicht einfachen Buches.

Philipp Müller, November 2001

1. Meine Lebensgeschichte, die Gedanken dazu und grundsätzliches Denken als Basis für meine Philosophie

Ich wurde am 1.2.1966 in Zürich geboren. Ich wuchs mitten in der Stadt auf. Wir lebten bis Ende 1972 in Zürich. Ich hatte in der Familie eine gute erste Kindheit, mit meinen Eltern und den zwei jüngeren Brüdern (geboren 1967 und 1970) verstand ich mich gut. Ein erstes Erleben von Gewalt gegen mich ereignete sich im Kindergarten. Besonders ältere Kinder vom benachbarten Schulhaus stellten den jüngeren nach. Ich entwickelte darauf starke Aggressionen gegen andere Kinder, obwohl ich grundsätzlich ein friedliebender und empfindsamer Junge war. Besonders zu Tieren entwickelte ich schon früh eine intensive Beziehung und nahm es tragisch, wenn eines unserer Meerschweinchen starb oder im Garten tote Vögel lagen. Als ich mit ca. vier Jahren erkannte, woher das Fleisch kommt, brach ich in Wut aus. Meine Eltern ließen sich durch meine Reaktion inspirieren, und seither essen wir zu Hause vegetarisch. Als wir Zürich verließen, fiel mir der Abschied nicht schwer, da ich den Streit mit anderen Kindern satt und nur lose Freundschaften hatte.

Ich möchte in meinen Gedanken zu meinen ersten Lebensjahren den Bezug zu meiner Philosophie sofort herstellen. Ein erstes Mal soll an dieser Stelle das Lügengebäude der Psychologie angesprochen werden. Meine Probleme in dieser Zeit entstanden eindeutig durch die Umwelt. Von den üblichen Ungereimtheiten abgesehen, erlebte ich meine Eltern und Brüder als positiv. Wer solch konkrete Erinnerungen nicht einfach wegdiskutieren will, muss die ganze Tiefenpsychologie, im speziellen Freud, in Frage stellen, ja gar als Phantasieprodukt ablehnen. Mein heutiger Pessimismus kann schon an dieser Zeit festgemacht werden. Während also im Kleinen, unter den Kindern, viel Gewalt herrschte, viele Kinder aus gestörten Familienverhältnissen stammten, regierte auch im Großen das Chaos. Es herrschten Unruhen in der Stadt, der Welt, der Vietnamkrieg, die bürgerliche Unmenschlichkeit auf der einen Seite, die pseudo-revolutionäre 68er-Bewegung auf der anderen und dazu die Medien, welche sich mit der Wahrheit auch nicht gerade auskannten. Ein erstes Mal übe ich Kritik am Tages-Anzeiger, obschon dieser wohl noch die beste Zeitung in der Schweiz ist, was dann das Debakel vollständig macht. So empfand er Sympathien für die 68er-Bewegung, obwohl diese die alte Dekadenz der bürgerlichen Gesellschaft durch neue Lügen ersetzte. Wenn auch die 68er auf der lebensbejahenden Ebene gute Ansätze zeigten, so entpuppen sie sich bei näherem Hinsehen als ebenso egoistische Wichtigtuer wie die Bürgerlichen. Die meisten 68er beziehungsweise die meisten Linken aller Richtungen kämpfen, seit es sie gibt, gegen das rechte Bürgertum vor allem aus der reinen Lust an der eigenen Macht und Selbstdarstellung, sie streben also genau das an, was sie an den anderen zu Recht verurteilen; dies wirkt auf den ersten Blick wie ein totaler Widerspruch, aber es ergibt sich aus der Logik des Kampfes innerhalb der Mafia. Entsprechend gliedern sich früher oder später fast alle in die Gesellschaft ein und nicht wenige wechseln später ins Bürgertum, und beim Tages-Anzeiger herrscht heute die so genannte postmoderne Beliebigkeit vor, wo alles und nichts mehr gilt. Und als vor ein paar Jahren der fürchterliche Schriftsteller Elias Canetti (1905–1994) starb, der in unserem Quartier wohnte, lobte ihn der Tages-Anzeiger über alle Maßen, diesen Canetti, der nichts Besseres wusste, als gegen den Tod anzuschreiben, trotz seiner Realität und des katastrophalen Lebens. So schließt sich der Kreis des Chaos und der Unwahrheit. Und eigentlich wäre die Zeit meiner Kindheit historisch geradezu ideal gewesen, um eine wahre Revolution, die Verneinung des Lebens, zu starten.

Ab 1973 wohnen wir in Beringen, Kanton Schaffhausen. Ich absolvierte hier meine neun Jahre Schule. Mit sieben Jahren trat ich in den Fußballklub ein. Meine Agressionen von Zürich hielten noch eine Zeit an. Altersbedingt entstanden auch vermehrt Konflikte mit meinem Vater und meinen Brüdern, wobei mein Vater zum Teil sehr hart auf unsere Unartigkeiten reagierte (noch keine wirkliche Auflehnung gegen das zwanghafte Leben und daher oft unakzeptabel, weil auch egoistisch, aber eben doch auch die Folge des Spürens dieses Zwanges). Im Fußball entwickelte ich mich bald zum Star, der nicht verlieren konnte und die Mitspieler zurechtwies, was von den Trainern noch unterstützt wurde, da sie auch nur den Sieg im Kopf hatten. Meine Aggressionen ließ ich also auch beim Fußball ab und wurde bei manchen Mitspielern unbeliebt. In der Schule begann ich schon bald unter dem Leistungsdruck zu leiden und erlebte sie als aufgezwungene Gewalt. Besonders die beiden Jahre der fünften und sechsten Klasse erlebte ich als Katastrophe. Der Druck der bevorstehenden Sekundarschulprüfung, ein Lehrer, welcher der Leistung alles unterordnete, SchülerInnen bloßstellte und allgemein mit Psychoterror unterrichtete, waren der reinste Horror. Ich passte mich an, die Leistungen blieben nicht aus, und im Fußball erfolgreich, stand ich mit beiden Beinen im Leben. Doch meine Aggressionen nahmen dadurch nicht etwa ab. Meine Frustration des Lernen-Müssens hatte also Nebenwirkungen (Frustrations-Theorie). Durch Verwandte geriet ich in eine evangelische Freikirche, aß wieder Fleisch und entwickelte rechts gerichtete politische Ansichten. Obwohl noch solches Denken überwog, konnte ich in den letzten Schuljahren meine menschliche Seite wieder verstärken, die ich auch nie ganz verloren hatte. Erste Erfahrungen in der Liebe machten mich empfindsamer. Ich setzte mich für eine Mitschülerin und einen Mitschüler ein, welche von den meisten anderen ausgelacht wurden, hauptsächlich wegen ihres Aussehens. In dieser Zeit entwarf ich Theorien, wie man die Liebe regeln könnte, damit niemand zu kurz käme. Allgemein, außer teilweise noch auf dem Fußballplatz, wurde ich ein friedliebender Mensch, der immer wieder schockiert war durch Bösartigkeiten (leider konnte von einem wirklichen Protest gegen Schule und Gesellschaft keine Rede sein; natürlich gab es während der ganzen Schulzeit einen gewissen nicht egoistischen Protest, doch die Ohnmacht, keine Chance zu haben, führte dann oft zum selben Bösen, wie es die Schule vorlebte, und verhinderte einen richtigen Protest, der aber gerade in den letzten Schuljahren vom Alter her möglich sein müsste, den ich aber auch nicht schaffte) von MitschülerInnen, zum Beispiel gegen einen fairen Lehrer, den ich mochte. In dieser letzten Schulzeit wurde ich zum ersten Male mit dem Freitod konfrontiert. Ein Schüler aus einer anderen Klasse erhängte sich. Ich sprach ab und zu mit ihm. Ich reagierte mit Schock, aber auch Verständnis, lebte er doch in gestörten Familienverhältnissen. Ich beendete die Schule gut, fühlte mich aber erleichtert, als sie zu Ende ging.

In meinen Erinnerungen an diese Jahre überwiegen die unguten Gefühle. Meine eigenen Aggressionen, entstanden in einer gewaltbereiten Zürcherwelt, ließen sich auch in der „heilen" Landwelt nicht abbauen, trotz eher weniger Gewalt unter Kindern. Das Leistungsdenken im Sport, in der Schule und eben die üblichen Rivalitäten unter Kindern und Jugendlichen summierten sich zu einer Gewaltbereitschaft, wie sie unweigerlich zu einer lebensbejahenden Gesellschaft gehört. Auch wenn ich, die anderen Jugendlichen, die Gesellschaft usw. nicht permanent offensichtliche Gewalt ausübten, so war sie versteckt eben doch vorhanden. Unsere Gesellschaft lebt und fördert systematisch das Konkurrenzprinzip, sie weicht den wahren Fragen aus, in der Schule, in der Kirche (ich bin reformiert) usw., und tischt Lügen auf, was den Jugendlichen in diesem Alter kaum eine Chance zur Wahrheit lässt. Gerade die Art, wie in der Schule die Leistung über allem steht, verhindert ein eigenes Denken. Was soll man als Elf-Jähriger denken, wenn ein Lehrer zwei Jahre lang droht, wer dann die Sekundarschulprüfung nicht bestehe, habe schlechte Aussichten für das Leben. Auch wenn mein Lehrer in der fünften und sechsten Klasse eine Katastrophe war, so besteht die eigentliche darin, dass er ja noch halbwegs Recht hatte und in diesem Sinne als lächerlicher Helfer einer unmenschlichen, lebenskämpferischen Mafia zu betrachten ist. Als ich mich gegen Ende meiner Schulzeit auf einen besseren Weg begab, meine innerste Ehrlich- und Menschlichkeit wieder selbst entdeckte und förderte, fühlte ich mich oft allein. Das Ausmaß der seelischen und geistigen Zerstörung vieler Jugendlicher kannte bereits ein bedenkliches Niveau. Und es bestand nicht etwa aus entschuldbarem jugendlichen Leichtsinn, denn die meisten, die ich heute als Erwachsene treffe, befinden sich auf einem ähnlichen Niveau. Die Ähnlichkeit lässt nur den Schluss zu, dass das Verhalten mit der systematischen Abrichtung durch die Mafia entsteht. Auch wenn ich aus dieser Schulzeit und besonders nachher kein einziges Verhalten freisprechen werde, es bleibt das Faktum, dass es sehr schwierig ist, sich von dieser Gleichschaltung durch die Gesellschaft zu befreien.

Von 1982 bis 1985 absolvierte ich meine Lehre als Gärtner A (Topfpflanzen und Schnittblumen) in der Gärtnerei der Kantonalen Psychiatrischen Klinik Schaffhausen. Da ich schon immer gerne in unserem Garten arbeitete, wählte ich diesen Beruf. Die üblichen Anfangsprobleme, die tägliche harte Arbeit, das tägliche frühe Aufstehen und Probleme mit dem Lehrmeister führten zu einem katastrophalen ersten Lehrjahr. Die beiden folgenden Jahre ereigneten sich dann positiver. Beeinflusst durch die Lehre und meinen Vater vertrat ich vermehrt politisch linke Ansichten. Es begann ein allgemeines Umdenken, ich löste mich langsam von der christlichen Religion, verließ die Freikirche und führte gar die erste Infragestellung des Sinns der menschlichen Existenz aufgrund der Arbeitsproblematik durch. Im Fußball erlebte ich positive, aber auch viele schlimme Dinge mit Mitspielern. Bei meinen früher von mir zurechtgewiesenen Mitspielern versuchte ich mich nun zu entschuldigen, allerdings nur durch Taten, ohne Worte. So kritisierte ich sie nicht mehr und konnte nun auch besser verlieren. Gegen Ende der Lehre hatte ich meine erste Freundin, doch es war für mich keine richtige Liebe. Mangels Chancen bei hübschen Mädchen ging ich mit diesem weniger hübschen eine Notbeziehung ein. Es entstand dann doch eine gewisse Liebe, denn als Menschen verstanden wir uns gut. Trotzdem erwies sich der fehlende äußere Reiz als zu stark und ich löste nach ein paar Monaten die Beziehung zu diesem sehr lieben Mädchen auf. Der Schmerz hielt sich bei mir in Grenzen, im Gegensatz zu ihren Gefühlen. Ich spürte auch nur ein bedingt schlechtes Gewissen, das dann erst später kam und bis heute anhält. Ich dachte in dieser Zeit auch vermehrt über das Leben meiner Großeltern nach und sah zum ersten Male einen toten Menschen. Zwei Psychiatriepfleger, die offensichtlich die Starken spielen und mich erschrecken wollten, fragten mich, ob ich die Sargdekoration selbst machen könne, statt wie üblich nur die Rosen zu schneiden. Ich ließ mir nichts anmerken, wollte also diesen Herren, die cool dastanden, den Gefallen nicht tun. Aber natürlich empfand ich den Anblick dieses toten alten Mannes als Schock, andererseits schien er mir erlöst zu sein. Auch in dieser Zeit wurde ich zum zweiten Male mit dem Freitod konfrontiert. Der angesprochene Lehrer, welcher von unserer Klasse schikaniert wurde, wählte den Freitod. Da ich mich mit ihm gut verstanden hatte, reagierte ich schockiert. Aber auch wieder mit Verständnis, denn ich wusste um seine Probleme mit den Menschen, besonders mit den Frauen. Darauf lösten sich Freundschaften mit ehemaligen Mitschülern, denen ich Vorwürfe wegen ihres damaligen gemeinen Verhaltens diesem Lehrer gegenüber machte. Diese Phase meines Lebens ging mit dem erfolgreichen Lehrabschluss zu Ende. Es war eine Zeit, wo sich positive und negative Erlebnisse ereigneten, in der ich gute und schlechte Taten leistete, aber im Denken erste Fortschritte machte.

Die Gedanken zu diesen Jahren sind gespalten. Viele Ereignisse erlebte ich als negativ, mein heutiges Denken begann ansatzweise schon in diesen Jahren, was ich aus heutiger Sicht natürlich als positive Entwicklung sehe. Damals konnte ich als noch lebensbejahender Mensch diesem Denken nichts Positives abgewinnen. Ich spürte, wie das täglich harte Arbeiten eines Gärtners für mich keine Lebensaufgabe sein würde. Doch den heutigen Weg sah ich noch nicht. Aber in der Lehre begann mein Denken zur Arbeitsproblematik. Die Arbeit lehne ich heute als Teil des lebensbejahenden Kampfes ab. Bis heute und wohl für immer muss der Mensch zu seinem Überleben Anstrengungen unternehmen, welche Körper, Geist und Seele zerstören. In diesem Sinne bedeutet eine Lehre, das Eintreten in die Arbeitswelt, eine weitere Disziplinierung des Menschen, die nahtlos auf die Schule folgt. Gerade die Frustrations-Theorie beinhaltet auch die Arbeits-Problematik. Hat man dies einmal durchschaut, so wird die ganze Blindheit der Mafia offenbar. Denn da Arbeit zerstört, müssen Begriffe wie Karriere, Erfolg, Erfüllung durch Arbeit usw. als unehrlicher Schwachsinn abgetan werden. Wer die Menschen beobachtet, wenn sie morgens zur Arbeit fahren, nun, der müsste Bescheid wissen. Freude-an-der-Arbeit-Haben, das ist eine dieser Lügen der Mafia, die sie zu ihrem Überleben braucht. Auch wenn es Unterschiede gibt, je nach Arbeit, Stellung, Arbeitszeit usw., so zerstört Arbeit immer. Denn so kurz zu arbeiten, dass es noch erträglich wäre, diese Wirtschaftsform wird eine Utopie bleiben. Gerade hier zeigt sich auch die Blindheit der Linken, welche die Zerstörung des Menschen durch die Arbeit nicht zugeben wollen und an besseren Bedingungen von etwas grundsätzlich Schlechtem herumbasteln. Diese Frustrationen wegen der Arbeit verhindern zusätzlich ein Gelingen der Liebe. Und dass diese auch als solche nicht gelingen kann, erlebte ich in diesen Jahren. In meiner Schönheits- und Liebes-Theorie im Vorwort zeichnete ich ein grundsätzliches Bild. In der Jugend spielt eher noch die brutale Ehrlichkeit, was dann die Nichtattraktiven und die Schönen zusammenführt. So war es wohl für sie wie für mich eine Notlösung. Natürlich gibt es das auch unter Erwachsenen viel, aber oft herrscht ein Ungleichgewicht, meistens zugunsten der Frauen. Gerade in diesen Jahren erlebte ich die Unmöglichkeit der Liebe aufgrund der Schönheitsproblematik. So kamen in dieser Lebensphase viele schwierige Erlebnisse zusammen. Das riesige Potenzial an Gewalt in den verschiedensten Formen (den Freitod meines ehemaligen Lehrers sehe ich heute als indirekte Lebensverneinung, da er die seelische Gewalt von vielen Menschen nicht mehr ertragen wollte, obwohl er als Lehrer natürlich selbst ein Teil des Problems war) entsteht dadurch, dass die totalen Frustrationen der Erwachsenen auf die zunehmenden der Jugendlichen prallen. Die geschilderten Erlebnisse, aber auch das ganze Klima in der Psychiatrischen Klinik und die immer noch bestehenden Konflikte mit den Eltern rufen bei mir heute Gefühle hervor, die etwa so umschrieben werden müssen: Nie wieder!! Mit meinen Eltern gab es zum Glück eher eine Annäherung, und auch dank meines Vaters konnte ich mein Denken voranbringen.

Da ich meine berufliche Zukunft im geistigen Bereich sah, entschied ich mich 1985, die Matura nachzuholen, um später studieren zu können. Zuerst an der AKAD und später an der Kantonalen Maturitätsschule, beide in Zürich, versuchte ich diesen harten Weg zu gehen. Mit zunehmender Dauer erlebte ich aber den riesigen Schulstoff als Aggression. Vieles interessierte mich nicht, und Probleme mit den mathematischen Fächern ließen mich das Vorhaben 1987 abbrechen. Ein weiteres Mal erlebte ich das harte Leben als fragwürdige Qual. An der Kantonalen Maturitätsschule lernte ich einen Mann kennen, der auch im Kanton Schaffhausen wohnte. Es entwickelte sich eine langjährige Freundschaft. Er war der einzige Mann, mit dem ich über alles reden konnte. Während diesen drei Jahren hatte ich meine zweite Freundin. Wiederum ging ich eine Beziehung ein, die nicht von reinem Herzen kam. Wieder war das Schönheitsproblem da. Doch mit der Zeit entstand eine intensive Beziehung. Aber meine Lust auf schönere Frauen blieb bestehen und belastete unsere Freundschaft. Schließlich löste sie diese nach fast drei Jahren Ende 1987 auf. Ich geriet durch die Trennung in eine Krise. Schließlich erlebte ich mit ihr auch viel Schönes und sie half mir, 1986 die Rekrutenschule zu überstehen. Während dieser Zeit starb meine Oma, die Mutter meines Vaters, die ich immer sehr mochte. Es war der erste Tod eines Menschen, der mir nahe stand. Ich reagierte mit Trauer und Fragen angesichts ihres schweren Lebens und des Todes allgemein. Im Fußball spielte ich gelassener. Nicht mehr meine Aggressionen waren das Problem, sondern dass ich von vielen Mitspielern nicht akzeptiert wurde, weil ich eine eigene Meinung hatte, keinen Alkohol trank und wieder vegetarisch lebte. Eine weitere schwierige Phase meines Lebens lag hinter mir, und in meinem Kopfe jagten sich die Gedanken.

Ich erinnere mich an diese Zeit mit gemischten Gefühlen. Denn so manches lief nicht, wie ich es mir erhoffte. Die Erlebnisse in diesen drei Jahren haben mein heutiges Denken stark mit geprägt. Ein weiteres Mal zeigte sich eine Art von Sicherung in meiner Seele, der das Denken folgte. Ich spürte, wie der Stress einer Matura unweigerlich negative Folgen haben würde, wie die Frustrationen auf die verschiedensten Arten abreagiert werden mussten. Bei mir äußerte sich vermehrte Lust auf schöne Frauen, und ich aß Massen von Süßigkeiten. So konnte es nicht weitergehen, und ich erlebte den Entschluss, die Matura abzuschreiben, als Erlösung. Aber es bestand nun um meine berufliche Zukunft eine Ungewissheit, die mich belastete. Die Beziehung zu meiner zweiten Freundin werte ich heute als weiteren Versuch, die Liebe zu erleben, der aber scheitern musste. Trotz vieler Höhen bestand die grundsätzliche Unmöglichkeit der Liebe, welche leider für alle Menschen gilt. Wir versuchten das Unmögliche, weil es alle versuchen, weil der Mensch das Bedürfnis nach einer großen Liebe hat. Die Schönheitsproblematik, die sexuellen Schwierigkeiten, Probleme im Beruf, die oft unvereinbaren Bekanntenkreise, die zeitlich bedingte Abnützung usw. verhindern eine längerfristig große Liebe. Das Ende erlebte ich als Schock, obwohl ich spürte, dass es so kommen musste. Eine plötzliche, totale Trennung von einem nahe stehenden Menschen hat immer etwas Brutales. Heute habe ich aus Selbstschutz, durch die lange Zeit und leidenschaftlichere Beziehungen diese nette Frau fast vergessen, was ich aber nicht als Erfolg werte, sondern als traurige Realität im seltsamen Spiel namens Liebe. In einer sonst schon schwierigen Phase noch die Unmöglichkeit der Liebe zu erleben war eine harte Erfahrung. Eine weitere endgültige Trennung in dieser Zeit war der Tod meiner Oma. Für mich ist es heute nicht mehr nachvollziehbar, wie diese Frau ihr grausames Leben durchgestanden hat. Doch viele Äußerungen von ihr geben mir die Gewissheit, dass sie sich den Tod schon lange gewünscht hatte. Sie ist ein trauriges Beispiel, wie sich der Mensch in die Gesellschaft einfügt und aus ehrbarem Pflichtgefühl heraus den

Abgang verbietet. Der Mensch also, der zu spät merkt oder sich eingesteht, wie er sich durch die Lebensbejahung verirrte und sich dann, zum Teil zu Recht (Kinder usw.), zum Weiterleben zwingt. Übrigens erlebte meine Oma, wie ich gerade in diesen Jahren im Militär, im Fußball usw., viele Menschen als ungerecht. Was ich da so alles sah und hörte, wer es nicht selbst erlebte, würde es nicht glauben. Der durchschnittliche Schweizer Mann, dem man in einer Rekrutenschule begegnet, ob Vorgesetzter oder nicht, erweist sich ganz einfach als Katastrophe. Die Ausnahmen sind dünn gesät. Nachher pflegte ich noch einige Jahre mit einem ehemaligen Mit-Rekruten Kontakt. Nach einem Gespräch, in dem ich den Vegetarismus vertrat, meldete er sich, trotz Abmachung, nicht mehr. Kürzlich las ich im Tages-Anzeiger, dass er inzwischen an einem politischen Institut in Paris arbeitet. So schließt sich dann der Kreis. Der Einzige, den man damals noch brauchen konnte, gehört heute auch voll und ganz zur Mafia und glaubt angeblich im Ernst, Politik sei eine vertretbare Sache. Mein enger Freund aus Schaffhausen erwies sich in diesen Jahren als große Stütze für mich. Diskussionen mit ihm brachten auch meine Philosophie voran. So ging auch diese Zeit meines Lebens mit Denken, Denken und nochmals Denken zu Ende.

Da ich mich schon immer gut mit Kindern verstand, entschloss ich mich, den Beruf des Erziehers (heute Sozialpädagoge) zu erlernen. Ich absolvierte im ersten Halbjahr 1988 als Vorbereitung ein Praktikum in einem Jugendheim. Die Arbeit mit den Kindern befriedigte mich weitgehend, obschon es natürlich auch Probleme gab. So hatten wir auch sehr schwierige Kinder. Ich versuchte alle ernst zu nehmen und ihre noch mehr oder weniger unverbrauchten und ehrlichen Gefühle zu akzeptieren. Dies führte zu einem wenig autoritären Erziehungsstil, was mir sofort Kritik einbrachte. Meine Vorgesetzten verlangten mehr Strenge. Deshalb, aber auch aus anderen Gründen, entstand ein schwieriges Verhältnis zu ihnen. Schließlich beendete ich das Praktikum mit gemischten Gefühlen. Doch dass die Kinder meine Ehrlichkeit spürten und daher auch ein Wiedersehen wünschten, ließ mich diesen Berufsweg weiter verfolgen.

Mein heutiges Denken liegt weit vom damaligen entfernt. Das bezieht sich auch auf die ganze Erziehungsfrage. In diesem Praktikum versuchte ich meine noch lebensbejahenden Utopien in die Arbeit einfließen zu lassen. Obwohl ich schon damals nicht an den von Natur aus guten Menschen glaubte, versuchte ich die Kinder in ihrer altersbedingten Ehrlichkeit zu unterstützen und ihren natur- und lebensbedingten Egoismus zu dämpfen. Meine antiautoritäre Einstellung musste ich in der konkreten Arbeit aber revidieren. So entstand auch mehr Verständnis für den harten Erziehungsstil meines

Vaters. Auf der lebensbejahenden Ebene geht es nicht anders, die antiautoritäre Erziehung ist ein gescheitertes Experiment. Dies zeigte sich in diesem Heim spätestens dann, wenn ältere Kinder auf jüngere Gewalt ausübten. Heute habe ich jegliche Illusion verloren. Eine auch nur einigermaßen gute Erziehung ist unmöglich. Denn der Uregoismus, mit zunehmendem Alter der lebensbedingte Egoismus und das Spüren des aufgezwungenen Lebens der Kinder prallen auf den lebensbedingten der Erwachsenen, welche die Kinder ungefragt vor Tatsachen stellen und in ein vorbestimmtes Leben zwängen. Meine Philosophie entstand ja gerade auch aus diesen Überlegungen. Somit muss ich konsequenterweise das ganze Leben ablehnen, da bereits mit der Geburt das Unheil seinen Lauf nimmt, weil man ungefragt in ein Chaos geworfen wird. Und dieses bestand in diesem Heim auch in Form unfertiger Erwachsener, die ErzieherInnen sein wollen. Das Chaos der Erwachsenen steht also dem naturbedingten der Kinder gegenüber, das sich durch das Leben und die Erwachsenen noch verstärkt. Bei aller Freude, die ich noch heute für Kinder empfinde, ja gerade weil ich sie mit ihrer teilweisen Ehrlichkeit mag, bin ich gegen die Geburt und das Leben, um ihnen das spätere totale Chaos zu ersparen. Solche Gedanken finden in ErzieherInnenköpfen keinen Platz, was ich in den letzten Jahren leider erfahren musste. Ich besuchte noch während mehreren Jahren nach meinem Praktikum mit den Kindern meiner Gruppe Sportveranstaltungen. Ich wollte nach einem Unterbruch ein Treffen aller ErzieherInnen und Kinder organisieren. Doch die inzwischen untereinander zerstrittenen ErzieherInnen, die zum Teil bereits unnahbaren Kinder, welche wohl zu Recht mit einzelnen ErzieherInnen nichts mehr zu tun haben wollten, und das Faktum, dass die ErzieherInnen meine heutige Philosophie kennen, was nicht gerade Freude auslöste, verhinderten ein solches Treffen. Ich entschloss mich schweren Herzens, dieses Kapitel abzuschreiben. Doch die Frage, was aus diesen inzwischen jungen Erwachsenen noch werden wird, geht mir nicht aus dem Kopfe. Es hat mein heutiges Denken beeinflusst zu sehen, wie diese Kinder zu illusions- und hoffnungslosen Erwachsenen und die ErzieherInnen noch wirrer wurden.

In der zweiten Jahreshälfte 1988 arbeitete ich in einer Institution für Anlehren als weitere Vorbereitung für den Erzieherberuf. Ich war zusammen mit einer Frau für die Ausbildung von Gärtner-Anlehrlingen und Anlehrtöchtern zuständig. Eigentlich lief alles ganz gut, doch die harte Arbeit, die Jugendlichen ohne Zukunft, mit denen ich mich gut verstand, eine weitere gescheiterte Freundschaft mit einer Frau und besonders der immer stärker werdende Schmerz von der Trennung mit meiner zweiten

Freundin führten zu vermehrten Gedanken über die Sinnlosigkeit des Lebens. Dieser Trennungsschmerz entstand hauptsächlich daraus, dass sie nichts mehr mit mir zu tun haben wollte. Eine kollegiale Freundschaft wäre mir wichtig gewesen, doch sie wollte mich nicht mehr sehen. Ich fühlte mich wie ausgewechselt, da sie einen neuen Freund hatte. Gegen Ende des Jahres verfasste ich eine erste Schrift, in der ich eine relative Lebensverneinung vertrat und es nur noch einen unklaren christlichen Gott gab. In überwiegender Ruhe und mit allem abgeschlossen, versuchte ich mir Ende des Jahres zweimal das Leben zu nehmen. Beide Male scheiterten die Versuche durch Zufall. Danach blieb ich zu Hause, kündigte meine Stelle und begann bei einer Psychiaterin eine Psychotherapie. Es entstanden harte Auseinandersetzungen mit meinen Eltern und der Psychiaterin, da ich weiterhin mein Recht auf den Freitod vertrat. Auch im Fußball hatte ich in einer neuen Mannschaft wieder dieselben Probleme wie in den früheren. Ich fühlte mich von allen unverstanden, allein mein Freund verstand mich, was paradoxerweise eher zu meinem Weiterleben beitrug als das Ausreden des Freitodwunsches der anderen. Ein Treffen mit meiner zweiten Freundin bei der Psychiaterin, bei welchem sie einem gewissen Kontakt mit mir zustimmte, was mir wieder Mut gab, sowie ein Versprechen meinen Eltern gegenüber, es nochmals mit dem Leben zu versuchen, führten zu meiner Weiterexistenz. Ich war nur halbwegs von diesem Weiterleben überzeugt und entwickelte weiter meine Freitodphilosophie. Ich arbeitete von 1989 an in unserem großen Garten und beschäftigte mich vermehrt mit Philosophie und Psychologie. Mit der Zeit zwang ich mich wieder ins Leben und nahm das Ziel Erzieherberuf erneut auf. Ende des Jahres schloss ich meine Psychotherapie ab und meldete mich an der Schule für Soziale Arbeit Zürich zur Ausbildung an. In dieser Zeit lernte ich meine vierte Freundin kennen. Zum ersten Mal durfte ich eine Frau von ganzem Herzen lieben. Mein Freund blieb eine starke Stütze. Durch wieder vermehrten Lebensmut und animiert durch meinen Vater, der ein langjähriges aktives Mitglied der Sozialdemokratischen Partei (SP) ist, trat ich in die SP ein. Ich wollte doch wieder an dieser Welt etwas verändern, trotzdem blieb meine relative Freitodphilosophie bestehen. Leider bestätigte sich meine Skepsis der Welt, den Menschen gegenüber. Ich zog mich nach mehreren eigenartigen Erlebnissen mit SP-Mitgliedern aus der Partei zurück. Anfang 1990 erhielt ich eine Ablehnung von der Schule für Soziale Arbeit. Es hieß, ich soll meine Krise zuerst verarbeiten und nochmals ein Praktikum machen. Ich suchte darauf eine weitere Stelle. Dabei erlebte ich mit ErzieherInnen die seltsamsten Dinge. Im Herbst fand ich eine Stelle in einem Kinderheim. Alles lief sehr gut, trotzdem wurde ich nach zwei Monaten entlassen, aus heiterem Himmel und ohne klare Begründung. Ein weiteres Mal erlebte ich die totale Verwirrung dieser Leute. Während dieses Praktikums starb mein Großvater, der Vater meiner Mutter, den ich gut mochte. Das Jahr 1990 ging zu Ende und ich fragte mich, was ich nun tun sollte.

Es ist für mich noch heute schwierig, über diese Zeit zu sprechen. Sie hat meine Philosophie am stärksten beeinflusst. Die Arbeitsproblematik spürte ich bei meiner Tätigkeit in der Institution für Anlehren endgültig. Tägliche Arbeit, von früh bis spät, kann ich mir seit jener Zeit nicht mehr vorstellen. Der Mensch ist schlicht nicht dazu geschaffen. Der Auslöser für meine Freitodversuche war bestimmt das schlimme Gefühl, von einem geliebten Menschen für immer vergessen zu sein. Diese Auswechselbarkeit unter den Menschen, die effektive Bedeutungslosigkeit des Einzelnen in der Masse, dass jeder die anderen für seine Zwecke benutzt, dies alles wurde mir erst in dieser Zeit so richtig klar. Meine Freitodversuche erfolgten also bereits aus mehr als reinem Liebesschmerz. Leider bestätigte sich das auch später mit meiner zweiten und dritten Freundin. Beide hielten sich nicht an ihre Versprechen, sich mal wieder bei mir zu melden, bis heute habe ich von beiden nie mehr was gehört. Dass ich heute beide fast vergessen habe, werte ich nicht als Erfolg, sondern als traurigen Lauf der Zeit. Mich zu diesem Vergessen zu bringen, darin bestand ja auch die kaltblütige Aufgabe meiner Psychiaterin. Sie wollte mich übrigens zwangsweise in die Psychiatrische Klinik (natürlich wäre ich genau in diese Klinik geraten, in welcher ich meine Lehre absolvierte) einweisen, was dank meiner Eltern unterblieb. Diese so genannte Therapie, welche auch aus Medikamenten bestand, lässt mich noch heute den Kopf schütteln. Obwohl ich mich mit der Frau eigentlich gut verstand, offenbarten sich unüberwindbare Meinungsverschiedenheiten. Schließlich rückte ich während der ganzen Therapie nie von meiner Vertretung des Freitodrechts ab. Es waren die Abkommen mit meiner zweiten Freundin und meinen Eltern, die mich wieder ins Leben führten, und auch dies nicht ganz freiwillig, denn ein relativer Freitodwunsch und mein Denken hielten sich bis heute. Diese Therapie nützte im eigentlichen Sinne gar nichts. Wie sollte auch eine solche Frau, Ärztin wohlgemerkt, die nicht nur unglücklich wirkte, sondern auch noch während einer Therapiestunde ca. fünf Zigaretten rauchte, wie sollte eine solche Frau mir das Glück des Lebens glaubhaft machen? Wie sollte denn eine Kettenraucherin, also eine indirekt Freitodwillige, einem direkten helfen? Die weiteren Erfahrungen mit ErzieherInnen veranschaulichten dasselbe HelferIn-Bild. Da sind Leute am Werk, die selbst unzufrieden sind, den anderen aber den Sinn des Lebens erklären wollen.

Die Entlassung im Kinderheim erinnerte schon fast an vergangen geglaubte Zeiten, wo die Untergebenen ein Spielball der Vorgesetzten waren. Ohne je an der Arbeit mit den Kindern Kritik geübt zu haben, im Gegenteil öfters mich lobten, entließen mich die ErzieherInnen meiner Gruppe von heute auf morgen. Sie konnten mir keine klare Begründung geben, doch heute ist mir bewusst, dass sie mein Denken ablehnten, obschon ich das nie in den Vordergrund stellte. Die Arbeit mit den Kindern litt nicht unter meiner Philosophie, denn dank meiner mit dem Denken verbundenen Sensibilität konnte ich gut auf die Kinder eingehen. Ich entwickelte auch wieder gewisse Freuden, und es war mir klar, dass ich nicht mit sechs- bis zehnjährigen Kindern über den Freitod reden konnte. Sie mochten mich alle und es kullerten Tränen, als man ihnen meine Entlassung beizubringen versuchte. Es war also ein Problem, das die neurotischen ErzieherInnen mit mir hatten. Trotz ihrer angeblichen Toleranz konnten sie mein nichtkämpferisches Denken nicht akzeptieren. Ich erinnere mich, wie alle von dem damals aktuellen Buch „Nicht ohne meine Tochter" schwärmten. Ich stimmte in diesen Lobgesang nicht mit ein, fand und finde das Buch nicht sinnvoll, da es nur etwas anklagt (Unterdrückung der Frau im Islam), was längst bekannt ist, sich nicht ändern lässt und zudem nach Sensationsgier aussah. Heute habe ich sogar ganz Recht bekommen, ist doch die eigentliche Geschichte des Buches inzwischen als Erfindung entlarvt worden. Doch die ErzieherInnen konnten meine Einwände nicht akzeptieren. Am Schluss erhielt ich von der schon fast unglaublich seltsamen Heimleiterin ein so genanntes verschlüsseltes Zeugnis, was eine Gemeinheit ist, wird doch der/die unwissende Angestellte in positiven Worten negativ hingestellt. Der Heimpsychologe setzte sich noch erfolglos für mich ein. Es stimmte zwar, dass sich mein Denken kaum mehr mit dem Beruf des Erziehers vereinbaren ließ und ich nur noch an der theoretischen Ausbildung interessiert war. Doch das behielt ich für mich, und wenn ich bei den Kindern ihre Freude weckte und förderte, dann hätten meine Absichten und mein Denken die Vorgesetzten nicht zu interessieren gehabt. Offensichtlich fühlten sie sich durch mich in Frage gestellt. Den Charakter dieser Leute, besonders ein unehrlicher Feminismus, musste ich leider auch in der SP zur Kenntnis nehmen. Ich setzte mich in diesen Jahren für einen Frauenarzt ein, der ohne Beweise wegen sexueller Übergriffe verurteilt wurde. Danach redeten gewisse SP-Frauen nicht mehr mit mir. Ich zog mich enttäuscht aus der Partei zurück. Später, nach den feministischen Lügen im Zusammenhang mit den Bundesratswahlen um Christiane Brunner, trat ich aus der Partei aus. In einem Leserbrief in den Schaffhauser Nachrichten schrieb ich, man könne nicht einfach die Frauen als gut und die Männer als schlecht hinstellen, und die berechtigte Kritik des Feminismus an der Männerherrschaft sei unglaubwürdig, weil die FeministInnen selbst wie die machtbesessenen Männer agieren würden und einfach alles in eine Frauenherrschaft umkehren wollten. Nun, schon diese Wahrheit vertrug man in dieser Partei nicht, und wäre ich nicht selbst ausgetreten, dann hätten sie mich endgültig gemieden. Inzwischen erhielt ich wieder einmal Recht, denn in den letzten Jahren sind ausgerechnet jene SP-Frauen aneinander geraten, die damals groß von Frauensolidarität riefen. Überhaupt höre ich von nichtfeministischen Frauen nur eins: Frauen kommen überhaupt nicht miteinander aus und sind auch keine besseren Menschen als die Männer. Da ich mich als unverbesserlichen Frauenfan sehe, ergreife ich noch heute eher Partei für sie. Aber leider habe ich gerade in diesen Jahren erfahren müssen, wie auf die Frauen zu setzen keine Lösung sein kann, dass sie sich im besten Falle als Mittäterinnen erweisen und ebenso klar zur Mafia gehören wie die Männer. Der Feminismus ist eine typisch lebensbejahende, lügenhafte Flucht-nach-vorne-Strategie, welche ein Übel durch ein anderes ersetzen möchte. Oft habe ich mich gefragt, ob denn diese wirren Frauen nicht einmal merken, dass sie ja gerade das, was sie an den Männern kritisieren, selbst tun. Aber nein, sie wissen es ganz genau, doch in der Mafia gilt ja der Kampf aller gegen alle, und da kann man/frau ja nicht zurückstehen. Wenn ich in diesem Zusammenhang an das Leben meines verstorbenen Großvaters denke, dann hat der Feminismus natürlich wieder seine Berechtigung. Obwohl ich ihn mochte, kann ich heute über sein Leben und seine Ansichten nur den Kopf schütteln, war er doch zum Beispiel gegen das Frauenstimmrecht. Es gäbe über Erlebnisse mit Menschen in dieser Zeit noch viel zu berichten. Ich beschränke mich auf zwei Erfahrungen. Die positive erlebte ich beim Aufnahmeverfahren zur Schule für Soziale Arbeit, wo der für mich zuständige Herr meinen Pessimismus verstand und gar für Aufnahme eintrat. Die negative entstand in einer kurzen Freundschaft mit einem Mann, den ich als Mensch und Erzieher interessant fand. Später stellte sich heraus, dass mich da einer für seine Hochstapelei missbrauchte. Auf unglaubliche Weise, fast wie im Krimi, stürzte sein Lügengebäude ein. Seither bin ich aus Selbstschutz noch misstrauischer geworden. Zum Glück durfte ich die schöne Freundschaft mit meiner vierten Freundin genießen. Sie ist eine fast 20 Jahre ältere Frau, was meinen Wünschen absolut entsprach. Da ich keine Familie will, ältere Frauen mich oft äußerlich mehr ansprechen und ich mich mit ihnen besser verstehe, war diese Beziehung ideal. Eine gewisse Distanz und das Äußere dieser Frau gefielen mir. Dazu zeigte sie sehr viel Verständnis für meine Philosophie. So meinte sie immer wieder, ich hätte eigentlich Recht, es sei genau betrachtet alles sinnlos und ungerecht, aber da sie noch Kinder habe, komme für sie der Freitod nicht in Frage. Auch mein Freund teilte viele meiner Ansichten und blieb weiterhin ein wichtiger Gesprächspartner. So überlebte ich diese grausamen Jahre auch dank der Hilfe von guten Menschen. Doch blieb in erster Linie zurück, dass ich weitere Hoffnungen an das Leben aufgab, von den meisten Menschen enttäuscht wurde, merkte, wie kaputt sie alle waren und deshalb erst recht blind weiterkämpften. Da musste sich meine Freitodbejahung ja weiter festigen.

Da ich mich noch für die theoretische Ausbildung zum Erzieher interessierte, suchte ich Anfang des Jahres 1991 erneut eine Praktikumsstelle. Ich fand bald eine in einer Institution, welche zu den Sozialwerken des Obdachlosenpfarrers Ernst Sieber gehört. Ich arbeitete bis Ende des Jahres dort, mit verschiedensten Erlebnissen. Im Herbst meldete ich mich erneut an der Schule für Soziale Arbeit an, im Frühjahr 1992 erhielt ich wieder eine Ablehnung mit Auflage. Damit war das Kapitel Erzieherberuf zu Ende, und ich begann mein Buchprojekt zu konkretisieren. Im Sommer 1991 beendete ich meine Fußballkarriere. In diesem Jahr nahm ich an einer Selbsterfahrungsgruppe teil. Meine Freundin und der Freund blieben meine wichtigsten Bezugspersonen.

Mein Praktikum absolvierte ich in einer Sieber-Institution, welche ein festes Zuhause für obdachlose Männer bietet, die meist auch Alkoholiker sind. Das Obdachlosenheim besteht aus zwei Teilen, einerseits dem eigentlichen Heim mit Wohnhaus und verschiedenen Arbeitsmöglichkeiten und andererseits einem Biogarten, die beide sich in Zürich befinden. Ich arbeitete vier Tage im Garten und einen im Haus. Mit dem Gartenleiter und den Männern, besonders jenen, die regelmäßig im Garten arbeiteten, bestand ein gutes Verhältnis. Mit den anderen Teammitgliedern ergaben sich kaum Probleme, doch nur, weil ich mir ein weitgehendes Redeverbot auferlegte. Denn die meisten zeigten ein – mir inzwischen ja bestens bekanntes – neurotisches Verhalten. Im Team geschahen die seltsamsten Dinge, die es veranlassten, Sitzungen ohne die PraktikanntInnen abzuhalten. Mit Pfarrer Sieber kam ich wenig in Kontakt. Seine Arbeit für die AußenseiterInnen und Armen dieser Gesellschaft darf auf der lebensbejahenden Ebene sicher gelobt werden. Doch wurde mir bei verschiedenen Begegnungen klar, dass er sich gern als Selbstdarsteller sieht und mit einem unglaubwürdigen Christentum um sich wirft. So begegnete er den total kaputten Männern mit frommen Sprüchen, die sie mit einem „Ja, ja" quittierten. In einem persönlichen Gespräch konfrontierte ich ihn mit seinem Glauben, ob er denn wirklich noch an diesen Gott und

Jesus glaube, obwohl dies theologisch und vor allem aus philosophischen Gründen (Leid-Frage) heute unhaltbar sei. Seine Antwort lautete: Er könne nicht einfach so an diesen Gott glauben, sondern nur, weil er Jesus in seiner Arbeit spüre, gerade wenn Christen in seinen Institutionen zusammenarbeiten würden. Ich entgegnete ihm, dass dies aber für ZweiflerInnen kein Gottesbeweis sein könne, worauf er keine Antwort wusste. Aber seine Argumentation wirkte und wirkt bis heute gerade angesichts seiner Selbstdarstellungssucht, der schlimmen, unlösbaren Schicksale vieler Menschen in seinen Institutionen und der eigenartigen Zustände unter den Angestellten (auch in anderen Sieber-Zweigstellen) sehr unglaubwürdig. Ähnliches erlebte ich mit einem Pfarrer, der oft die wöchentliche Andacht für die Angestellten der Sieber'schen Sozialwerke hielt. Wir waren uns sofort sympathisch und vereinbarten gegen Ende meines Praktikums ein Treffen, wobei wir über Gott und die Welt diskutierten und ich auch meine Philosophie einbrachte, für die er natürlich nur bedingt Verständnis zeigte. Aber das Gespräch blieb freundlich und wir vereinbarten, dass er sich bei mir melden werde, wenn er bald von Zürich weggehe, um nochmals ein Treffen abzumachen. Ich habe nie mehr von ihm gehört, was mich an frühere Erfahrungen erinnerte. Wenn man den Menschen die Wahrheit sagt, dann ist es aus mit der Freundschaft. Das Unglaubliche an diesem Gespräch war, dass er auf meine Ansicht, der Mensch habe kein Recht, das Tier zu töten, zuerst erstaunt, dann aber zunehmend irritiert reagierte und zugeben musste, er habe sich diese Frage noch nie gestellt. Dann zeigte er plötzlich ein gewisses Schuldbewusstsein. Für mich wirkte das schon fast unmöglich. Wie kann es sein, dass ein 25-jähriger Theologe sich eine solch wichtige Frage nie gestellt hat!? Es war aber nach Erlebnissen mit dem Pfarrer, der mich konfirmierte und den ich mochte, der aber mit seiner konservativen Theologie hilflos auf die wahren Fragen reagierte, und anderen Erfahrungen mit dem reformierten Christentum nur ein weiterer trauriger Höhepunkt, der die ganze Lüge auch dieser Religion offenbarte. Als weiteres schlimmes Erlebnis gestaltete sich die Art und Weise der zweiten Ablehnung an der Schule für Soziale Arbeit Zürich (daneben meldete ich mich auch noch an den Schulen in Luzern und Rorschach an, in Luzern erhielt ich eine insgesamt korrekte Ablehnung, in Rorschach wurde mir mit Testpsychologie und eigenartigen Spielen, durchgeführt von noch eigenartigeren Leuten, an den Kopf geworfen, ich sei nicht geeignet für diesen Beruf). Bei allen drei Ablehnungen spielte meine Vergangenheit (insbesondere meine Freitodversuche) eine Rolle, denn diese Leute wollen abgehärtete ErzieherInnen züchten, die sich durchsetzen können. Und einen solchen Menschen konnte und wollte ich nicht darstellen. Meine Absicht und mein Denken erwähnte ich natürlich nie, und beides schienen sie auch nicht bemerkt zu haben. Völlig kurios sah die Ablehnung in Zürich aus. Die für mich zuständige Person war leider nicht mehr der interessante Herr von der ersten Anmeldung, sondern ein anderer. Er plädierte für Ablehnung mit der Begründung, ich hätte theoretische Schwächen, was die Kommission guthieß. Beim Aufnahmegespräch traf ich auf einen ruhigen, sachliche Fragen stellenden Mann. Als ich dann nach der Ablehnung ein Begründungsgespräch verlangte, reagierte er auf meine kritischen Fragen total widersprüchlich, nervös und rauchte eine Zigarette nach der anderen, was er beim ersten Gespräch nicht tat. Später telefonierte ich mit dem Herrn der ersten Aufnahme. Er konnte die Argumente seines Kollegen nicht nachvollziehen. Meinen Rekurs lehnte eine Kommission ab, nachdem sie mir völlig allgemeine Fragen stellte, die nichts mit der Sache zu tun hatten. Erst Jahre später, mit einigem Abstand, wollte ich dem seltsamen Herrn die Wahrheit sagen, auch mit dem zugegebenen Stolz, an einer Fernsehdiskussion teilgenommen zu haben. Interessanterweise erinnerte er sich noch an alles, nur von seiner Nervosität und dem Rauchen wollte er natürlich nichts mehr wissen. Als ich ihn auf die Fernsehsendung ansprach, ob er sie gesehen habe und ob er nicht meine, dass er sich damals geirrt hätte und ich wohl eher ein philosophisches Genie als das Gegenteil sei, wollte er auf alle Fragen keine Antwort geben und hängte das Telefon auf. Einen Brief danach beantwortete er auch nicht. Es fragt sich wirklich, was eine derart unfertige Person an einer solchen Schule zu suchen hat. Auf einen Brief an den Mann der ersten Aufnahme, was er denn vom Verhalten seines Kollegen halte, erhielt ich nie eine Antwort. Abgesehen davon, dass auch die Post mal einen Fehler machen kann, behalte ich den Mann in guter Erinnerung, obwohl ich mit meiner heutigen negativen Einstellung zu Freud auch über ihn den Kopf schütteln muss, bezeichnete er sich doch als Freudianer. Es hat leider alles ein System, das man lebensbejahende Abgebrühtheit nennen könnte, obschon die Aufnahmeverfahren und psychologischen Theorien an den verschiedenen Schulen sich total widersprechen, was auch wieder ein einigermaßen seltsames Licht auf die Psychowelt wirft. Was ich in den letzten Jahren mit Leuten erlebte, die ebendiese Schulen absolvierten, oje!! Trotzdem möchte ich ihre Arbeit mit den ihnen anvertrauten Menschen nicht einfach als schlecht bezeichnen, doch nur auf der lebensbejahenden Ebene gesehen, die tatsächlich eine Vergewaltigung gerade der Kinder bedeutet. Somit schließt sich der Kreis zur eigenen Härte wieder. Ich fühlte mich am Schluss geradezu befreit von dieser Psychosekte und trat nun an meine Eltern heran, um ihre Unterstützung für mein

Buch zu erhalten, die ich dann freundlicherweise bekam. In dieser Zeit beendete ich meine Fußballerlaufbahn, da ich den Sinn nicht mehr sah. Davor stieß mir nochmals Unglaubliches zu. In einem zürcherischen Verein traf ich auf einige lächerliche Typen, die sich schon groß vorkommen wollen, weil sie in Zürich wohnen. Sie meinten: „Und jetzt kommt da so ein Schaffhauser!" Obwohl nicht alle so reagierten, wie früher auch nicht alle negativ gegen mich redeten, fragte ich mich ein weiteres Mal nach den Gründen. Meine Analyse ergab zum ersten Male, dass es neben meinem Anderssein offensichtlich Leute gibt, die sich durch mich herausgefordert fühlen, weil ich ihnen einfach überlegen und etwas Besonderes bin, was auch andere Leute von mir sagen, allerdings im positiven Sinne. Ich maße mir diese Selbsteinschätzung an, da ich mir zutraue, mich neutral und außerhalb meiner Person stehend zu beurteilen. Ein weiteres Erlebnis, das mich zu dieser Überzeugung brachte, bestand in der Selbsterfahrungsgruppe, die ich von meiner ehemaligen Psychiaterin empfohlen erhielt, als Ausklang zu ihrer Therapie sozusagen. Sie wurde geleitet von einem angesehenen Psychologen aus Schaffhausen. Auch hier empfand ich mit zunehmender Dauer wegen der unmenschlichen Art der TeilnehmerInnen ein Unbehagen. So wurde ein leicht schizophrener Mann aus der Gruppe gedrängt, für den ich mich einsetzte und dem ich noch heute zuhöre, wenn ich ihn in der Stadt sehe. Er lebt völlig vereinsamt, wird mit Psychopharmaka versorgt und redet manchmal wirre Dinge. Von einigen Frauen fühlte ich mich besonders enttäuscht, was mein Frauenbild ein weiteres Mal korrigierte. Aber vor allem missfiel mir der Psychologe, der sich von den meisten bewundert in der Rolle des Stars gefiel. Er ließ so genannte nonverbale Spiele veranstalten, wobei seine Aktionen gegenüber Frauen an sexuelle Belästigung grenzten. Ich durchschaute den Mann schon früh als Neurotiker und reizte ihn zwei Male so, dass er richtig wütend reagierte. Sonst bestand sein und der meisten anderen Gefühlsgeschwätz aus reinem Schein. Mir wollte er erklären, Gefühle und Denken seien zwei total verschiedene Dinge und ich könnte sie nicht als verbundene Einheit betrachten. Ich verließ die Gruppe, nachdem es bereits einige Wechsel gegeben hatte, mit dem Gefühl, wenig bis gar nicht profitiert zu haben. Es waren weitere Lehren über menschliche Gemeinheiten. Dazu die Tatsache, dass da einer regelmäßig als ausgewiesener Psychologe auf dem Platz Schaffhausen bezeichnet wird, den ich nach meinem Denken und meiner Psychologie als hoffnungslos zurückgeblieben disqualifizieren muss. Ich war im Frühling 1992 an einem Punkt angekommen, wo ich endgültig spürte: Ich passe nicht mehr in diese Welt! Von 1992 bis heute erlebte ich viele Dinge, es gab Veränderungen und ich begann meine Philosophie an die Öffentlichkeit zu tragen. Ich möchte auf diese wichtigen Jahre im Folgenden genauer eingehen.

Ab Frühjahr 1992 suchte ich nach Abmachung mit den Eltern eine Halbtagsstelle und fand sie im Sommer als Schulbuschauffeur. Bis Ende 1998 machte ich diese Arbeit, seit 1999 konzentriere ich mich auf das Buch, neben vermehrter Arbeit in Haus und Garten. Die Arbeit als Chauffeur erlebte ich vom Kontakt mit den Kindern her als weitgehend befriedigend, auch wenn es oft schwierige und arme Kinder gab. Aber ich konnte gut auf sie eingehen und blieb bei ihnen all die Jahre sehr beliebt. Das entstand, weil ich mit meinem Denken des Selbstmitleides auch Verständnis und Mitleid mit diesen oft bedauerrnswerten Kindern (verschieden behinderte SonderschülerInnen) fühlte und somit so etwas wie eine Leidensgemeinschaft entstehen konnte. Das löste auch traurige Gefühle aus, die nur auszuhalten waren, weil man die Kinder nach relativ kurzer Zeit wieder in andere Hände geben konnte. Auch in der Firma fühlte ich mich eigentlich immer wohl und akzeptiert. Bei den anderen Angestellten des Schulbusbetriebes, hauptsächlich Hausfrauen, war ich sehr beliebt. Daneben hatte ich auch viele traurige Erlebnisse mit Angestellten, die sich in einem solchen Niedriglohnberuf durch die Wirtschaftskrise kämpften. Mit dem Chef und seiner Frau gab es keine großen Probleme, doch dies auch nur, weil ich meine Meinung nicht sagte, dass nämlich hier die Not der Menschen während der Arbeitslosigkeit schamlos ausgenutzt wurde und immer noch wird (Stundenlohn von 14 Franken). Ich trat der Gewerkschaft bei und musste dort erfahren, dass man gegen diese niedrigen Löhne nichts machen könne und sie leider branchenüblich seien. Fragen zu meinen Rechten an das Chefehepaar quittierte es mit bösen Worten. Weil man die Arbeit gern macht, Streit und Stelle nicht riskieren will, sagt dann eben kein Mensch mehr was. Grundsätzlich behandelte der Chef die Angestellten nicht schlecht. Doch jeden Tag, im Stress, veranstaltete er Tobsuchtsanfälle, wie sie wohl die meisten Menschen noch nie erlebten. Der Mann ist ein kantonsbekannter Geschäftsherr, der nur das Geschäft kennt und seine Familie zerstörte. Aber er geht weiter seinen Weg und genießt seine Bekanntheit in den Gewerbekreisen. Ich dachte oft bei Geschäftsfahrten für seine rechtsbürgerlichen FreundInnen, die ich hin und wieder zusätzlich fuhr, es sei wohl der Gipfel der Paradoxie, wenn ein solch denkender Mensch wie ich diese Unmenschen herumchauffiere, die sich natürlich freundlich bedankten und ich mich auch. Am Schluss dachte ich jeweils: Wenn diese IdiotInnen wüssten, wer sie da fuhr! Nur weil meine sozialistischen Utopien einer völligen Hoffnungslosigkeit gewichen sind, hielt ich das wohl aus. Ich weiß auch bis heute nicht, was das Chefehepaar von meiner Philosophie erfuhr, denn eigentlich hätten sie mal was mitbekommen müssen. Sie sprachen mich nie darauf an und ich sie auch nicht. Ich wusste, dass eine solche Diskussion nichts bringen würde, da die Ansichten wohl schon ganze Lichtjahre auseinander liegen. Ich verachte diese Leute, denn sie haben nicht die leiseste Ahnung von der Wahrheit beziehungsweise wollen sie nicht haben. Sie merken wohl nicht einmal mehr ihre Unmenschlichkeit und dass sie als Menschen längst gestorben sind. Und das gilt für alle Geschäftsleute, die ich in all den Jahren gesehen habe. Das enthielt alles Nahrung für meine Philosophie, im Speziellen für die Frustrations-Theorie und die Theorie der Unmöglichkeit, die Arbeitsfrage menschlich zu lösen (Planwirtschaft gescheitert, freie Marktwirtschaft unmenschlich und zerstörerisch für alle). Geradezu einen bösen Déja-vu erlebte ich mit den LehrerInnen und ErzieherInnen der SonderschülerInnen. Von wenigen Ausnahmen abgesehen, zeigte sich dasselbe Bild, wie ich es schon von meiner früheren Tätigkeit im sozialen Bereich kannte: völlig selbstbezogene, unnahbare und neurotische Menschen, die uns FahrerInnen oft mit herablassender Arroganz begegneten. Vielfach vertreten diese Leute einen undefinierbaren Mix aus alternativem Gedankengut, Anthroposophie und seltsamer Psychologie. Aber ihre Mitte besteht aus einer fast unglaublichen Psychopathie. Ich werde später noch auf die in ErzieherInnenkreisen verbreitete abstruse Anthroposophie eingehen. Da ich auch heute noch, trotz Desillusionierung, nicht gerne schweige angesichts der geschilderten Zustände, es aber widerwillig tat, da ich sah, wie es nichts brachte, etwas zu sagen (einmal habe ich mich für ein 14-jähriges türkisches, schwer verhaltensgestörtes Mädchen eingesetzt, das sich in mich verliebte, mich immer wieder um Zärtlichkeiten bedrängte und das ich gegen den Willen der Heimleitung nicht immer einfach wegstoßen wollte; die Konsequenz hieß Telefonat an meinen Chef, man müsse mir klar machen, ich sei dann hier nur der Chauffeur und nicht Erzieher, und wenn ich mich nicht an ihre Forderungen halten werde, dürfe ich ihre Kinder nicht mehr fahren), fühlte ich mich befreit, als meine Eltern einwilligten, dass ich mich ab 1999 nur noch auf das Buch konzentrieren könne. Mit den FahrerInnen habe ich bis heute losen Kontakt. Das Einzige, was mir fehlt, sind die Kinder, die mir mit ihrer oft noch unzerstörten Ehrlichkeit immer Freude machten, sozusagen als Kontrapunkt zur Erwachsenenwelt schlechthin. Aber es löst letztlich eben doch mehr Trauer aus, wenn mir bewusst vor Augen liegt, wie sie in der Welt kaputtgehen, sich anpassen oder dahinvegetieren werden, je nach Behinderung. Diese Hilflosigkeit, den noch unverbrauchten jungen Menschen nicht helfen zu können, empfinde ich als schlimm.

Ich kann nur die Hoffnung haben, dass sie in meinem Sinne, ja vielleicht durch mein Buch, ihrem Herzen folgen werden. Dass sie bei der Überzeugung, nicht mehr leben und den lebensbejahenden Lügen namens Lebenssinn, schöne Welt und gute Gesellschaft entsagen zu wollen, den Freitod aus innerer Freiheit wählen, ihrem Leiden ein tragisches, aber ehrliches und doch ruhiges Ende bereiten werden, im Bewusstsein, den am wenigsten schlechten Weg für dieses unveränderlich grausame Leben zu begehen, in dem es gerade für die oft menschlich wertvollen Behinderten keinen Platz hat, denn da ist alles andere gefragt.

Von 1992 bis 1995 arbeitete ich noch als DJ einen Abend pro Woche in einer Musikbar, was mir etwas Ausgleich gab. Ich steigerte mein Hobby Musik zu einer Leidenschaft, und weil jeder seine Tonträger selbst mitnehmen musste, besitze ich heute eine große CD-Sammlung, die ich seit Ende der Anstellung nebst dem privaten Gebrauch immer wieder mal an einer Party präsentieren darf, was mir Freude bereitet. Doch die Tragik dieses Lebens ist es wohl, dass nie mal etwas einfach gut sein kann. Der Chef, seine Frau, die an der Bar arbeitete, und die meisten Gäste verhielten sich nicht gerade so, wie ich es mir vorstelle. Aber ich machte Musik mit Freude, sie zeigten sich zufrieden, und weiter sagte ich nichts. Doch habe ich einen schon fast unglaublichen Röntgenblick, der mich in den letzten Jahren keinen Menschen negativ einschätzen ließ, der sich dann als positiv herausstellte. Und so verwunderte es mich nicht, dass wir DJs, weil die Bar zu wenig gut lief, ohne jegliche Geste entlassen wurden. Aber ich stellte mich ab und zu gratis zur Verfügung, meine Musik aufzulegen. Anfänglich freute sich das Chefehepaar natürlich, aber nach ein paar Abenden, plötzlich und sozusagen als Dank, warf mir die Chefin die unmöglichsten Dinge an den Kopf, sodass ich dann genug hatte. Heute ist mir klar, dass die Existenzsorgen dieser Frau, die harte Arbeit an der Bar, ihre Ehe mit dem Besitzer der Bar, den man schon fast als geistig Kriminellen bezeichnen muss und der natürlich ein Freund meines Chefs beim Schulbus ist, sie zu einer solchen Reaktion brachten. Ich erlebte also ein weiteres Mal die menschliche Katastrophe.

Dies alles verstärkte meine Anstrengungen, das Buchprojekt voranzutreiben. All diese Jahre unternahm ich einige Aktivitäten für meine Sache. Wie bereits erwähnt, begann es mit Leserbriefen, in denen ich mich mit der Verlogenheit der Politik befasste. Es war also die erste Phase der Loslösung von der Lebensbejahung, der Politik eine Absage zu erteilen und ihre Untauglichkeit, die wahren Probleme des Menschen zu lösen, aufzuzeigen. Und dies geschah vor allem aus einer umfassenden Sicht auf die ganze Welt und Menschheitsgeschichte. In der Folge vertrat ich durch die verschiedensten Formen mein Denken. Ich möchte nun auf die wichtigsten Aktivitäten genauer eingehen.

1. Aus innerem Druck wollte ich in einer Zeitung einen längeren Text schreiben. In einer Wochenbeilage der Schaffhauser Nachrichten gab es eine Rubrik „Feder frei". Obwohl ich in einem Gespräch mit dem Hauptredaktor und einer weiteren Redaktorin meine Ansichten klar auf den Tisch legte, äußerten sie sich zu meiner Überraschung positiv. Nachdem ich den Text an die Redaktion gesandt hatte, hörte ich nichts mehr. Bei einem Telefonat hieß es, der Redaktor sei entlassen worden und die Redaktorin inzwischen gegen meinen Text. Der Nachfolger des Hauptredaktors war ein ehemaliger Kollege von mir, mit dem ich mich immer gut verstand. Er nahm die Sache in die Hand und wollte meinen Text bringen. Schließlich verbot ihm dies der Chefredaktor der Schaffhauser Nachrichten, mit dem Argument, die Schaffhauser Nachrichten seien nicht bereit, einen solchen Text abzudrucken, da man sich sehr der reformierten Kirche verbunden fühle. Zu der linken Schaffhauser Arbeiter-Zeitung wollte ich nicht gehen, obwohl ich trotz SP-Austritt und meinem Denken bis heute mich ja auch noch auf der Lebensebene befinde und links denke und abstimme. Doch ich wollte mit dieser Zeitung nichts mehr zu tun haben, nachdem sie den angesprochenen Frauenarzt, für den ich mich einsetzte, in gemeiner Manier vorverurteilte. Auf Hinweis meines ehemaligen Kollegen meldete ich mich bei einem Schaffhauser Gratisblatt. Sowohl bei den Schaffhauser Nachrichten als auch beim Gratisblatt fühlte ich mich ebenfalls nicht wohl, da beide rechts orientiert sind. Aber bei beiden rechtfertigte ich mein Vorgehen mit meiner Sache, der es ja dienen sollte und die man halt nur in den Zeitungen unter das Volk bringen konnte, die es gab. Also führte ich mit einem Redaktor des Gratisblattes ein Interview. Er werde es in nächster Zeit publizieren, meinte er. Das Interview erschien aber nie. Ein Telefonat ergab nur Ausreden. Darauf startete ich eine Flugblattaktion. Jedes bestand aus einer ersten Seite zu den Erfahrungen mit den Zeitungen, der Titel hieß „Unwahrheiten (in Bezug auf das, was sonst in diesen Zeitungen steht, und ihre leeren Versprechungen mir gegenüber, Klammer nur hier als Erklärung) und Missachtung der Meinungsfreiheit", und vier Seiten mit einem Text meiner Philosophie, mit dem Titel „Weshalb Freitod ein möglicher Weg aus der Absurdität des Lebens sein kann". Ich verteilte davon ca. 100 an öffentlichen Orten und ca. 50 verschickte ich an ausgewählte Personen. Natürlich bekamen auch die Zeitungen ein Exemplar. Die Reaktionen folgten nicht sehr zahlreich, oft sprachen mich die Leute erst darauf

an, wenn sie mir gerade begegneten. Aber das wunderte mich nicht, denn mit so was will man sich natürlich nicht auseinander setzen, und für die meisten Leute, die mich kennen, bedeutete es das erste Mal, dass sie von meinem Denken erfuhren, was viele schockierte, kannten sie mich doch als aufgestellten und intelligenten jungen Mann, der ja sicher glücklich ist. Es gab nur zwei direkte Reaktionen. Als erste bekam ich ein böses Telefonat von der genannten Redaktorin der Schaffhauser Nachrichten, welche zuerst für meinen Text war und dann plötzlich dagegen. Sie drohte mit einer Gegendarstellung, denn die Ablehnung sei wegen meiner Eltern erfolgt, die hinter meinem Rücken einen Brief an die Zeitung schrieben, sie wären als Eltern froh, wenn mein Text nicht erscheinen würde. Ich entgegnete ihr, ihr Mitredaktor sei ein ehemaliger Kollege von mir, mit dem ich ein vertrauliches Gespräch geführt habe, bei dem es auch um den Brief meiner Eltern gegangen sei, und der mir beim Bericht zur Argumentation des Chefredaktors keine solche Aussage gemacht habe, dazu wäre es ja auch schlimm, denn ich sei schließlich ein erwachsener Mensch, der seine Meinung nicht noch von den Eltern absegnen lassen müsse. Doch die gute Frau drohte weiter, bis ich sagte, dann solle sie doch ihre Gegendarstellung schreiben. Es erschien natürlich nie eine solche. Das zweite Telefonat hörte sich gerade gegenteilig an. Ein mir nur vom Namen her bekannter Herr (er schrieb vor meinem Unternehmen in der genannten Rubrik eine harte Streitschrift gegen das Christentum und Religion im Allgemeinen, was böse Kommentare hervorrief und laut RedaktorInnen mehr Vorsicht für die Zukunft heiße; später rief mich der interessante Mann noch einige Male an, um zu diskutieren) meinte, er habe das Flugblatt gelesen, es sei endlich an der Zeit, dass auch so was vertreten werde; er denke zwar nicht genauso wie ich, aber es sei vor allem ein Armutszeugnis für die heutige Welt, wie immer noch Zensur ausgeübt werde. Das Ganze endete für mich also mit einem schönen Lob. Überhaupt fühlte ich mich gelöst, doch entstand eine heftige Diskussion mit meinen Eltern, da ich ihre Gefühle in der Provinz verstehen, aber nicht akzeptieren konnte.

2.   Wie bereits erwähnt, lässt sich mein heutiges Denken auch mit dem eines Tages-Anzeigers nicht mehr vereinbaren. Trotzdem bin ich bis heute der Ansicht, dass er die am wenigsten schlechte große Zeitung der Schweiz ist. So entschied ich mich, nur noch im Tages-Anzeiger zu schreiben. Und tatsächlich druckte er in all den Jahren einige meiner Leserbriefe mit freitodbejahendem Inhalt ab (daneben gab es auch viele Absagen). Das soll hier bei aller Kritik gelobt werden, dies umso mehr, als verschiedene Verbände in den letzten Jahren die Medien aufgerufen haben, das Thema Freitod zu

meiden, da es zum Nachahmungseffekt führen könne. Als Beispiel möchte ich den Leserbrief vom Samstag, 7. Oktober 1995 hier einfügen, mit der Bemerkung, dass beim Absender P. Müller, Beringen steht, obschon bei allen anderen auf jener Seite die Vornamen ausgeschrieben sind. All meine anderen Leserbriefe sind komischerweise aber auch mit vollem Vornamen unterzeichnet. Trotzdem scheint aber in diesem Falle offenbar doch eine Vorsichtsmaßnahme erfolgt zu sein, die aber überflüssig war, denn ich stehe nicht im Telefonbuch. Andererseits wird jeder Mensch, der mit mir Kontakt aufnehmen möchte, dies auch mit den genannten Angaben schaffen. Hier nun also der Leserbrief: „Als Exit-Mitglied und philosophischer Mensch muss ich auf den Leserbrief des Psychotherapeuten Heinz Wattenhofer antworten. Er bestätigt meine Erfahrung, dass Psychologen zu tieferem Denken unfähig sind, denn er macht so ziemlich alles falsch, was man nur falsch machen kann. Zuerst stellt er das Leben nach dem Tode und die Reinkarnation als Sicherheit hin, obwohl es keine ehrlichen Anzeichen dafür gibt. Er behauptet dazu noch, Jesus hätte die Seelenwanderung gelehrt, was später aus der Bibel gestrichen worden sei. Das entbehrt jeglicher theologischer Grundlage. Die schlimmste Ansicht von Herrn Wattenhofer ist aber seine Leid-Theorie. Er schreibt zwar, er wolle keine Glorifizierung des Leidens, doch genau das tut er. In den grausamen, vielfach unheilbaren Leiden der Menschen einen Sinn zu sehen ist unmenschlich und gemein. Meine Erfahrungen mit Menschen, die solches vertreten, waren immer die gleichen: Ihr eigenes Leiden haben sie so umgewandelt, dass sie egoistisch, unmenschlich und verwirrt wurden. Von positiven Entwicklungen also keine Spur. Ich trete dafür ein, dass der Freitod als möglicher Weg aus der Absurdität des Lebens akzeptiert wird, oder wie der Schriftsteller Jean Améry schrieb: Der Freitod ist ein Privileg des Humanen. Leute wie Herr Wattenhofer wollen Freitodwillige von ihrem frei gewählten Weg abbringen, obwohl gerade PsychologInnen die Theorie vertreten, wer anderen etwas aufzwingen wolle (hier die Lebensbejahung), sei sich seiner Ansicht selbst wohl nicht so sicher. Ich vertrete mein Recht auf Freitod auch, aber ich will niemandem das Leben absprechen, denn jeder muss seinen Weg selbst finden, und durch Zwang geschieht nichts Gutes. Ich akzeptiere also die Lebensbejahung von Herrn Wattenhofer, obwohl es leicht zu beweisen wäre, dass das Leben zu Gewalt und Schrecken führt, der Freitod aber verhältnismäßig human ist."

3.   Als weiteres Flugblatt möchte ich jenes hier einfügen, das ich nach dem Prozess gegen den so genannten Triebtäter Roland Kübler (in allen Medien breitgeschlagen), der wegen der beiden von ihm gestandenen Morde an den Jugendlichen Stefan Brütsch

und Dario Cicolecchia zur Verwahrung auf unbestimmte Zeit verurteilt wurde, im Kanton Schaffhausen und Umgebung streute. Es gab verschiedene Gründe, weshalb mich dieser Mord an Dario Cicolecchia beschäftigte (der Mord an Stefan Brütsch war schon in den 80er Jahren verübt worden). Einerseits fuhr ich wöchentlich mit dem Schulbus zum Wohnort (auch Tatort) von Dario und holte dort ein Mädchen ab, das ihn kannte und mit mir über den Fall redete. Andererseits erfuhr ich, dass dieser Roland Kübler während meiner Lehrzeit als Gärtner in derselben Psychiatrischen Klinik seine Ausbildung als Psychiatriepfleger machte. Ich konnte und kann mich nicht an ihn erinnern, da ich als Gärtner die Angestellten der anderen Berufe nur flüchtig oder nicht kannte. Aber es erwachten nun so einige Gedanken, die ich mir schon während der Lehre machte und die dann später durch meine Erfahrungen mit Menschen, die in psychologischen Berufen arbeiten, bestätigt wurden. Es bleibt bei der Feststellung, dass hier selbst unglückliche Menschen anderen, sozusagen offiziell unglücklichen das Glück einreden wollen und sollen, das sie selbst nicht kennen. Es heißt immer, nur wer selbst sensibel sei, könne auch auf andere eingehen, aber für den Beruf müsse man seine Probleme bewältigt haben. Aber die Grenze ist offenbar fließend und die Auswahlkriterien zeigen sich unsicher, da sich jeder verstellen kann, ohne dass es die anderen merken. Tatsache ist, dass Roland Kübler kurz nach erfolgreichem Abschluss seiner Psychiatriepfleger-Ausbildung Stefan Brütsch umbrachte, in den zehn Jahren bis zum Mord an Dario im sozialen Bereich arbeitete, heiratete und ein Kind zeugte, ohne dass jemand etwas merkte. Die Psychowelt steht wie die ganze Menschenwelt vor einer unlösbaren Aufgabe: Längerfristig wird man total abgehärtet und macht dann nur noch im lebensbejahenden, funktionierenden Sinne gute Arbeit, oder man bleibt wirklich noch Mensch, kann dadurch auf die Betreuten gerecht eingehen, wird dann aber früher oder später das Leben nicht mehr meistern können, da man sich als Leidensgemeinschaft begreift und der Freitod ins Zentrum rückt. Ich plädiere aber gerade für die echte Menschlichkeit, die im Ende mit Schrecken durch den kollektiven Freitod die humanere Lösung sieht als im Schrecken ohne Ende. Die andere Möglichkeit heißt eben Mensch als Maschine, die unter dem Druck der Masse kein Unglücklichsein zugeben darf. Wer den Schritt zur totalen Maschine nicht schafft, sucht sich andere inhumane Reaktionen wie Roland Kübler und/oder zögert die humanen noch lange oder für immer hinaus und belügt dabei die anderen und sich selbst (PsychiaterInnen, Ärztinnen und Ärzte haben die höchste Freitodrate aller Berufsgattungen), wobei alles fließend ist, alles zusammenhängt. Schließlich sandte ich das Flugblatt (je mit Begleitbrief) an

Roland Kübler und die Eltern von Dario, wobei ich bei Ersterem nicht weiß, ob er es je bekommen hat, da er bereits in der Strafanstalt saß. Reaktionen erhielt ich von beiden nicht und auch sonst keine. Hier also das Flugblatt mit dem Titel „Gedanken zum Prozess": „Zuerst: Es geht mir mit diesem Flugblatt nicht darum, die Taten von Roland Kübler zu entschuldigen oder zu verharmlosen und die Trauer der Angehörigen nicht ernst zu nehmen. Aber: War es nötig, den Prozess vor Zuschauern abzuhalten und damit den Täter aus- und bloßzustellen? Der Täter wurde von den meisten Medien und vielen Leuten (Angehörige und SympathisantInnen der Opfer usw.) unmenschlich behandelt. Unmenschlich, weil man den Menschen Roland Kübler, der auch ein Opfer dieses Lebens, dieser Gesellschaft ist und vor einer grauenhaften Zukunft steht, nicht sehen wollte und kein Mitleid mit diesem eigentlich armen Menschen und seinen Angehörigen hatte (trotz der schrecklichen Taten). Der Lebenskampf, die Akzeptanz dieses grausamen Lebens (täglich sterben ca. 20.000 Kinder an Unterernährung) führt unweigerlich zu solch schlimmen Taten. Das so genannte normale Leben ist voller Gewalt. Dario fischte, als er ermordet wurde. Das Töten von Tieren ist auch Mord. Haben sich die Angehörigen schon mal gefragt, ob sie nicht auch an dieser „normalen" Gewalt beteiligt sind? Deshalb: Ich sage in meiner Philosophie, dass der Mensch seine Geschichte selbst beenden sollte, da er nicht fähig ist, anständig zu leben. Oder: Der Freitod ist die am wenigsten schlechte, die humanste Lösung. Roland Kübler sah seine Tragödie wohl voraus und hätte vielleicht bei einer größeren Akzeptanz des Freitodes diesen vollzogen, und Stefan und Dario würden noch leben."

4.   Im Verlaufe des Jahres 1994 sah ich im Schweizer Fernsehen DRS einige „Zischtigs-Clubs" (Diskussionssendung), die bei mir so manches auslösten. Ich fasste Mut und rief die Redaktion an, ich würde gerne mal an einer Sendung zum Thema Freitod teilnehmen. Die Redaktion bat mich, den von mir in Schaffhausen gestreuten Text ihr zu schicken, da momentan keine Sendung zu diesem Thema geplant sei. Erst Anfang des Jahres 1996 rief mich zu meinem Erstaunen und meiner Freude eine Redaktorin an und stellte mir eine Teilnahme in Aussicht. Danach telefonierte mir der Chef und Moderator der Sendung, Ueli Heiniger. Er meinte, er wolle mich primär als jungen Mann einladen, der zwei Freitodversuche überlebt habe, heiße doch das Thema „Selbstmord von jungen Menschen". Ausgelöst wurde es durch eine Freitodwelle junger Menschen in der Gemeinde Bad Ragaz. Ich willigte ein, nachdem ich das Zugeständnis erhielt, auch meine Philosophie vertreten zu dürfen. Am 16. Januar fand dann die Sendung live statt. Die Runde bestand aus folgenden Personen: einem Ehepaar, das einen

Sohn durch Freitod verlor und einer Vereinigung von Eltern angehörte, die ein Kind durch Freitod zu beklagen haben, einer Mutter, die ihren Sohn verlor und ebenfalls der genannten Organisation angehörte, einer Frau, ca. 45 Jahre alt, die mit 20 Jahren zwei Freitodversuche überlebte, einer Psychotherapeutin, dem bekannten Dokumentarfilmer Paul Riniker, der als junger Mann oft Freitodgedanken hatte, dem Berner Psychiater Konrad Michel, der in der Schweiz als Suizidfachmann gilt, und schließlich Moderator Ueli Heiniger. Nach leichter Anfangsnervosität fand ich mich gut zurecht. Außer der Frau, die auch zwei Freitodversuche überlebte, vertraten alle in der Runde, inklusive Moderator, die Meinung, Freitod sei keine Lösung. Bei der Frau fand ich interessant, wie sie mehr als 20 Jahre nach ihren Versuchen, inzwischen Geschäftsfrau und ohne Freitodgedanken, zwar den Freitod nicht grundsätzlich als Lösung sehen wollte, ihn aber auch nicht einfach ablehnte. Nachdem ich meine persönliche Geschichte geschildert hatte, erlaubte ich mir, mein Denken einzubringen, obschon ich mir kurz vor der Sendung Zurückhaltung auferlegte, aus Rücksicht auf die teilnehmenden Eltern, welchen man die Verluste ihrer Söhne anmerkte. Dies bewog mich klarzustellen, dass meiner Meinung nach jeder und jede Freitodwillige die Angehörigenfrage stellen müsse, was ich bei meinen Versuchen getan habe, aber am Schluss müsse der/die Freitodsuchende selbst entscheiden können. (Wie im Vorwort schon angesprochen, verstehe ich darunter nicht nur, dass der/die Freitodwillige ein schlechtes Gewissen hat oder sich machen lässt, sondern dass er/sie selbst als ehrlicher, sensibler und nicht jenseitsgläubiger Mensch unter der möglichen Trennung von Angehörigen grundsätzlich leidet. Doch im ehrlichsten Moment wird der/die Freitodwillige sich eingestehen, dass er/sie von den meisten so genannten Nächsten sowohl im konkreten Leben als auch vor allem durch ihre Ablehnung der Wahrheit enttäuscht ist. Dieses Buch hat deshalb als Utopie zum Ziel, dass die sich nahen Menschen zum Freitod zusammenschließen, im Angesicht von noch einiger Freundschaft und der Wahrheit. So würde es vermehrt zum gemeinsamen und überzeugten Freitod kommen, im Wissen, dass das übliche Weiterleben und das ebenso übliche nicht gemeinsame Ende von Menschen, die sich selbst und die anderen hassen, der schlechtere Weg sind.). Meine Philosophie brachte ich nur kurz ein, indem ich sagte, die Grund-Sinnlosigkeit des Lebens, der naturbedingte Konkurrenzkampf und die unveränderlichen Grausamkeiten führten dazu, dass das Leben noch absurder sei als der Tod beziehungsweise der Freitod, und erwähnte dabei zweimal den Autor Jean Améry und sein Buch „Hand an sich legen, Diskurs über den Freitod". Beim zweiten Male brach der Moderator mein Votum ab mit der Begründung, Autor wie Buch würden nicht alle Leute kennen. Später unterbrach er mich noch nach meiner Aussage, es sei schwer für mich zu akzeptieren, dass in diesem Lande ein Lügner, ja Verbrecher wie der Rechtspolitiker Christoph Blocher so viel Macht haben könne, mit der Bemerkung, ich dürfe das nicht sagen, da Herr Blocher nicht hier sei, und zudem sei er in strafrechtlichem Sinne kein Verbrecher, ich meine wohl, er mache verbrecherische Politik, worauf ich antwortete, ja, und das könnte man nachweisen, wenn man wollte. Dann schaltete sich Paul Riniker ein, Blocher dürfe doch kein Grund zum Freitod sein, wonach ich entgegnete, es gehe in erster Linie nicht um Blocher, sondern um die Ohnmacht. Ueli Heiniger entschuldigte sich noch in der Sendung für sein Abbrechen meiner Jean-Améry-Aussage. Darauf wollte ich noch mal etwas klarstellen, doch ich kam durch den Verlauf des Gesprächs nicht mehr dazu. Am Schluss fühlte ich mich zuerst enttäuscht, weil ich doch mehr von meinem Denken einbringen wollte und daran gehindert wurde. Auch die Entschuldigung von Ueli Heiniger klang nur bedingt ehrlich, stellte er doch im Verlaufe der Sendung klar, er sei gegen meine Philosophie, und wenn sich niemand dagegen wehre, werde er es tun, was für einen Moderator ein einigermaßen seltsames Verhalten ist. Dazu kam es wohl, weil mir alle TeilnehmerInnen verstehend entgegentraten, was schon vor der Sendung beim Imbiss, während durch die Art der Aussagen und nach bei der gemeinsamen Analyse, offensichtlich war. Dies gab zwar ein gutes Gefühl, hörte sich aber auch eigenartig an, da zum Beispiel alle nach Sendeschluss freundlich auf mich zugingen, mir eine lebensbejahende Politikerkarriere zuspielen wollten und behaupteten, sie fänden das freitodbejahende Buch von Améry gut, obwohl sie seine Aussagen in der Sendung bekämpften. Auch Ueli Heiniger gab sich nach der Sendung weniger kämpferisch, was verständlich ist, wollte er sich doch dem Vorwurf nicht aussetzen, dem Nachahmungseffekt gedient zu haben. Und er behielt leider Recht, bekam er doch trotz seiner Eingriffe mehrere Telefonate und Briefe, die sich beklagten, dass man einem solchen Mann wie mir die Möglichkeit gebe, eine solche Philosophie zu vertreten. Ich verabschiedete mich von allen mit der Genugtuung, doch die gute Mischung zwischen Zurückhaltung und meinem Denken gefunden zu haben. Die nachträglichen Reaktionen zeigten, dass bereits so wenig Freitodbejahung wie in dieser Diskussion viel oder eben gar zu viel bedeutete, denn das Tabu Freitod hält sich in unserer Gesellschaft hartnäckig.

Es gab also die angesprochenen Briefe und Telefonate, die hauptsächlich von PsychiaterInnen und PsychologInnen stammten. Ich persönlich bekam wenige direkte Reaktionen. Außer zwei Briefen, die ich über das Fernsehen erhielt, da keine Adressen herausgegeben werden, und ein paar Verwandten und Bekannten, die von der Sendung wussten und mich natürlich fast ansprechen mussten, gab es kein Echo. Oft erfuhr ich durch dritte Personen, dass diese oder jene die Sendung gesehen hätte, aber bis heute hat mich keine darauf angesprochen. Die beiden Briefe stammten je von einer Frau und einem Mann. Die Frau schrieb, sie habe meine Aussagen interessant gefunden, und ob ich ihr meine Adresse mitteilen könne, was ich natürlich gerne tat. Doch hörte ich nie mehr was. Als ich nach einiger Zeit ihre Telefonnummer bei der Auskunft anfragte, hieß es, diese sei aufgelöst worden und eine neue gebe es nicht. Ich machte mir danach einige Gedanken, die darin gipfelten, die Frau könnte sich vielleicht, durch mich beeinflusst, das Leben genommen haben. Es zeigt die ganze Dimension des Freitodtabus auf, dass selbst ich mir nicht sicher war, ob ich nun gute oder gar schuldige Gefühle haben sollte. Der Brief des Mannes forderte mich auf, ihn mal anzurufen, da er gerne mit mir diskutieren würde. Ich traf ihn und wir verstanden uns sofort gut, auch wenn er mir den Lebenssinn erklären wollte. Doch ich merkte bald, wie er selbst mit sich und der Welt unzufrieden war und in mir auch einen Leidensgenossen suchte. Ich lud ihn später noch zu mir an eine Party ein, wo wir uns nochmals etwas näher kamen. Danach telefonierten wir noch einige Male, beim letzten Gespräch wirkte er deprimiert und meinte, er werde mich bei Zeit für ein weiteres Treffen anrufen. Seitdem vergingen schon wieder mehrere Jahre, ohne dass ich je wieder etwas von ihm hörte, was einmal mehr verschiedenste Gefühle auslöste. Ebenfalls vom Fernsehen zugeschickt erhielt ich zwei Fernsehkritiken. Die eine, in der Bündner Zeitung vom 18. Januar, geschrieben von einem Peter Jenni, hielt sich an allgemeine Fragen zu diesem Thema und ob sie im Fernsehen zu diskutieren seien. Aber mit dem Satz: „Auf der anderen Seite, bei den Personen, die schon Freitodversuche hinter sich hatten, drohte das Gespräch in ein Plädoyer für den Freitod abzusacken – da griff der Moderator ein, autoritär, wie er sagte", bewies er seine negative Einstellung zum Freitod. Die andere erschien, ebenfalls am 18. Januar, in der Neuen Luzerner Zeitung, von einem Benno Bühlmann verfasst. Ich möchte die ganze Kritik mit dem Titel „Suizid als Lösung?" einfügen, da sie sich hauptsächlich mit meinen Aussagen auseinander setzt:

„Eine rätselhafte Serie von Suizidfällen im Kurort Bad Ragaz hat in den vergangenen Wochen große Ratlosigkeit ausgelöst und zugleich unzählige, schwer zu beantwortende Fragen aufgeworfen: Welches sind die Gründe, weshalb sich heute immer mehr junge Menschen das Leben nehmen? Dürfen wir uns damit abfinden, dass bei den 15- bis 25-Jährigen Suizid die häufigste Todesursache darstellt? In der Sendung vom Dienstag hat sich der Zischtigs-Club auf ein heikles und doch sehr wichtiges Thema eingelassen, über das ein offenes Gespräch zweifellos notwendig ist. Und trotzdem blieb der Verlauf der Diskussion unbefriedigend. Es lässt sich fragen, welchen Eindruck diese Sendung bei Zuschauerinnen und Zuschauern hinterlassen hat, die selber suizidgefährdet sind: Insbesondere die – äußerst widersprüchlichen – Aussagen von Philipp Müller, der selbst zwei Suizidversuche überlebt hat, weckten den Eindruck, dass der Suizid ein allgemein taugliches Mittel zur ‚Lösung‘ von Problemen sei. Die Tatsache, dass er die Suizidproblematik gar noch mit dem Blocher-Syndrom in Verbindung brachte, machte deutlich, wie verhängnisvoll das von ihm vorgebrachte Plädoyer für den ‚Freitod‘ letztlich ist … Natürlich ist es falsch und ungerecht, sich ein Urteil über einen einzelnen Menschen anzumaßen, der aus – meist schwer erklärbaren – Gründen seinem Leben ein Ende setzen will. Die Frage allerdings bleibt bestehen, ob die betroffene Person diesen Entscheid wirklich aus absoluter ‚innerer Freiheit‘ fällen kann, wie das in der Diskussion zum Teil suggeriert worden ist. Gerade bei Philipp Müller und Susanne Weiss (sie hat ebenfalls zwei Suizidversuche hinter sich) wurde deutlich, dass ihre Suizidversuche im Zusammenhang mit persönlichen (Beziehungs-)Problemen und depressiven Zuständen standen, die ihre innere Freiheit zu einer Handlung, die nicht mehr rückgängig zu machen ist, doch klar relativieren mussten.“

Da ich mir dieser angeblichen Widersprüche nicht bewusst war und er die innere Freiheit meiner Freitodversuche anzweifelte, obschon ich klar sagte, die Beziehungsproblematik sei nicht der einzige Grund gewesen, denn die grundsätzliche Philosophie habe bereits eine Rolle gespielt und ich hätte in überwiegender Ruhe und entschlossen von diesem Leben Abschied genommen, aber vor allem weil er auf die heutige, umfassend freitodbejahende Philosophie überhaupt nicht einging, rief ich ihn an. Das Gespräch verlief einigermaßen seltsam. Obwohl ca. ein Monat seit der Sendung vergangen war, erwarte ich von einem Journalisten, dass er noch ungefähr weiß, was er schrieb, besonders als ich ihm half, meine Aussagen in Erinnerung zu rufen. Zuerst konnte er also überhaupt nicht sagen, wo ich mir widersprochen haben soll. Er wisse es halt nicht mehr. Auch als ich ihn auf gewisse Dinge ansprach, die er vielleicht gemeint haben könnte, wusste er keine klare Antwort. Eine Grundsatzdiskussion stellte sich als unmöglich heraus, da er einfach herunterbetete, weshalb das Leben sinnvoll sei, und meinen Argumenten auswich. Schließlich meinte er, er müsse noch ein Telefonat machen. Das Fazit: Da schrieb einer über etwas, von dem er keine Ahnung hatte. Diese Sendung löste bei mir also so manches aus und hat bis heute ihre Spuren hinterlassen.

(Kürzlich, nach so langer Zeit, erkannte mich ein Mann, der die Sendung sah, sich damals über die Eingriffe von Ueli Heiniger ärgerte und diesen bei einem zufälligen Treffen deswegen kritisierte, was mich mit Genugtuung erfüllt.)

Dazu möchte ich noch zwei Erlebnisse erwähnen, die sich 1999 ereigneten. Beim ersten ging es um die Psychotherapeutin aus Zürich, die an der Sendung teilnahm. An einer Stelle sagte sie, sie werde unruhig neben mir, denn sie sei schon einmal neben einem Mann in einem Zischtigs-Club gesessen, der gesagt habe, er schreibe jetzt noch ein Buch und dann bringe er sich um. Es sei der schweizerische Schriftsteller Hermann Burger gewesen. Ich entgegnete ihr, sie habe mich falsch verstanden, ich würde es offen lassen, was ich nach meinem Buch mache. Erst später beschäftigte ich mich mit Hermann Burger und seinem Buch „Tractatus logico-suicidalis, Über die Selbsttötung", auf das ich später noch eingehen werde, das aber trotz Titel nicht gemeint war. Ich begann mich also näher für Hermann Burger zu interessieren und erinnerte mich an die Aussage der Frau. Ich rief sie an und fragte, ob sie die damalige Sendung allenfalls auf Video habe und ich ihn mir mal ansehen dürfe. Sie bejahte, und schließlich, nach langer Zeit, da die Frau so beschäftigt war, fanden wir einen Termin. Obwohl ich vor allem nach unserer Sendung gut mit ihr reden konnte und sie sogar nach Hause fuhr, da sie sonst ein Taxi hätte nehmen müssen, ging ich gespalten zu ihr. Dies besonders daher, weil sie am Telefon dauernd beharrlich erwähnte, wie ach so krank dieser Hermann Burger gewesen sei. Die eigene Desorientierung, die diese Frau offensichtlich an den Tag legte, zeigte sich schon dadurch, dass sie sich überhaupt nicht vorbereitete und plötzlich noch befürchtete, die Sendung überspielt zu haben. Man muss sich das einmal vorstellen: Da fahre ich zu ihr, auch wenn ich ohnehin in Zürich weilte, nachdem ich mit ihr über ein Jahr brauchte, bis der Termin gefunden werden konnte, und nun findet sie das Video nicht. Nun, sie fand es dann doch noch und wir schauten diesen Zischtigs-Club aus dem Jahre 1988. Es ging um unsere so genannte Therapiegesellschaft. Hermann Burger erzählte von seinen eigenen Erfahrungen mit der Psychotherapie, da er sich während Jahrzehnten behandeln ließ. Er wirkte auf mich überhaupt nicht krank, auch wenn er im folgenden Jahre den Freitod wählte. Auch während wir das Video anschauten, brachte sie immer wieder ihre Sprüche, wie krank er gewesen sei, wie sie ihn attackiert und an die Wand gespielt habe, wie er sich als großer Schriftsteller habe hinstellen wollen, um Propaganda für sein letztes Buch zu machen, und wie sich schließlich umgebracht habe, um sein Buch zu einem Erfolg zu machen. Nun, von alledem war überhaupt nichts wahr, ebenso gab es diese Aussage von Hermann Burger nicht, die sie in unserer Sendung machte. Nach dem Ende des Videos fragte sie mich, ob ich denn immer noch so denke wie am 16.1.1996. Ich antwortete freundlich, aber bestimmt, ja, ob sie denn glaube, wenn man in einer solch wichtigen Sache mit 30 Jahren so denke und ein Buch schreiben wolle, man würde drei Jahre später plötzlich anders denken? Sie ließ nicht locker und ich präzisierte meine Philosophie, bis ich merkte, es hat keinen Sinn, und freundlich sagte, ich müsse auf den Zug. Zwar alles nichts Neues, trotzdem wirkte das Erlebte sehr seltsam. Denn gerade dieser Frau konnte ich ihre Predigt vom Sinn und Glück des Lebens nicht abnehmen, da ihr Verhalten und ihre künstliche Fröhlichkeit einen wirren Menschen offenbarten. Ihre dummen und unwahren Sprüche gegen Hermann Burger zeugten von blankem Neid auf den berühmten Schriftsteller. Nebst dem besseren Kennenlernen von Hermann Burger hatte die ganze Sache dann doch noch einen Sinn. Denn wenig später fand an den Winterthurer Literaturtagen ein Gespräch über Hermann Burger statt und ich lernte dabei seine Nachlassverwalterin beim Schweizerischen Literaturarchiv kennen. Ich berichtete ihr von diesem Zischtigs-Club mit Hermann Burger, der ihr nicht bekannt war. Sie interessierte sich nun, diesen in ihr Archiv aufzunehmen. Da ich vor meiner Kontaktaufnahme mit der Psychotherapeutin beim Schweizer Fernsehen angefragt hatte und erfuhr, diese Sendung sei ungewollt gelöscht worden, gab ich der Nachlassverwalterin die Adresse der Psychotherapeutin. Darauf bedankte sie sich mit einem der letzten Exemplare von „Tractatus logico-suicidalis", wie ich es mir gewünscht hatte. Ich bedankte mich telefonisch und dachte: Endlich erlebe ich wieder mal was Erfreuliches! Allerdings merkte ich beim Gespräch, dass die nette Frau nicht so denkt wie ich und eher am Wortkünstler Hermann Burger interessiert ist.

Das andere hatte ich mit dem erwähnten Psychiater und Suizid-Experten Konrad Michel. Er sprach in der Sendung Rundschau im Schweizer Fernsehen DRS zum Freitod. Ich schaute sie mir an, weil ich eigentlich auch für diese vorgesehen war (siehe 8.). Er erzählte die übliche Lüge der Psychiatrie, jeder und jede Freitodwillige sei ein seelisch kranker Mensch. Da ich ihn in unserer Sendung als eher fortschrittlichen Psychiater erlebte, erstaunte mich seine undifferenzierte Behauptung. Ich telefonierte ihm darauf. Er relativierte seine Aussage und entschuldigte sich damit, er sei halt als Vertreter der Suizidprophylaxe eingeladen gewesen und habe daher nichts anderes sagen können. Er sei aber immer mehr der Meinung, dass die Zahl der Menschen zunehme, welche aus wirklich freier Entscheidung vom Leben genug hätten. Ich nehme ihm das sogar ab, doch bringt es keinem und keiner Freitodwilligen etwas, wenn Herr Michel schon morgen alles daransetzen wird, die Menschen ins Leben zu zwingen, wovon auszugehen ist.

5.   Seit einigen Jahren bin ich Mitglied von Exit (Deutsche Schweiz), der Vereinigung für humanes Sterben. Mit den verschiedensten Aktivitäten habe ich in den letzten Jahren bei Exit für mein Denken gekämpft und dabei die führenden Leute der Vereinigung kennen gelernt. Es ging immer um die Ausdehnung der von Exit geleisteten Beihilfe zum Freitod (Abgabe von tödlich wirkenden Medikamenten) bei körperlich unheilbar todkranken oder körperlich schwerst leidenden Menschen auf so genannte psychisch kranke Menschen. Letztere heißen bei mir natürlich Menschen, die aus philosophischen Gründen nicht mehr leben wollen. Ich bin mit meinen Vorstößen gerade zur richtigen Zeit gekommen, wurde doch in den letzten Jahren und bis heute bei Exit, aber vor allem in den Medien über die Beihilfe zum Freitod von nicht körperlich kranken Menschen heftig diskutiert. Erfreulich ist an dieser Sache, dass die heutige Exit-Führung so weit wie möglich Verständnis zeigt für eine Ausweitung, was sich 1999 im so genannten Basler Fall manifestierte. Bei diesem wollte Exit einer damals 29-jährigen Frau Beihilfe zum Freitod leisten, die nach vielen Jahren mit so genannten Depressionen trotz vieler Behandlungen durch die Psychiatrie nicht mehr leben wollte. Im letzten Moment verhinderte der Kantonsarzt die Übergabe des Medikamentes und ließ die Frau sozusagen zur Strafe gleich noch zwangsweise in die Psychiatrie einliefern. Es ist darauf, aber auch schon vorher und bis heute in den Medien, vor allem in drei Erzeugnissen der Tamedia AG (Tages-Anzeiger, Sonntags-Zeitung und Facts) zu einer Schlammschlacht gegen Exit gekommen (siehe 6. und 7.), gegen die ich mehrere Leserbriefe schrieb. Sie artete in nachweisbare Unwahrheiten aus, die zum Teil gerichtliche Nachspiele hatten, und in einem Falle konnte der Tages-Anzeiger zu einer Gegendarstellung gezwungen werden. Das ist leider die weniger erfreuliche Seite dieser positiven Entwicklung von Exit. Der Tages-Anzeiger, der sich sonst so gern fortschrittlich gibt, nimmt hier eine katastrophale, mittelalterliche Haltung ein. Die gleiche Zeitung, die immer wieder das Ende der Wahrheit verkündet, spielt sich hier plötzlich als Moralapostel auf, doch bezeichnenderweise als der falsche. Ihre Argumentationen beweisen schlimmste Denkunfähigkeit, Unehrlichkeit, Unmenschlichkeit (alles wohl bewusst) und wirken anfängerhaft. Leider führte das zu vielen Problemen bei Exit, welche aber auch hausgemacht waren, da hier ebenso einige Leute wirkten, die immer noch das Leben als höchstes Gut um fast jeden Preis ansehen und einer Ausweitung im Wege standen. So erfuhr ich in einem Telefongespräch mit dem Exit-Mitbegründer und

ehemaligen langjährigen Leiter Rolf Sigg, dass er tatsächlich die Meinung vertritt, man müsse mit dem Tode so lange warten, wie es gehe. In mehreren Gesprächen mit einem damaligen Vorstandsmitglied, dem Philosoph und Autor Harri Wettstein, ist mir klar geworden, dass selbst bei grundsätzlich aufgeschlossenen Menschen wie ihm das Verbot des Freitodes immer noch herumgeistert. Ich bin aber nach Gesprächen mit dem Leiter der Freitodbegleitung, dem ehemaligen Pfarrer Werner Kriesi, dem bewundernswerten Arzt, hauptsächlichen Rezeptaussteller der tödlichen Medikamente und ehemaligen Präsidenten Meinrad Schär, Michael Brücker, dem Leiter der Administration, sowie der Präsidentin Elke Baezner der Hoffnung, dass der Fortschritt zu einem möglichst großen Selbstbestimmungsrecht des Menschen über sein Leben und seinen Tod weitergeht. Natürlich denken auch diese Leute nicht wie ich, da alle grundsätzlich lebensbejahend sind. Ich hoffe, dass ich noch möglichst viel für diese wertvolle Vereinigung werde tun können. Leider laufen seit dem Basler Fall gerichtliche Verfahren gegen Exit, womit der Staat das Rad wieder zurückdrehen möchte. Ich werde später noch darauf eingehen.

6.   Im Zusammenhang mit meinem Einsatz für Exit standen auch einige Telefonate und Briefe, mit denen ich mich vor allem gegen Aussagen von PsychiaterInnen wehrte, die jede Beihilfe zum Freitod bei so genannten depressiven Menschen ablehnen, weil sie diese als nicht urteilsfähig abqualifizieren, obschon bekannt ist, dass der Freitod gerade nicht in einer tiefen Depression geschieht, sondern in einer bewussten Phase. In schlimmer Art und Weise werden die Menschen um ihre Freiheit betrogen, ja gar gegen ihren Willen in die Psychiatrie eingesperrt. Die schwachen Argumente in ihrem Kampf gegen Exit und für das Leidenlassen von körperlich kranken und Einsperren von psychisch kranken Menschen möchte ich an den Beispielen der Psychiater Klaus Ernst und Daniel Hell aufzeigen. Ersterer war früher ärztlicher Direktor an der Psychiatrischen Universitätsklinik in Zürich, Letzterer ist momentan ärztlicher Direktor an ebendieser Klinik, die im Volksmund besser als Burghölzli bekannt ist.

Klaus Ernst und besonders seine Frau Cecile, ebenfalls Psychiaterin, behaupten immer wieder in Leserbriefen im Tages-Anzeiger, der freie Wille aller Freitodwilligen sei nicht gegeben, alle, die einen Freitodversuch überlebt hätten, seien nachher froh, noch am Leben zu sein, und die Beihilfe zum Freitod von Exit führe zu einem sozialen Druck, der allen Todkranken aus finanziellen Gründen den Freitod aufzwingen würde. Ich widerlegte in einem Brief an das Ehepaar Ernst all die Behauptungen. Die erste ist durch nichts zu beweisen und eine Anmaßung diesen Menschen gegenüber. Die zweite erweist sich zwar in vielen Fällen als richtig, doch können sich die Ernsts offenbar nicht vorstellen, dass viele dieser Menschen ihre so genannte Rettung als Trauma erleben, den Widerstand aufgeben und unter dem Druck gezwungenermaßen sagen müssen, sie seien froh, noch zu leben. Da gibt es eben einen anderen Druck, der die freitodwilligen Menschen in die Ecke der Kranken und Feigen stellt. Es ist keine neue Weisheit, dass es wegen der natürlichen Angst vor dem Tode meistens einen unveränderlich grausamen Grund gibt, der zum klaren und überlegten Wunsch nach Freitod führt. Dies gilt sowohl bei den angeblich seelisch kranken wie auch bei den nachweisbar körperlich unheilbar todkranken oder körperlich schwerst leidenden Menschen. Und wenn in Ausnahmefällen Menschen sich im Moment wirklich froh fühlen weiterzuleben, dann stellt sich die Frage nach der Ehrlichkeit, was denn überhaupt gewonnen sein soll, bei Todkranken ohnehin, aber auch bei Gesunden, wo wir dann bei der Frage nach dem Sinn des Lebens sind, den es bei ehrlichem Denken nicht geben kann, und der Feststellung, dass der Tod früher oder später ohnehin kommt, was dem Ehepaar Ernst oft nicht so klar zu sein scheint, tun sie doch immer so, als könnte man nur durch Freitod sterben. Aber es ist klar: Man darf wegen dieser Ausnahmefälle nicht alle ihrer Freiheit berauben. Die dritte Behauptung erweist sich als reines Scheinargument, da es einen sozialen Druck ohnehin gibt (auch ohne Freitodbeihilfe sind Alte und Kranke unerwünscht, was den Freitodwunsch ohne andere Lösung noch verstärkt, denn dieses Unerwünschtsein ist nicht aus der Welt zu schaffen, trotzdem wenden sich alle gegen den Freitod, denn selbst Angehörige, die erben könnten, fürchten das Geschwätz über den allfälligen Freitod ihres Nächsten mehr, als sie sich über das mögliche Geld freuen, und dies allein, weil der Freitod in der Mafia die größte Sünde ist, und nicht etwa, weil man jemand verdächtigt, den Freitod gefördert zu haben, denn dieses Risiko kann kein Mensch eingehen) und es nie ein Argument gegen eine gute Sache sein darf, dass sie auch missbraucht werden kann. Die Antwort von Klaus Ernst auf meinen Brief hört sich sehr seltsam an, denn mangels Argumenten beginnt er, mit der Wahrheit konfrontiert, auszuweichen oder gar angeblich seine Meinung zu ändern, was ich bei allen Fällen mit solchen Leuten erlebte. So schreibt Herr Ernst: „Dabei weiß ich, dass ich um Suizidbeihilfe oder aktive Euthanasie ersuchen werde, wenn ich diesen anderen ihren Überdruss bei meiner Pflege anmerke." Dieser Satz klingt unglaubwürdig oder scheint gar einen versteckten Freitodwunsch in sich zu bergen. Denn es bleibt ein Rätsel, weshalb der harte Lebensbejaher und ebenso harte Freitodverdammer Klaus Ernst plötzlich um Beihilfe zum Freitod oder gar um die strengstens verbotene aktive Sterbehilfe ersuchen möchte, falls er dem ihn pflegenden Personal Überdruss anmerken würde (da läge es ja näher, sich zu wehren, denn ich erlebte gerade die PflegerInnen als rücksichtsvoll). Wer da noch draus kommt!?

Daniel Hell schrieb ich einen Brief, nachdem er im Tages-Anzeiger mehrere Male dieselben Behauptungen aufstellte wie das Ehepaar Ernst. Besonders kurios mutet die Aussage in einem Interview (zum Basler Fall) im Tages-Anzeiger vom Freitag, 5. März 1999 an: „Ja, oft sind nicht alle therapeutischen Möglichkeiten ausgeschöpft worden. Die Erfahrungen mit ernsthaften Suizidversuchen zeigen, dass die überwältigende Mehrheit der Menschen, die sich wirklich töten wollten und die – zum Teil gegen ihren Willen – gerettet wurden, später nicht an Suizid sterben, sondern an einem natürlichen Tod." Ich schrieb ihm, was ich denn davon halten solle, er stelle ja mit dieser Behauptung seine BerufskollegInnen bloß, die offenbar vielfach jahrelang falsch behandeln würden. Dazu führe seine Meinung zu grausamen Tötungsmethoden (ich teilte ihm das Faktum mit, dass es für alle Beteiligten eine Katastrophe sei, wenn sich ein Mensch unter den Zug werfe, was ich in meiner Rekrutenschulvollendung als Spitalsoldat erlebt hätte, wo ich als Krankenwagenfahrer in einem Kreisspital zwei Menschen habe einsammeln müssen, die vor den Zug gesprungen seien), denn auch durch seine Aussagen sei Exit unter Druck geraten und zur Zeit in gerichtliche Verfahren verwickelt. Und durch diese könne Exit keine Medikamente mehr an nicht körperlich Schwerstkranke abgeben. Somit blockiere auch er einen sanften Freitod, denn es gebe immer mehr Menschen, die sich trotz Einsperrens und Therapie ihre Wahrheit nicht nehmen lassen würden. Es sei jedenfalls eine schreckliche Realität, dass täglich einige Menschen auf grausame Weise Hand an sich legen müssten. Seine Haltung zeuge nicht nur von (wohl bewusster) Denkunfähigkeit und Unmenschlichkeit, sondern sie wirke geradezu wie jene von Kleinkindern, die wider besseres Wissen mit dem Kopf immer wieder durch die Wand wollten. Seine Antwort tönte allgemein und pseudofreundlich, ohne auf die Sache einzugehen. Ja, und solche Leute wollen und sollen eine große psychiatrische Klinik leiten!?

7.   Ich möchte hier auf den Basler Fall noch näher eingehen. Der Tages-Anzeiger-Journalist Michael Meier führte nach der verhinderten Freitodbeihilfe mit der sterbewilligen jungen Frau ein Gespräch (Tages-Anzeiger vom Dienstag, 18. Mai 1999). Aus dem Interview ging hervor, dass er sie als urteilsfähig einschätzte. Er hatte dazu keine Zweifel, dass sie weiterhin sterben wollte (sie unternahm vor dem Gespräch einen weiteren Freitodversuch). Als er aber Exit auch nachher wegen dieser versuchten Freitodbegleitung attackierte, rief ich ihn an. Ich fragte, was er denn nun für die arme

Frau vorschlage. Seine Antwort: „Ja, man muss halt trotzdem einen Weg in diesem Leben suchen." Als ich erwiderte, das sei doch böse und heikel, meinte er: „Ja, das ist schon heikel." Ein Kommentar erübrigt sich meines Erachtens, außer: Es ist eine Katastrophe, wenn ein solch denkerischer Anfänger über derart wichtige Themen schreiben darf, und damit eine Disqualifikation des Tages-Anzeigers.

8.   Zum letzten Punkt möchte ich zwei Erfahrungen mit dem Schweizer Fernsehen DRS anführen.

Bei der ersten bekam ich im Jahre 1998 einen Telefonanruf von einer Redaktorin der Sendung Rundschau (Hintergrundsendung). Sie arbeitete an einem Beitrag zum Thema Freitod und las dabei einen Leserbrief von mir im Tages-Anzeiger. Sie wollte mit mir einmal reden, kam zu mir nach Hause und meinte, sie werde einen Beitrag über mich und meine Philosophie machen. Nach einem weiteren Telefonat meinte sie, sie werde mich in der nächsten Woche anrufen, um einen Aufnahmetermin zu vereinbaren. Als ich längere Zeit nichts hörte, telefonierte ich, doch sie hatte gerade keine Zeit und versprach, in den nächsten Tagen zurückzurufen. Stattdessen erhielt ich einen Brief, der Beitrag sei auf den Kanton Wallis beschränkt worden und daher sei der über mich nun überflüssig. Ich gab mich aber mit dieser Begründung nicht zufrieden und rief den Chef der Rundschau an. Der fand, es sei recht, wenn ich mich wehre, und er werde die Sache abklären. Kurze Zeit später klingelte das Telefon. Die Redaktorin war dran, entschuldigte sich und gab die gleiche Begründung wie im Brief. Als ich dann die Sendung gesehen hatte und nach dem erwähnten Gespräch mit Herrn Michel wurde ich den Verdacht nicht los, dass hier wieder einmal das Tabu Freitodbejahung zuschlug.

Das zweite Erlebnis ging in die gleiche Richtung. Im Jahre 1999 führte ich ein Telefongespräch mit dem Leiter der Freitodbegleitung bei Exit, Werner Kriesi. Er erwähnte dabei, der Filmemacher Alain Godet aus Basel plane einen Film über Freitod und Sterbehilfe und suche noch Leute, die zu diesem Thema etwas zu sagen hätten. Er meinte, ich wäre sicher ein guter Mann, ich solle doch Herrn Godet mal anrufen, was ich dann auch tat. Nach einem kurzen Gespräch zeigte er sich interessiert und forderte mich auf, ihm meinen Text zu schicken. Eine Woche später rief er an, er finde den Text gut und er werde mich in den nächsten Tagen anrufen, um einen Termin für ein Gespräch zu vereinbaren. Lange hörte ich nichts, dann kam ein Brief, er sei im Stress, werde mich aber bald anrufen. Ich vernahm aber nie mehr was. Nun habe ich ihn Anfang des Jahres 2000 angerufen, um die Sache für mein Buch zu verwenden.

Seine Begründung: Beim Schweizer Fernsehen DRS, für das er den Film machen sollte, habe man es zur Zeit für zu schwierig angesehen, dieses Thema zu behandeln. Das Projekt sei aber nicht gestorben, er werde es weiter verfolgen und mich informieren. Da war wenigstens die Antwort ehrlich, die aber aufzeigt, wie im Fernsehen bald alles erlaubt ist, nur was wichtig ist nicht.

Außerhalb meines Bekanntenkreises gab es noch einige Erlebnisse, die im Zusammenhang mit meinen Aktivitäten standen. Ich möchte mich auf zwei Erfahrungen mit Frauen beschränken, die ebenfalls traurig verliefen.

Die eine Frau schrieb mir, weil sie sich von einem Leserbrief von mir im Tages-Anzeiger angesprochen fühlte. Sie meinte sogar, sie denke ähnlich wie ich, und schickte noch ihr gerade herausgekommenes Buch. Ich freute mich, bedankte mich mit einem Brief, dem ich meinen Text beilegte, und fügte bei, es würde mich freuen, wenn sie für ein Treffen mal anrufen möchte. Als ich monatelang nichts hörte, rief ich sie an, weil mich einige Fragen zu ihrem Buch interessierten, und um zu erfahren, was sie von meinem Text halte. Sie hängte das Telefon nach der Begründung, sie könne jetzt nicht reden, auf. Eine Woche später versuchte ich es ein zweites Mal, aber die Reaktion tönte gleich. Ich schrieb ihr darauf einen Brief, in dem ich mich über ihr Verhalten beklagte. Einige Zeit später bekam ich von ihr einen Brief, in dem sie sich über mich beklagte, ich könne ihr doch nichts aufzwingen und ich sei gefährlich für sie. Ich antwortete ihr, sie sei ja eigentlich auf mich zugekommen, was mich sehr gefreut habe, und ich wolle ihr sicher nichts aufzwingen. Dazu gab ich meiner Verwunderung Ausdruck, dass sie als intelligente Frau, die ohnehin schon ähnlich wie ich denke, sich von mir verunsichern lasse, ja gar mich als Gefahr empfinde. Ich hörte nie mehr was von ihr. Es veranschaulicht einmal mehr, was das Thema Freitod alles auslösen kann. Ihre Angst vor mir ist nur unter dem Aspekt der Spaltung zwischen dem Sterbenwollen und der Angst vor dem Tod beziehungsweise Freitod zu verstehen, dass also die Frau sich durch mich in ihrem Freitodwunsch bestärkt fühlte, aber aus den erwähnten Ängsten vor dem Absprung ebendiesen Wunsch wieder verwarf und daher mich als Bedrohung erlebte. Gerade ihr Buch offenbarte, wie sie auch den gesellschaftlichen Zwang des Weitermachenmüssens in sich trug. Es bedeutete für mich eine erneute böse Erfahrung, die zeigt, wie unglaublich zäh sich das Tabu Freitod hält.

Die andere Frau rief ich an, nachdem ich in der Zeitung gelesen hatte, sie setze sich in ihren Jugendbüchern auch mit dem Freitod auseinander. Wir führten ein gutes Gespräch und sie schickte mir danach ein Buch von ihr, dem ein Brief beilag, wo sie mich aufforderte, ihr meine Meinung über das Buch mitzuteilen. In diesem geht es um die erfundene Geschichte einer 18-jährigen Frau, die ihren Freund und Schulkollegen durch Freitod verliert. In Form eines Tagebuches schildert die Autorin, wie die junge Frau das Jahr nach dem Freitod erlebt und den Verlust zu verarbeiten versucht. Ich schrieb ihr, ich fände die Schilderung des jungen Mannes und die Mutmaßungen über seine Gründe für den Freitod, immer aus der Perspektive seiner ehemaligen Freundin, gut. Auch das Verarbeiten sei gut geschrieben, weil es nicht einfach als „Die-Zeit-heilt-alle-Wunden-Geschichte" dargestellt wäre. Des Weiteren musste ich ihr aber auch gestehen, dass ich mich in diesem jungen Mann wiedererkannt hätte und nicht einverstanden sei mit der Optik ihres Buches, die den Freitod nicht als Lösung sehe. Dem Brief legte ich meinen Text bei und forderte sie ebenfalls auf, sie solle mir ihre Meinung mitteilen, dazu würde es mich interessieren, was sie von Jean Amérys Buch halte, da sie am Telefon sagte, sie kenne das Buch nicht, werde es aber kaufen gehen. Ich habe bis heute nichts mehr von ihr vernommen, was mich zu einem ähnlichen Fazit wie bei der ersten Frau brachte.

Es erübrigt sich wohl, viele Worte zu verlieren. Es dürfte jedem einigermaßen sensiblen Menschen klar sein, wie all diese Aktivitäten, Erlebnisse und eben vor allem Enttäuschungen viel Kraft kosteten, weil ich immer wieder erkennen musste und bis heute muss, dass man als Wahrheits-Sucher in dieser Welt fast immer auf Ablehnung stößt.

In der engeren Bekannt- und Verwandtschaft erlebte und erlebe ich bis heute Gleiches. Es ist klar, dass dies mit meiner inneren Haltung zu tun hat, die keine großen Kompromisse und Toleranz akzeptiert, zumindest theoretisch, denn im täglichen, praktischen Leben mache ich davon mehr, als mein Denken gutheißen kann, sicher auch zu meinem Vorteil. Letzteres wirft man mir immer wieder vor, zum Teil zu Recht, da ich auf meinem Weg auch von Dingen profitiere, die ich ablehne. Doch ich habe immer gesagt, ich sei auf dem Weg zum Ziel (das Buch zu schreiben) kein Mensch, der zum Märtyrer tauge, was insofern konsequent ist, als ich ja dafür plädiere, alle sollten ihre Schwächen zugeben und körperliche Qualen sowie materielle Armut dürften nie als etwas Positives angesehen werden. Im Gegenteil bin ich ja der Meinung, die Errungenschaften der westlichen Welt des 20. Jahrhunderts seien grundsätzlich positiv zu werten, nur die Begleiterscheinungen müssen abgelehnt werden. Ich habe nichts übrig für die verlogene Sicht vieler so genannten Wohlstandsgesättigten, welche die westliche Welt seit ca. 1960 natürlich zu Recht ablehnen, aber durch noch schlimmere, andere

Kulturen und/oder andere Zeiten ersetzen wollen. Und es soll hier klar gesagt sein: Die so genannte Erste Welt seit Mitte des 20. Jahrhunderts ist eine schlimme Welt, aber alles andere war und ist noch schlimmer. Wer diese Feststellung als westliche Überheblichkeit abtut, muss als scheinheiliger und unmenschlicher Lügner bezeichnet werden. Meine Konsequenz ohne Kompromisse lautete 1988: Sterben! Denn ich wollte nach der Einsicht der Richtigkeit der Lebensverneinung nichts mehr mit dem Leben zu tun haben und keine Sonderwünsche in Anspruch nehmen. Nun kam es anders heraus, und so widersprüchlich es klingen mag: Wenn es sich hauptsächlich lohnte zu überleben, dann deshalb, um wenigstens jenen beim Freitod zu helfen, die es wirklich wollen. Daneben erlebte ich sicher auch Schönes mit Menschen und konnte ihnen etwas geben, nur verlief es am Schluss meistens weniger schön. Im Weiteren mache ich mir heute keine Illusionen der Unersetzlichkeit mehr. Es wären einfach andere an meine Stelle getreten, auch wenn manche meine Menschlichkeit als besondere lobten. Doch viele verlangten noch anderes neben dieser Menschlichkeit und haben nicht gesehen oder sehen wollen, dass diese untrennbar mit meinem Denken zusammenhängt und dabei das lebensbejahende Andere unmöglich wird. Wie weit meine Philosophie „schuld" am Scheitern fast aller Beziehungen war, bleibt schwer zu sagen.

Der obige Abschnitt lässt erahnen, wie schwer es für mich und alle mir nahe stehenden Menschen sich gestaltete, einen guten Weg zu finden. Dies galt und gilt besonders für meine Familie. Man predigte mir oft als Mittel zu meinem Glück das Verlassen des Elternhauses und übersah dabei neben allen anderen Gefühlen, dass ich ja auch außerhalb der Familie auf Probleme mit Menschen gestoßen bin. Auch wenn diese zum Teil anderer Art waren, so stellte sich mein Denken als Haupthindernis für eine Verständigung mit allen heraus. Meine Verbundenheit mit Katzen, Haus und Garten und die Mehrarbeit einer eigenen Wohnung, die mir wieder weniger Zeit für Aktivitäten und Buch gelassen hätte, waren ebenfalls Faktoren, im Elternhaus zu bleiben. Die bereits angesprochenen Probleme mit vielen Menschen, vor allem Männern, wegen meines Vegetarismus und weil ich keinen Alkohol trinke, habe ich ja gerade zu Hause nicht, da meine Eltern weder Fleisch essen noch Alkohol trinken. Es gibt also auch Gemeinsamkeiten. Man kann also nicht sagen, dass meine Stellung in der Familie für mein heutiges Denken verantwortlich ist. Dagegen sprechen meine gute Integration in die Familie, meine positive Lebenseinstellung und so genannte gesunde psychische Verfassung, was alles bis zum ca. 20. Lebensjahr Bestand hatte. Es soll hier ein weiteres Mal auf das Armutszeugnis der Psychologie hingewiesen werden, die noch immer behauptet, wer nicht leben wolle, hätte unverarbeitete Probleme, die in der Familie begründet seien. Meine Erfahrungen beweisen, dass das Eintreten in die grausame Erwachsenenwelt die wirkliche Rebellion auslöst und logischerweise diejenige gegen die Familie nur einen Teil ausmacht. So ist es verständlich, dass meine Brüder früher mehr Streit mit meinen Eltern erlebten als ich, da sie die übliche Kinder-revolte führten, aus einer noch nicht wirklich philosophischen, aber doch klar bewussten (mehrheitlich egoistischen) Opposition gegen die Erwachsenenmacht und ihre Vorschriften und nicht etwa wegen des (längst widerlegten) Unbewussten der Tiefenpsychologie. Später beschritten sie den so genannten normalen Weg, die wirkliche, denkerische Revolution führten sie nur kurz, passten sich der Erwachsenenwelt an und pflegen deshalb heute ein entspannteres Verhältnis zu den Eltern als ich. Ich ging den umgekehrten Weg, obwohl ich natürlich auch die übliche Kinderopposition führte, aber im Übrigen verhinderte wohl meine grundsätzliche Gutmütigkeit weitere Aggressionen. Erst durch mein heutiges Denken begann mein schwieriger Weg in Familie und Verwandtschaft. Wenn man den Wahnsinn dieses Lebens nicht mehr mitmachen will und sich klar zeigt, wie anders man denkt, fühlt, ist, dann stößt dies auf Ablehnung der Gegenseite, die sich in Frage gestellt sieht. Dahinter steckte oft nicht große Philosophie, sondern meine Sensibilität, welche die Basis des Denkens ist. Als schlimmes, immer wiederkehrendes Ereignis erlebte ich die Schadenfreude und anderes unangepasstes Verhalten meiner drei Cousins und meiner Brüder, und zwar auch, wenn es sich nicht gegen mich richtete. Sicher blieben auch Wunden aus der früheren Kindheit zurück, durch das harte Vorgehen meines Vaters bei der Bestrafung unserer Unartigkeiten und sein belehrendes Lehrerverhalten, das er auch heute noch auslebt. Durch meine Tätigkeit mit Kindern sah ich die Schwierigkeit der Disziplin und brachte so wieder mehr Verständnis für meinen Vater auf. Erst mit meiner grundsätzlichen Ablehnung des Lebens, bei der eben Erziehung und Disziplin als Teile des auferlegten Zwanges erkannt werden, entstanden wieder mehr Aggressionen gegen meinen Vater. Heute darf ich sagen, dass wir uns einigermaßen verständigen können, und durch viele Gespräche gelang es mir, meine Eltern und meine Brüder davon zu überzeugen, wie nur mein Denken auch mein Weg sein kann. Es ist mir auch klar, wie dies für alle nicht einfach ist. Von daher erweist sich ihr Verständnis für mich als gar nicht so schlecht, natürlich immer aus der lebensbejahenden Perspektive gesehen, denn effektiv bleibe ich dabei, dass ich den einzig wahren Weg gehe und für ihre Unwahrheit Verständnis haben muss. Als Kompromiss werte ich es, wenn man meinen Weg akzeptiert, während ich ihnen ja das Leben nicht verbieten kann und will. Des Weiteren einigten wir uns darauf, meinen Weg in der Verwandtschaft nicht an die große Glocke zu hängen, sondern eher zu verheimlichen, da all diese Leute total anders denken (oder vielmehr anders denken wollen) als ich und daher ein gegenseitiges Verstehen unmöglich ist. Ich denke da zum Beispiel an meine Großmutter mit Jahrgang 1904, zu der ich ein gespanntes Verhältnis habe und mit der eine Diskussion über meine Philosophie undenkbar ist. Ihr katastrophales Leben, das fürchterliche Leben am Anfang des 20. Jahrhunderts, zwei Weltkriege usw. machten aus ihr einen Menschen, den ich nicht mal nachvollziehen kann und es wohl nicht einmal glauben könnte, würde ich es nicht selbst immer wieder erleben. Oder ich denke an meine Patin, die Schwester meiner Mutter und eben die Tochter der genannten Großmutter, die ihr unglückliches Leben mit einem völlig unglaubwürdigen, fundamentalistischen Christentum angibt beheben zu können. Zu meinen Brüdern pflege ich heute ein distanziertes, aber gutes Verhältnis. Zu meiner Mutter hatte ich bis zu meinem heutigen Denken ein fast immer gutes Verhältnis. So verteidigte sie uns oft gegen die autoritären Erziehungsmethoden des Vaters. Heute ist es wie früher gut, wenn wir auf der praktischen Ebene miteinander zu tun haben. Auf der philosophischen erweist sich eine Verständigung als nur schwer möglich, da sie ein sehr praktischer Mensch ist. Wie viele Menschen weicht sie den wahren Fragen aus. Eine direkte Konsequenz heißt Verweigerung der Diskussion. So erklärt sie sich als nicht bereit, über Probleme zu reden und Unmenschlichkeiten vieler Leute beim Namen zu nennen. Ihr oberstes Gebot heißt, mit allen Menschen beziehungsweise eben auch Unmenschen gut auszukommen. So zeigt sie kein Verständnis für mein ablehnendes Verhalten deutschen Bekannten gegenüber, die heute noch behaupten, Hitler (1889–1945) sei nicht nur im Unrecht gewesen, die wahren VerbrecherInnen wären die RussInnen und Willy Brandt (1913–1992) ein Verräter gewesen. Das heutige, schwierige Verhältnis zu meinem Vater ist also ebenfalls eine Folge meines Denkens und weniger diejenige der Konflikte während meiner Kindheit und Jugend. Unsere Philosophien erweisen sich in entscheidenden Punkten als unvereinbar. Allerdings gibt es auch Übereinstimmungen. So lobe ich immer wieder, wie er sich vom Fabrikantensohn zum Sozialdemokraten entwickelte, der schon seit Jahrzehnten sich politisch und finanziell für die Armen dieser Welt einsetzt. Daneben ist er auch Mitglied von Exit. Aber von meiner grundsätzlichen Lebensverneinung bleibt er weit entfernt. In einer völlig anderen, härteren Welt aufgewachsen, entwickelte er eine Abhärtung, die eine solch tiefe Trauer wie die meine über die unveränderlichen Schrecken des Lebens unmöglich macht. Er ist im philosophischen Sinne ein Praktiker, ein Kämpfer, der sich immer noch der Illusion vom Fortschritt verschreibt. Wenn er als Historiker auf gewisse positive Entwicklungen zu Recht hinweist, dann aber eben ohne den furchtbaren Preis dafür sehen zu wollen, der wieder alles in Frage stellt. Abgesehen davon erreichte der Mensch in vielen grundsätzlichen Dingen seit seiner Entstehung keine Fortschritte, offenbar weil es die Natur des „Jeder gegen jeden, alle gegen alle" nicht zulässt. Daher denkt er gerade als Historiker ebenso blind wie alle LebensbejaherInnen und vertritt oft unglaubliche Ansichten, die dem Freund der Armen widersprechen, was aber eben die logische Folge des Lebenskampfes ist. So äußert er immer wieder Sympathien für historische Figuren wie Cäsar (100–44 v. Chr.), Churchill (1874–1965), Roosevelt (1882–1945) usw., die für eine gute Sache die Völker geführt hätten. Er bewies durch seine Erziehungsmethoden und beweist bis heute durch sein Lehrerverständnis, wie er noch immer negativ vom autoritären Gehabe, das in seiner Jugend noch in den fürchterlichsten Formen herrschte, geprägt ist. So glaubt er bis heute oder will glauben, man könne mit Führung das Glück der Menschen erreichen und die Welt in den Griff bekommen. Aber als Historiker müsste er wissen, dass gerade die Geschichte etwas anderes zeigt. Das ist diese völlig unverständliche und wohl bewusst falsche Lebensbejahung wider alle Fakten, mit der er sich in der großen Masse wiederfindet. Sein Denken lehnt also sowohl den individuellen wie auch den kollektiven Freitod aus Lebensverneinung ab. Also statt mit kollektivem Freitod sei es richtig gewesen, Hitler mit dem so genannten gerechten Krieg entgegenzutreten, eben die Antwort der Herren Churchill und Roosevelt (sich versklaven lassen kann keine Lösung sein und der unehrliche Pazifismus gehört ins Reich der Märchen). Die Opfer werden halt einfach in Kauf genommen. Die unüberbietbaren Schrecken des Zweiten Weltkrieges (ca. 60 Millionen Tote, man weiß es nicht mal auf die Million genau, unzählige Verletzte und Verschwundene, von den seelisch Traumatisierten gar nicht zu reden) werden noch Jahrhunderte nachwirken und neue Kriege fordern, was die jüngsten Kriege auf dem Balkan und im Nahen Osten beweisen. Es gäbe also angesichts dieser Tatsachen nur die am wenigsten schlechte Lösung eines Endes mit Schrecken (kollektiver Freitod der Friedlichen) statt des jahrtausendealten Schreckens ohne Ende. So was darf aber für einen alten Kämpfer offenbar nicht einsehbar sein. Dazu passt auch sein religiöser Überbau, sozusagen die übersinnliche Rechtfertigung für den Kampf. Er vertritt einen doch ziemlich seltsamen Mix aus modernem Christentum und Pantheismus. Dies ist eine der unehrlichen Anpassungsleistungen der Lebensbejahung des

20. Jahrhunderts, um einfach irgendwie wieder einen höheren Sinn für die menschliche Existenz zu erhalten, nachdem die modernen Wissenschaften einen herkömmlichen Gottesglauben unmöglich machen. Wenn es aber keine Anzeichen für diesen Gott gibt, dann zeugt es von Unehrlichkeit, solch haarsträubende Theorien wie den Pantheismus zu erfinden, da doch die Natur alles andere als göttlich ist. Dann soll man sich doch ehrlich zum Atheismus bekennen, was aber eben der endgültigen Sinnlosigkeit des Lebens gleichkommt. Als Schlussfazit kann ich sagen, dass meine Eltern und ich ein gegenseitiges Einvernehmen getroffen haben. Dazu gehört natürlich auch ihre Unterstützung meines Buches und meine Hilfe in Haus und Garten, aber vor allem, dass sie sich nicht mehr gegen einen Freitod von mir wenden werden, was ich ihnen hoch anrechne. Aber dieses Einvernehmen ist ganz klar ein Resultat von Tatsachen und nicht ein eigentliches Verstehen. Ein solches erweist sich bei so verschiedenem Denken als unmöglich.

Im engeren Bekanntenkreis hatte ich viele Erlebnisse aller Art, da ich seit Anfang der 90er Jahre eine große Anzahl von Menschen kennen lernte. Ich möchte mich auf jene Personen beschränken, die eine gewisse Wirkung auf mich ausübten und auch meine Philosophie beeinflussten. Es sei ein weiteres Mal darauf hingewiesen, dass sich meine grundsätzliche Philosophie zum Hauptteil meines Denkens entwickelte und sie eigentlich unabhängig von direkten Erfahrungen mit Menschen entstand. Doch ich habe schon immer vertreten, es hänge alles mit allem zusammen. In diesem Sinne sind auch die folgenden Erlebnisse als Ergänzung der Grundphilosophie zu verstehen.

Eine Erfahrung mit zwei sehr verschiedenen Phasen war jene zu meinem Paten. Da er beim Schweizer Fernsehen DRS arbeitete, zwar nur selten auf dem Bildschirm erschien, später Radiosendungen schrieb und schließlich viele Jahre selbstständiger Filmemacher war, fühlte ich mich in meiner Kindheit und Jugend immer stolz auf meinen „Götti". Ende der 80er Jahre führte ich einige Gespräche mit ihm, in welche ich bereits Anfänge meiner Philosophie einbrachte, wenn auch noch zurückhaltend. Da schien eine Verständigung gerade noch möglich zu sein. Doch Anfang der 90er Jahre fand ein letztes Gespräch mit ihm statt, danach brach ich den Kontakt zu ihm ab, meine Bewunderung stürzte zusammen und schlug in Verachtung um. In dem Gespräch zeigte er nicht nur kein Verständnis für mein Denken, er machte sich auch über meinen Vater und damit seinen alten Freund lustig, weil der sich immer noch für die Gerechtigkeit und Armen einsetze, was doch heute nur noch utopische Dummköpfe täten. Aus dem politisch motivierten linken Fernsehmacher wurde also ein totaler

Egoist, der die persönliche Freiheit als höchstes Gut anschaute und sich nicht mehr um die Armen kümmerte, da es ihm ja gut gehe. Dazu passte auch seine Mitgliedschaft bei den Freimaurern, einer im höchsten Maße sonderbaren hierarchischen Pseudoreligionssekte, über welche bezeichnenderweise die Mitglieder nichts erzählen dürfen. Eine Aussage von ihm, als Historiker wohlverstanden, soll das Bild abrunden: „Wenn es je einen Gott gegeben haben sollte, dann wäre er in Auschwitz gestorben." Dieser Satz zeichnet sich ja durch eine schon fast unglaubliche Unwahrheit aus. Erstens gab es in der Geschichte viele Grausamkeiten, die leider mit dem Ausmaß von Auschwitz mithalten konnten, und zweitens war ja gerade Auschwitz eine von Menschen gemachte Katastrophe, für die man einen möglichen Gott nicht verantwortlich machen darf, es sei denn, man würde, wie ich in meiner Philosophie, Auschwitz als zwangsläufige Folge der Grundgrausamkeiten des Lebens sehen, womit Gott dann indirekt schuld an dieser Katastrophe gewesen wäre. Dazu kann man natürlich Auschwitz als ein Verbrechen ansehen, für das es keine Entschuldigung mehr gibt. Als ich ihm dann gerade am Beispiel des Menschen Adolf Hitler den Sinn meines Denkens klar machte, wusste er keine Antwort mehr. Der Sinn heißt Enttabuisierung des Freitodes, um die Menschen für diesen weniger schlechten Weg zu gewinnen, was dann im Falle Adolf Hitlers und seiner MitstreiterInnen vielleicht den Zweiten Weltkrieg verhindert hätte. Der Satz meines Paten muss aber als eine für solche Leute typische (bewusste) Verharmlosung gewertet werden, die gerade bei HistorikerInnen systematisch ist, wie ich in einem späteren Kapitel noch aufzeigen werde. Es versteht sich von selbst, dass eine solche Entwicklung einer Beziehung nicht gerade Freude auslöst, aber ich fühle mich moralisch verpflichtet, solche Kontakte abzubrechen. Vor einigen Monaten ist er plötzlich verstorben. Ich nahm nicht an der Abdankung teil, nach verschiedensten Gefühlen.

Eine Beziehung zu einem Mann aus Deutschland, den ich in den Ferien kennen lernte, bildet die Ausnahme für eine gute Freundschaft zu einem nicht weiblichen Wesen, die bis heute besteht. Da er zwischen Köln und Düsseldorf wohnt, besuchen wir uns gegenseitig je einmal im Jahr. Es entstand trotz großer Distanz eine tiefe Freundschaft, die wir auch dank des Telefons aufrechterhalten können. Obwohl er ein eher praktischer Mensch ist, macht er sich viele Gedanken und bringt für mein Denken viel Verständnis auf. Er meint gar, ich hätte grundsätzlich Recht, aber wenn er diesen Weg noch schaffen würde, könnte er ihn jetzt nicht gehen, da er einer Familie vorstehe. Das ist ja gerade der Aspekt, den ich bei der Frage nach der Freiheit des

Freitodes fordere mit einzubeziehen. Ich kann mit ihm über alles reden, was mir mit einem Mann über längere Zeit und ohne Streit, trotz auch anderer Ansichten, nur noch mit meinem langjährigen Freund aus Schaffhausen gelang. Wenn ich nun doch noch eine Einschränkung machen muss, dann nicht etwa, weil ich für meine Philosophie des Pessimismus immer etwas Negatives suche, um sie zu rechtfertigen, sondern weil ich es so empfinde. Es ist bekannt, dass Distanz auch positive Auswirkungen auf eine Beziehung haben kann. Die Ungereimtheiten treten dann nicht so zu Tage oder man kann darüber für kurze Zeit hinwegsehen. Ich erlebte in den letzten Jahren so viele eigenartige Dinge mit deutschen Menschen, dass meine langjährige Bekämpfung der Feindlichkeit der meisten SchweizerInnen gegen die Deutschen, die oft aus Neid und unmotiviert geschieht, ins Wanken geriet. Nun beweist mein Freund als positives Beispiel der Nachkriegsgeneration ein hohes Maß an antinationalistischem Denken. Doch ein bei den Deutschen wohl noch stärker als bei den SchweizerInnen ausgeprägter systematischer Ehrgeiz, ein materialistisches Denken und eine konstante Hektik sind auch bei ihm zu spüren, was mir doch hin und wieder Mühe bereitet. Ich kann also nicht sagen, wie ich reagieren würde, sähe ich ihn regelmäßig. Doch es bleibt für mich bis heute eine schöne Erfahrung, dass sich ein Mann ehrlich um eine Freundschaft mit mir bemüht.

Bei einem Mann aus Schaffhausen, mit dem ich in meiner Lehre zusammenarbeitete, erlebte ich in Bezug auf meine Philosophie Ähnliches wie mit dem deutschen Freund. Ich diskutierte wenig mit ihm, doch das reichte, um heute sagen zu können, dass er mit großer Familie und strenger Arbeit unbefriedigt lebt. Doch für ein Zurück ist es zu spät. Ich hörte in den letzten Jahren nichts mehr von ihm. Beim letzten Kontakt meinte er, bei Zeit werde er sich melden. Darin, dass er auch fand, ich hätte eigentlich Recht mit meinem Denken, er sich nun aber mitten in einem unbefriedigenden Leben ohne gerechte Ausstiegsmöglichkeit befindet, sehe ich den Grund für seine Distanz. Aber er bleibt mir in guter Erinnerung, ich denke oft an ihn und wünsche ihm im Rahmen des Möglichen alles Gute, gerade weil er vier ausgesprochen nette Kinder hat.

Die männliche Seite der Freundschaften möchte ich mit jener zu meinem langjährigen Freund aus Schaffhausen abschließen, die ich als die wichtigste männliche Freundschaft in den 90er Jahren erlebte. Die vielen Gespräche über Beziehungen, besonders jene zu Frauen, Psychologie (was er dann auch studierte) und Philosophie verliefen immer sehr fruchtbar. Er stimmte meinem Denken in vielen Punkten zu. Daher verstand er auch meine Freitodversuche 1988. Er versuchte mich nicht mit

Vorwürfen davon abzubringen. Seine verstehende Haltung verhinderte sie zwar nicht, doch trug sein Verständnis dazu bei, dass ich keine weiteren unternahm. Es mutet zwar widersprüchlich an, doch man will dieses Verstehen durch das Weiterleben belohnen, und dazu gibt eine solch wahre Freundschaft wieder einen gewissen Lebensmut. Die Gespräche blieben eigentlich immer gut, und er schrieb mir einen Text mit meinem Denken auf seinem Computer. Doch es war für mich unverkennbar, wie er mit den Jahren, wahrscheinlich auch durch das Psychologiestudium beeinflusst, gewisse härtere Züge entwickelte. Als Beispiel bleibt mir die Geschichte um einen Freund von ihm in Erinnerung, der Probleme hatte. Er kümmerte sich um ihn. Eines Tages erhielt er die Nachricht, sein Freund sei bei einem Unfall blind geworden. Dieser sonst schon seelisch angeschlagene junge Mann war nun also auch noch blind. Er wandte sich an meinen Freund mit der Bitte, er möge ihn doch ab und zu besuchen kommen. Mein Freund hatte aber selbst mit sich zu tun, und so brach er den Kontakt nach wenigen Besuchen ab. Ich empfand zwar Verständnis für sein Verhalten, doch machte er es sich ziemlich einfach, denn sein ehemaliger Freund reagierte sehr verzweifelt und bat oft hilfeschreiend um einen Besuch. Noch weniger Verständnis hatte ich, als er durch Zufall erfuhr, dass sein Freund nicht etwa wie von diesem immer angegeben einen Motorradunfall erlitt, sondern an den Folgen eines Freitodversuches erblindete. Ich appellierte hin und wieder zurückhaltend an sein Gewissen, doch er wich aus und besuchte seinen armen Freund nie mehr. Auch sein regelmäßiger, fast frauenfeindlicher Zynismus wegen seiner Probleme mit dem weiblichen Geschlecht hörte sich oft unerträglich an. Da verhielt ich mich äußerst verständnisvoll, denn ich spürte seine Frustrationen und wie er es sicher nicht gegen die Frauen meinte. Doch bei dem ewigen Thema Schönheit vertrat er dann doch Ansichten, die nicht mehr nur mit Frustration abgetan werden konnten. Von der altpatriarchalischen Meinung, dass Frauen schön sein müssten, Männer aber nicht, da sie ja das großartige Geschlecht seien und sich alles erlauben könnten, befand er sich nicht mehr weit entfernt. Endgültig kein Verständnis mehr zeigte ich für seine Meinung zum Thema Seitensprung. Er kannte meine vierte Freundin all die Jahre gut und mochte sie sehr. Trotzdem meinte er, ich solle kein schlechtes Gewissen haben, wenn ich auch zu anderen Frauen Kontakte pflegen würde, und es sei ihr Problem, wenn sie darunter leide. Interessant dabei ist, dass er noch ein paar Jahre früher behauptete, sexuelle Treue sei kein Problem für ihn, was ich ihm damals noch halbwegs glaubte. Es zeigte sich, dass er sich immer mehr zum Egoisten wandelte, was ich aber wegen der noch immer fruchtbaren Gespräche und dem grundsätzlich guten Gefühl verharmloste. So kam das böse Erwachen umso schlimmer. Im Herbst 1997 summierten sich verschiedene Dinge (siehe weiter hinten), die meine Kräfte so schwinden ließen, dass ich beschloss, meinem Leben ein Ende zu setzen. Ich befasste mich schon seit Wochen damit und traf Vorbereitungen, um dann den Weg des Freitodes zu begehen, wenn meine Eltern in den Ferien sein würden. Als einem der wenigen Menschen wollte ich von meinem Freund persönlich Abschied nehmen. Ich schrieb ihm einen kurzen Brief, da er kein Telefon besaß. Ich bat ihn, mich anzurufen, um ein letztes Treffen zu vereinbaren. Kurz darauf erhielt ich einen Anruf von ihm, den ich nie mehr vergessen werde. Er begrüßte mich kaum und ließ dann ein Gewitter von Vorwürfen auf mich niederprasseln, als wäre er ein anderer. Ich versuchte sachlich zu bleiben, doch immer wiederholte er den Vorwurf, was denn das für ein Anblick für meine Eltern sein würde, wenn sie aus den Ferien kämen. Ich erläuterte meine grundsätzliche Philosophie und dass es am Schluss mir überlassen sein müsse, was ich mit meinem Leben mache, obwohl ich auch an die Eltern denken würde. Er ließ sich nicht umstimmen, und in meinem Schmerz vergaß ich ihn zu fragen, weshalb er denn vor ca. zehn Jahren völlig anders reagiert habe. Trotz wüster Worte verabredeten wir uns für den nächsten Abend. Doch das Gespräch verlief als katastrophale Fortsetzung des Telefonats, und ich vergaß wieder vor lauter Schmerz, diese wichtige Frage zu stellen. Das Ende einer langen Freundschaft sah so aus, dass er sich nicht einmal von mir verabschiedete. Dies war eine der schlimmsten Stunden meines Lebens, ich fühlte mich total verstoßen, denn ich hatte gerade bei diesem Menschen nie an ein Ende der Freundschaft gedacht. Doch es kam noch schlimmer: Nach unserem Telefonat rief er hinter meinem Rücken meinen Bruder an und alarmierte ihn über mein Vorhaben, verriet mich also, und sagte während des ganzen Gesprächs am Abend danach nichts davon. Mein Bruder rief dann die Eltern in den Ferien an, diese den anderen Bruder, das Ganze wieder zurück, und alle fanden zur Meinung, nichts unternehmen zu wollen, denn es sei jetzt an der Zeit, meinen Weg zu akzeptieren. Dies teilte mir die Frau des jüngsten Bruders auf sanfte Art mit. Dies war neben all den bereits angesprochenen Hindernissen bei einem Freitod (ich wollte es diesmal mit der Plastiksackmethode probieren, die mir noch am humansten und sichersten schien und die in der alten Freitodanleitung von Exit beschrieben war, inzwischen aber als ungeeignet bezeichnet wurde, was bei mir Angst auslöste) der wohl wichtigste Grund, dass ich meinen Plan wieder verwarf. Ich wollte das Verständnis meiner Familie mit meinem Weiterleben belohnen, was ich ihnen dann am Telefon mitteilte. Die Widersprüchlichkeit in höchstem Maße bestand also darin, dass der ehemalige Freund mit seiner „Rettungstat" gerade die gegenteilige Reaktion meiner Familie erreichte, als welche er wollte und erwartete, und dass ich auch daher am Schluss am Leben blieb, was somit auch sein „Verdienst" war, aber nur, weil meine Familie das Gegenteil von dem tat, was er wollte. Hätte er nichts unternommen oder meine Eltern die Polizei alarmiert, es bringt wohl nichts zu spekulieren, wie es dann herausgekommen wäre. Ich kann heute nur sagen, dass ich seither umso mehr von der Wahrheit meines Denkens überzeugt bin und der Hauptsinn meines Überlebens nur dieses Buch sein kann. Dass der armselige Mann sich nie bei mir entschuldigt hat, auf alle Fälle für die Art seines Vorgehens, spricht gegen seine heutige geistige Verfassung. Ich wollte ihn bei zufälligen Treffen auf die erwähnte Frage ansprechen, doch jedes Mal, wenn wir uns aus der Distanz sahen, wich er mir aus und sein Blick verriet das schlechte Gewissen. Natürlich bin ich ihm auch nicht nachgerannt und er wird wohl genug gestraft sein. Wahrscheinlich läuft er jeden Tag zuerst zum Briefkasten und schaut in der Zeitung bei den Todesanzeigen nach, ob der große Philosoph namens Philipp Müller noch lebt. Überhaupt kommt er mir heute als lächerlicher Mensch vor, denn das, was ihn von der Masse abhob, bestand in seiner tiefgründigen Menschlichkeit, die er nun nicht mehr kennt oder kennen will. Wenn ich kürzlich hörte, er habe sein Studium abgeschlossen, und dann denke, dass so jemand bald Therapeut sein soll, ja dann gute Nacht, aber das hatten wir ja schon. Gerade an diesem Mann kann ich meine grundsätzliche Philosophie und Schönheitstheorie bestätigen. Ich habe keine Hemmungen mehr, die Wahrheit auszusprechen. Wenn ich also behaupte, dass nur schöne Menschen kurzfristig ein glückliches Sexualleben haben können und man gerade von dieser Erkenntnis abgeleitet aus moralischer Rücksicht auf die vielen hässlichen das Leben und die Menschheit als Ganzes in Frage stellen sollte, dann müsste sich auch mein ehemaliger Freund in Frage stellen. Zwar ist er nicht gerade hässlich, aber meilenweit von dem entfernt, was man als schön bezeichnen kann. (Zwar bestehen fließende Übergänge, aber ich weise nochmals auf meine Theorie hin: Es gibt, was die Forschung bestätigt, ein ästhetisches Grundempfinden, was schön aussieht, und zwar in allen Kulturen das gleiche, es ist also ein altes, ewiges Märchen, es sei alles Geschmackssache, denn dieser hat eine kleine Spannweite.) Wenn er immer wieder unablässig von schönen Frauen redete und dass er glaube, solche haben zu können, weil ja die Männer nicht schön sein müssten, sie aber nicht bekam, was eben den frauenfeindlichen Frust auslöste, fragte ich mich oft, was solche Männer eigentlich studieren. Wegen der sonst guten Freundschaft und auch aus Mitleid sagte ich nie etwas. Heute würde ich ihm sagen, ob er denn wirklich glaube, dass eine Frau auch aus Lust auf sein Äußeres mit ihm Sex mache, und ob er wisse, dass bei seinem Bartwuchs, selbst frisch rasiert, jeder Kuss eine Schleifpapierlektion sei. Aber die Frauen unterstützen eben die Männer noch in ihrem eingeredeten Glauben, freilich eine Lüge, um etwas anderes zu erreichen, und so kann auch der gute Mann hoffen, irgendwann seine schöne Frau zu bekommen, und wird sich dann natürlich noch bestätigt fühlen. So halten sich die Menschen mit solchen lebensnotwendigen Lügen über Wasser und wollen gar andere Menschen mit sexuellen Problemen therapieren. Gute Nacht, schöne Welt. Es ist mir heute eine Bestätigung meiner Theorie, dass meine vierte Freundin einmal sagte, sie könne sich aus ästhetischen Gründen mit ihm keine sexuelle Beziehung vorstellen, obschon sie ihn auch sehr mochte. Durch all meine Erlebnisse in meinem Leben wurde ich leider auch etwas abgehärtet. So konnte ich relativ gut über diese schlimme Sache hinwegkommen.

Meine vierte Freundin war sicher meine wichtigste Bezugsperson. Die weitgehende Stabilität dieser Beziehung gab mir auch die Kraft, die schwierigen Jahre meines Kampfes für die Wahrheit zu überstehen. Wie gesagt, erlebte ich sie als meine erste wirkliche Liebe, und ihr Verständnis für mein Denken stärkte mich. Manchmal sagte ich zu ihr, sie wäre eigentlich die richtige Frau für mich, um den gemeinsamen Liebesfreitod zu begehen, da sie ja auch immer wieder meine, das Leben sei oft nicht lebenswert. Beide merkten wir, wie dieses Gefühl unsere Beziehung belastete. Doch sie hat Töchter, Enkel, Eltern usw., und daher konnte der Freitod für sie nie ein ernsthaftes Thema sein. Dazu ist sie doch eher ein praktischer Mensch und grundsätzlich lebensbejahend. Der tägliche Stress bei der Arbeit und ihr schweres Rückenleiden bereiteten ihr am meisten Sorgen. Als Folge reagierte sie oft nervös und regelmäßig auch aggressiv. Ich fühlte mich ebenfalls oft angespannt und meine Akne machte mir zu schaffen. Meine Zeitnot, die ich nie besonders tragisch nahm, entwickelte sich für sie aber in ihrer Hektik zu einem Problem. Ich verstand ihre Überreaktionen meistens nicht, denn wenn es wirklich auf die Zeit ankam, sind wir in all den Jahren nie zu spät gekommen. Aber meine relative Zeitnot war sicher nicht angenehm für sie. Meine Unzufriedenheit mit meinem Aussehen, besonders wegen der Akne (ein starkes Medikament der Hautärztin vertrug ich nicht und die äußere Behandlung bringt nur wenig Erfolge) und alles andere verhinderten, dieses Problem in den Griff zu bekommen. Ihre Zurechtweisungen nahmen im Verlaufe der Zeit immer mehr zu. Auch wenn sie es nicht böse meinte, gab es Spannungen. Doch nicht nur dieses Zeitproblem, sondern vor allem meine kollegialen Kontakte zu Frauen, die ich von früher kannte, konnte sie nicht akzeptieren und reagierte mit Eifersucht und Aggressivität. Doch ihre Eifersucht war unbegründet, trotzdem konnte ich sie verstehen. Ich konnte mich aber nicht bereit erklären, alle anderen Kontakte zu Frauen abzubrechen. Dies umso mehr, als ich mir geschworen hatte, nie mehr mich nur auf einen Menschen zu konzentrieren, um nach einer allfälligen Trennung nicht allein dazustehen. Dies erlebte ich ja nach der Trennung von meiner dritten Freundin, als nur noch ein paar wenige Freunde übrig blieben. Inzwischen blieben davon nur noch mein langjähriger Freund und später dann derjenige aus Deutschland. Alle anderen, eher oberflächlichen Freundschaften gingen nach Meinungsverschiedenheiten auseinander. So wurden mir Freundschaften zu verschiedenen Frauen wichtig. Meine Freundin und ich besprachen das Problem. Ich äußerte meine Meinung, dass eine offene Beziehung der einzige Weg sei, eine längere Beziehung am Leben zu erhalten, auch wenn ich dies, vor allem aus moralischen Gründen, nicht als ein Ideal sehen würde. Doch die Erfahrung zeige, wie nach der ersten Verliebtheit eine neue Phase komme, in der eine gewisse Distanz auch die Erotik am besten belebe. Sie zeigte sich nicht begeistert, doch verlief das Gespräch offen und gut, ja wir konnten gar ernsthaft die Theorien des deutschen Sexpapstes Oswalt Kolle diskutieren. Dieser vertritt den offenen, gelegentlichen und beiderseits akzeptierten Seitensprung als Lösung für das Problem der Lust auf andere PartnerInnen. Wir entschieden uns aber, dies sei keine Lösung für uns, und wir würden uns einen möglichen Seitensprung beichten. Sie willigte, verständlicherweise nicht freudig, ein, wenn ich ab und zu alleine tanzen ging. Ich gestand ihr dabei ein, wie zwar Musik und Tanzen sicher zwei Hobbys von mir seien, ich aber auch aus Lust auf andere Frauen gerne tanze, wobei es bleiben solle, was sie mir glaubte. Doch Zweifel bleiben natürlich bestehen, und ich spürte mein schlechtes Gewissen, obschon ich keine andere Frau suchte. Aber ich fand, sie hätte das nicht verdient. Denn grundsätzlich erlebten wir unsere Beziehung als gut und gerade die Sexualität als sehr schön. Ich fühlte wohl nur ein bedingt schlechtes Gewissen, weil ich wusste, wo die Grenze lag. Trotzdem fiel es mir nicht leicht zu sehen, wie sie darunter litt, und ich nicht verzichten konnte, weil mir das Tanzen Freude und Ablenkung brachte. Und ich muss gestehen, ihre Eifersucht war mit den Jahren nicht mehr unbegründet, denn es geschah doch ab und zu, dass nur noch die Grenze des Geschlechtsverkehrs gewahrt blieb, was für sie berechtigterweise ein Überschreiten ihrer Grenze bedeutet hätte. Hätte deshalb, weil ich ihr über meine Bekanntschaften nichts erzählte. Dies, da ich wusste, sie würde es nicht akzeptieren können, und weil ich dachte, es bringe nichts, sie zu verletzen, wenn die anderen Frauen keine Gefahr für unsere Beziehung darstellten. Aber natürlich ist dies eine alte Schutzbehauptung, und ich habe mich oft über mich selbst geärgert und gefragt, weshalb ich diese verdammte Lust nicht loswerden könne. Da meine Freundin mich sonst als lieben und guten Menschen sah, blieb für sie diese Lust mein einziger moralischer Makel, allerdings ein nicht kleiner. Ich empfand es ebenso. Bei meinen ersten drei Freundinnen musste es so kommen, da ich über die ästhetische Problematik nicht hinwegsehen konnte, doch meine vierte fand ich all die Jahre sehr attraktiv, dazu gefalle ich mir ja auch nicht gerade so, als dass ich meinen würde, besondere Wünsche haben zu können. Es bestanden wohl einfach die bekannten Gründe, die ich aber nicht als Entschuldigung gelten lasse: Die banale Lust auf Abwechslung gibt es leider, und an die genetische Veranlagung glaube ich nicht; der Vergleich mit den Teigwaren, die man auch nicht jeden Tag essen möchte, ist angesichts dessen, dass es um Menschen geht, zwar deplatziert, trotzdem stimmt er, es ist diese Bestätigungssucht, die gerade bei mir stark ist, da ich früher lange Zeit keine Chancen bei Frauen hatte und mich nur bedingt schön finde. Das änderte sich auch nicht, als man mir eine äußerlich positive Entwicklung nachsagte und die offensichtliche Folge mehr Verehrerinnen waren. (Dies löste sicher auch gute Gefühle aus, aber wegen meiner Freundin auch negative, ich konnte also den Erfolg nicht richtig genießen, dies aber auch, weil ich meiner Schönheits-Theorie treu blieb und daher den Komplimenten misstraute, was unsinnigerweise zu Lust auf neue führte, ein unendlicher Teufelskreis.) Aber es ist auch die Lust, Sympathie zu bekommen, gerade wenn man oft von Menschen enttäuscht wird, und schließlich das Bedürfnis, einfach mal alles vergessen zu können, was mit einer langjährigen Freundin wohl schwieriger zu erreichen ist. Dieser unauflösbare Widerspruch zwischen Freiheitsdrang und dem Bedürfnis nach einer festen Beziehung, das Bewusstsein, dass es keine ewige große Liebe gibt, bewog mich ja auch, mit ihr über den gemeinsamen Freitod zu reden. Die Faszination, auf dem Höhepunkt der Liebe abzutreten, im Wissen, dass sie sonst in einer noch schlimmeren Tragödie endet, ist ja keine Erfindung des Philipp Müller. Ich lernte also in den sieben Jahren unserer Beziehung viele interessante Frauen kennen, eine in jeder Hinsicht spezielle Frau, von der ich mich nicht lösen konnte und wo ich wahrscheinlich die Grenze überschritten, wenn es die Frau auch gewollt hätte. Im Jahre 1995 erlebten wir menschlich eine erste große Krise und es geschah, was kommen musste. Ich schlief ein paar Male mit einer anderen Frau, brach dann aber diese Beziehung ab. Etwas später ergab sich eine Aussprache, wo ich ihr alles beichtete.

Es entstand eine schlimme Stimmung, meine Reue half ihr verständlicherweise nichts, sie verlor das Vertrauen. Wir sahen uns zwei Wochen nicht mehr, danach wagten wir nochmals einen Versuch. Wir sprachen nun öfters über das Maß der gegenseitigen Freiheit und erreichten eine Annäherung. Sie akzeptierte sogar meine Kollegin, von der ich mich nicht lösen konnte, obwohl es immer klarer wurde, dass auch mir diese Beziehung mehr schadete. Die beiden Frauen lernten sich gar an einem Fest bei mir kennen und verstanden sich ganz gut, was ich als positive Offenheit empfand. Trotzdem bedeutete das für meine Freundin zu viel, was ich gut verstand. Aber es entwickelte sich erfreulicherweise kein so genanntes verflixtes siebtes Jahr. Eher entstand ein schönes Jahr mit einem gewissen Neuanfang. Doch im Herbst 1996 lernte sie einen Mann kennen, von dem sie so fasziniert war, dass sie mich nach langem Überlegen verließ. Doch hätte sie dies nie getan, wäre ihr Vertrauen nicht von mir missbraucht worden, erstens durch den Seitensprung, zweitens durch das erst verspätete Beichten. So fühlte ich mich am Schluss gerecht bestraft und elend zugleich. Ich kam über das Ende dieser genau sieben Jahre andauernden Beziehung nur deshalb hinweg, weil ich doch einsehen musste, dass sie in einem gewissen Maße ausgelebt war, weil wir uns in Frieden trennten und keine gegenseitigen Vorwürfe zurückblieben. Ja, sie glaubte mir sogar, dass ich meine Affären nicht als Heldentaten ansah, sondern als Schwäche. Wenn ihr heutiger Freund nicht so eifersüchtig wäre, hätten wir wohl noch regelmäßig Kontakt miteinander. So sehen wir uns zufällig ab und zu in der Stadt. Ich erlebte mit dieser Frau viel Schönes, ich habe ihr das erste schöne Erleben der Sexualität zu verdanken, ich kann nur jedem jungen Mann raten, sich in eine ältere, reife Frau zu verlieben. Doch blieb das traurige Bewusstsein zurück, endgültig nicht mehr an die große Liebe zu glauben. Wenn es Liebe im reinen, selbstlosen Sinne leider nicht gibt, so wenigstens eine teilselbstlose, was wir vielleicht hatten. Abschließend muss man sagen: Meine Philosophie holte mich auch an diesem wichtigen Punkt menschlicher Existenz wieder ein.

Ich lernte in der Folge wieder einige Frauen kennen. Meine Erfolge bei den Frauen halfen mir, mein Aussehen besser zu akzeptieren, auch wenn bei dieser heiklen Frage fast alle Menschen aus verschiedenen Gründen nicht die Wahrheit sagen, vor allem die Frauen, wenn es um Männer geht. So konnte ich mit mehr Selbstbewusstsein in den Ausgang gehen und das Ende mit meiner Freundin besser verkraften. Anfang des Jahres 1997 lernte ich eine Frau kennen, mit der ich bis zum Frühjahr einen losen Kontakt pflegte. Dann entwickelte sich langsam eine Beziehung. Anfänglich fühlte ich mich nicht so sicher, ob sie die richtige Frau für mich ist. Wieder sah ich die Abwechslungsproblematik, obschon sie mir von Anfang an gefiel. Aber es war nicht Liebe auf den ersten Blick, doch diese erste, totale Begeisterung hielt ich für eine Voraussetzung, um nochmals eine Beziehung zu riskieren. Doch ihre Art und eine sehr schöne Sexualität steigerten meine Begeisterung für ihr Äußeres, etwas, das ich noch nie erlebt hatte und für unmöglich hielt. (Es sei aber gesagt, dass ich meine Schönheits-Theorie nur bedingt zurücknehme, denn wie erwähnt gefiel mir die Frau schon am ersten Abend sehr.) Die Beziehung entwickelte sich für beide immer intensiver, für sie auch deshalb, weil sie, als wir uns kennen lernten, schon einen Freund hatte, der sie aber wie früher ihr nun getrennt lebender Ehemann betrog, was sie nicht mehr hinnehmen wollte und ihm nun sagte, sie habe einen neuen Freund, der sie total begehre. Sie erklärte mir also, sie wolle sich von ihm trennen, und die Scheidung von ihrem Manne sei auch eingeleitet. Ich steigerte mich richtiggehend in eine Euphorie hinein, sie wurde in einem viertel Jahr zu meiner großen Liebe, zur Liebe meines Lebens, die Lust auf andere Frauen existierte nicht mehr. Doch mit der Zeit zeigte sich leider, dass sie mich nicht als die große Liebe empfand. Von ihrem Freund konnte sie sich nicht lösen, mit dem Altersunterschied (sie ist ca. 20 Jahre älter) konnte sie sich nicht abfinden, und obwohl sie meinte, ich gefalle ihr, stimme die „Chemie" nicht. Diese in einem gewissen Maße undefinierbare Anziehung, die ich bei ihr als erster Frau magisch erlebte, empfand sie nicht. Doch bis heute unklar bleiben mir ihre Aussagen, ich wäre der beste Mann ihres Lebens, aber ich sei 20 Jahre zu jung, also das falsche Alter als fehlende Chemie, andererseits, wenn die Chemie stimmen würde, wäre ihr das Alter gleichgültig. Es folgte ihr Entscheid, mich in ihrer Verwandtschaft und in ihrem Dorf, wo sie fest verankert ist, nicht zu zeigen. Ihr Freund hat halt das richtige Alter, das für diese Gesellschaft offenbar nötig ist. Denn ihre Befürchtungen, die Verwandtschaft reagiere wegen des Altersunterschiedes negativ, erwiesen sich leider als mehrheitlich richtig, auch wenn diese es nur versteckt offenbarte. (Mit der Zeit lernte ich bei zufälligen Besuchen von ihren Verwandten, wenn ich bei ihr zu Hause war, fast alle kennen, und sie verhielten sich immer sehr freundlich, wenn sie dann ihr gegenüber auch anderes bemerkten). Dies alles ertrug ich nur schwer, doch nach vielen Gesprächen konnte ich die Hoffnung haben, dass sich noch etwas ändern würde. Sie wollte sich vor allem in ihrer Familie emanzipieren und auch dem anderen Freund gegenüber zu mir stehen. Dies besonders, weil sie mich als Mensch sehr schätzte, meinte, ich wäre der liebste Mensch der Welt und mit meiner Philosophie hätte ich eigentlich Recht, aber sie sei noch nicht so weit. Wir erlebten wieder eine schöne, intensive Zeit mit vielen Gesprächen, fuhren in die Ferien. Mich plagte ein starker Akneschub, sie hatte viel Verständnis und motivierte mich, es nochmals mit dem Medikament zu versuchen, was erfolgreich war. Ich nahm durch die schöne Haut eine ruhigere Art an und konnte so ihrer stressbedingten Nervosität entgegenwirken. Ich schöpfte im Herbst 1997 wieder Hoffnung, doch sie wollte immer mehr Distanz, ich immer mehr Nähe, zum anderen Freund fühlte sie sich mehr hingezogen, was drohend über der Hoffnung stand. Im Oktober eröffnete sie mir plötzlich, sie wolle mich nur noch einmal im Monat sehen. Das traf mich wie ein Blitz, ich weinte in den folgenden Tagen sehr oft. Ich machte ihr keine Vorwürfe, denn man kann niemanden zwingen zu lieben, doch ich verstand ihren Entscheid nach den schönen Wochen nicht. Manchmal dachte ich, dies sei nun die gerechte Strafe für mein Verhalten der vierten Freundin gegenüber. Andererseits, hätte meine vierte Freundin nur einen Bruchteil der Kompromisse gemacht, welche ich meiner fünften nun zugestand, dann hätte nichts schief gehen können. Aber solche Gedanken blieben nicht lange wichtig, denn immerhin durfte ich einmal im Leben die große Liebe erleben, wenn auch schmerzhaft. Und dank dieser Frau besiegte ich meinen letzten Makel namens Lust auf Seitensprung. Doch meine Traurigkeit und mein gesamtes Denken ließen, wie bereits geschildert, den Wunsch nach Freitod aufkommen. Sie ging sehr auf meine Gefühle ein und akzeptierte meinen Entscheid, was mich auch zum Weiterleben motivierte. Nachher führten wir unsere Beziehung weiter wie vorher. Sie kam mir also entgegen, aber richtigerweise machte sie keine großen Zugeständnisse, denn Zwänge können nie eine Lösung sein. Für mich ging das Auf und Ab der Gefühle weiter. Als der Widersprüchlichkeit höchster Stufe empfand ich, dass sie mich von Kontakten zu anderen Frauen nicht abhielt. Gerade der Frau also, der ich treu sein konnte, hätte ich untreu sein dürfen, und früher immer das Umgekehrte. Sie ermunterte mich sogar, eine Frau zu suchen, die mich voll und ganz lieben würde, da ich dies verdient hätte und sie mir einfach nicht genug geben könne. Auf der anderen Seite reagierte sie dann doch mit einer gewissen Eifersucht, als sich eine Frau sehr um mich bemühte. Dies veranschaulichte mir dann doch, wie sie mich gern hat, und das gab wieder Kraft. Die Begeisterung für sie war so groß, dass ich mich von der angesprochenen Frau aus der Zeit mit meiner vierten Freundin lösen konnte. Ich fühlte mich in dieser Freundschaft schon längere Zeit nicht mehr wohl, doch gelang es mir nicht, sie zu beenden. Nun erschrak ich selbst, wie relativ leicht ich das Ende nahm. Es konzentrierte sich alles auf meine Freundin. Selbst das Werben einer weiteren Frau, die ich schon fast als unglaublich gute Frau bezeichnen möchte, konnte meine Liebe nicht in Frage stellen. Diese attraktive Frau, ebenfalls einiges älter als ich, je zweifache Mutter und Witwe, fühlte sich so zu mir hingezogen und fand mein Denken weitgehend richtig, dass sie einen Freitod von mir akzeptieren könnte, ja gar einen gemeinsamen Liebesfreitod nicht ausschließen würde. Ein solches Angebot auszuschlagen war eigentlich schon fast fahrlässig, doch ich konnte und kann mein Herz nicht betrügen, und das gehörte nur meiner Freundin. Ehrlicherweise muss ich aber leider auch gestehen, dass die intensiven Gefühle dieser genialen Frau mich überforderten, vielleicht weil mir so viel Liebe von einer 50-jährigen Frau verdächtig schien, was wohl durch all meine früheren Erfahrungen hervorgerufen wurde. Ich pflege noch heute losen Kontakt zu dieser Frau und verehre sie sehr. Und die immer negativere Entwicklung der Beziehung zu meiner Freundin führte zur traurigen Erkenntnis, dass offenbar nie die zwei Richtigen zum richtigen Zeitpunkt aufeinander treffen. Immer mehr konnte ich ihre Reaktionen nicht einordnen, alles widersprach sich. Mal brauchte sie mich, mal wieder nicht, doch ich hatte den Verdacht, sie wolle mit ihren dauernden Zurechtweisungen wegen Kleinigkeiten mich zur Beendigung unserer Beziehung treiben. Sie wollte ihr Versprechen, mich auf meinem Weg zu begleiten, nicht brechen. Trotzdem musste sie noch irgendeinen Nutzen haben aus unserer Beziehung, denn sonst hätte sie mein Angebot angenommen, sie dürfe ihr Versprechen auch aufkündigen, denn es gebe keine Pflicht, gegen das eigene Herz zu verstoßen. Ich sagte ihr immer wieder, ich sei schon froh, dass sie so lange zu mir gehalten habe. Ihre Antwort lautete, sie wolle die Beziehung auf eine andere Ebene stellen. Doch diese war für mich nicht klar zu erkennen und vor allem nicht mehr zu akzeptieren, weil sie alle Bedingungen selbst bestimmen wollte. Ihr Hauptwunsch hieß, sie wolle meine Abhängigkeit von ihr, besonders die sexuelle, mit mehr Distanz beenden. Aber das war bei meiner ganzen Sehnsucht nach der Liebe dieser Frau zu viel verlangt, musste ich doch schon längere Zeit meine Bedürfnisse nach Zärtlichkeit und Sexualität sehr einschränken, was ich, trotz Mangelerscheinungen, für diese Frau gerne tat. Nun wollte sie also in erster Linie die sexuelle Beziehung beenden, obwohl wir immer wieder sehr schönen Sex erlebten. Als Argumente nannte sie die Abhängigkeit, die fehlende Chemie, und ihre sexuelle Faszination für mich sei vorbei. Wenn das sicher alles eine Rolle spielte, so bleibe ich bei meiner Meinung, die sie bis heute zurückweist: Der andere Freund hat das passende Alter, den richtigen Status und wird in ihrer Verwandtschaft akzeptiert, daher stimmt für sie die Chemie, denn nach meiner Schönheits-Theorie klingt ihre Behauptung, es sei der Mann selbst, schlicht unglaubwürdig, muss man diesen doch objektiv als unattraktiv bezeichnen. Und wo die Chemie im Menschlichen stimmen soll, bleibt mir bis heute unklar, bezeichnet sie ihn doch als einen durch das Leben liebesunfähig gewordenen Mann. Manchmal spricht sie von Mitleid, weil er eigentlich ein guter Mensch sei, was ich auch glaube, doch das widerspricht ihrer angeblichen sexuellen Abhängigkeit, die ich nicht einordnen kann. Es ist eigentlich eine Anmaßung von mir, ihre Ehrlichkeit in Frage zu stellen, doch ich behaupte, dass sie nicht über ihren Schatten springen kann. Auch wenn ich den verletzten Stolz kenne, ich bin zu ehrlich, als dass ich diesen nicht einbeziehen würde, gerade weil ich immer sage, ich sei ästhetisch nur knapp genügend, was sie aber wieder zurückweist. Meine Theorie kann schon daher nicht an den Haaren herbeigezogen sein, weil sich meine Freundin seit Jahren mit der Frage auseinander setzt, was sie denn mehr zu ihm als zu mir hinzieht. Wer das nach Jahren noch nicht herausgefunden hat, scheint mir verdächtig. Der Kreis schloss sich eben dann, als sie zugeben musste, ihr stehe die lebensbejahende Mafia doch näher als meine zwar wahre Philosophie. Ihr Freund und sie gehören also zu dieser Sekte namens Lebensbejahung und ich nicht. Und Sektenmitglieder stehen sich immer näher. Dazu passte ihr sinkendes Interesse für mein Denken und meinen Wahrheitskampf. So sah sie mich nun nicht mehr, wie längere Zeit, als Halbgott. In diesen Ausführungen schwingt ein gewisser Hass mit, den ich auch rechtfertigen kann, denn bei der Trennung vor Weihnachten 1999 verhielt sie sich ungerecht. Ein Brief von ihr zum neuen Jahr (ein Denkanstoß: Ach, die Welt ging also nicht unter, kann die so genannte Milleniums-Hysterie anders als mit dem versteckten Wunsch nach einem Ende dieses Lebens, dieser Welt verstanden werden?) besänftigte mich schon wieder. Wir sehen uns seither auf einer neuen Ebene, ab und zu. Ich werde vieles nie ganz begreifen können, doch heute ist mir klar, dass meine Schuld in meinem Drängen lag, aber ich konnte nicht anders, ich sehe kein Ende des Trennungsschmerzes. Entsprechend empfinde ich sie immer noch als meine Freundin, was sie zum Glück immer noch gern hört. Ich kann nicht aufhören, diese Frau zu lieben, auch weil sie nichts wirklich Schlechtes tat, denn alle ihre Widersprüche und Unanständigkeiten lagen in dieser genannten Sekte begründet, der bekanntlich die meisten Menschen angehören und es nicht schaffen, sie zu verlassen. Sie versuchte es ehrlich, und dafür darf ich sie loben. Doch ihr eigenes, anderes Denken und die Macht der Gesellschaft erwiesen sich als stärker, ihr Mut blieb zu schwach. Trotzdem: „Ich werde dich immer lieben, du bist die erste und letzte wirklich große Liebe meines Lebens, dafür danke ich dir, meine allerliebste Vera!!!" Ich spüre nach dieser Enttäuschung der großen Liebe endgültig, wie für mich das Thema Liebe abgeschlossen ist. Der Schmerz ist unerträglich und kaum zu beschreiben, was sich in Schlafstörungen auswirkt. Das möchte ich endgültig nie mehr erleben müssen. Um mich zu zerstreuen, gehe ich öfters tanzen. Ich lernte so manche nette Frau kennen und es entstanden Gefühle. Ich war dann aber wieder froh, auch ihre Distanz zu spüren, denn es darf einfach nicht mehr geschehen, meine wahren Gefühle werden immer bei Vera sein, und mein Buch wird bald fertig sein. Danach, das soll hier und jetzt, klar, deutlich, endgültig, und wohl aus meiner Biographie langsam verständlich, gesagt sein: Mich hält nichts mehr in diesem absurden Leben! PsychologInnen und andere Mafiosi werden jetzt natürlich wieder sagen, dass die Beziehungsproblematik im Vordergrund des Freitodwunsches steht. „Nein, meine Damen und Herren, es ist zwar ein wichtiger Punkt, der dazu unlösbar und genug Grund für einen Freitod wäre, aber er ist nur einer von mehreren!!" Natürlich hätte ich beim Gelingen dieser großen Liebe meinen Freitod aufgeschoben. Ein gewisses Glück und sie nicht allein zurücklassen zu müssen würden dann aber dem grundsätzlichen Wunsch zu sterben entgegenstehen. Aber selbst eine große Liebe wird die Zwänge dieser Welt nicht überleben und selbst ohne diese käme es zum Scheitern, da längerfristig jede an zu viel Nähe ersticken würde, da die Gefühle und Eifersucht einen Mittelweg verhinderten. Das führt dann zum alten Fazit: Heirate, heirate nicht, und beides wirst du bereuen! Die große Liebe bleibt eine Utopie, das theoretisch einzig wirklich Schöne ist in der Realität ein Schrecken ohne Ende. (Natürlich bin auch ich geneigt, diese Tatsachen angesichts meiner Traumfrau Vera in Frage zu stellen.) Ich kenne keine auch nur einigermaßen glückliche langjährige Beziehung, die hohe Scheidungsrate bildet also nur die Spitze des Eisberges. Alle Theorien, wie man angeblich das Glück in der Liebe finden könne, erwiesen sich in der Realität längst als Irrtum und sind daher heute als rücksichtsloses Geldmachen zu verurteilen, da man das Unglück ausnützt. Wir können abdanken!!

Bei einem Rückblick auf mein Leben drängt sich mir immer wieder die gleiche Frage auf: Wie konnte ich nur so lange an diese Lügen der Lebensbejahung glauben!? Dies mag zu hart klingen, denn wie soll ein junger Mensch vor dem 20. Lebensjahr am Ende des 20. Jahrhunderts etwas schaffen, das in dieser Konsequenz die gesamte Menschheit nicht erreichte?! Aber ich stehe zu meiner Moralphilosophie, die auch behauptet, dass in jedem Herzen die grundsätzliche Wahrheit veranlagt ist, das, was man allgemein als das Gewissen bezeichnet. Und daraus entsteht mein harter moralischer

Maßstab, den ich bei mir ebenso anwende wie bei den anderen. Es mag auf den ersten Blick arrogant und übertrieben erscheinen, doch genau betrachtet fordere ich nur eine eigentlich anerkannte Grundmoral ein, welche vom Menschen verlangt, so zu handeln, wie er selbst behandelt werden möchte. Da aber die Geschichte zeigt, wie dies in dieser unveränderbar konkurrenzkämpferischen Welt unmöglich ist, müsste die Freitodbejahung längst als die am wenigsten schlechte Lösung gelten. Die genannte, angeblich anerkannte Moral erwies sich also schon immer als toter Buchstabe und wird toter Buchstabe bleiben, solange der Mensch am Leben festhält. Dies beweist die unglaublich lügenhafte und denkerische Fehlleistung fast der gesamten Menschheit. Man kann daher die Leiden der Menschen als selbst verschuldete philosophische Dummheit, als gerechte Strafe ansehen. Das ist sicher auch so, aber die Leiden sind zu schlimm und der Mensch zu schwach, als dass diese Feststellung ein Nachdenken über die Ursachen erübrigen würde. Ich erwähnte die natürliche Angst vor dem Tode, die Angst, nach dem Tod vergessen zu werden. Hier möchte ich nun meine gesellschaftliche Theorie darlegen, welche ich aus meinem Erlebten entwickelte.

Ich behaupte, der Mensch lässt sich, allein gelassen, von der großen Masse beeinflussen. Jeder steht in seiner relativ kurzen freitodbejahenden Phase allein da, denn die Mehrheit der Menschen fiel bereits der Lebensbejahung zum Opfer. Es ist also rein mathematisch unmöglich, dass der/die einsame WahrheitssucherIn viel Unterstützung erwarten kann, denn die altersspezifische Bevölkerungsdurchmischung lässt dies nicht zu. Damit meine ich, wie normalerweise die ehrliche Phase des Menschen sich im Alter zwischen ca. 15 und 30 Jahren abspielt. Und auch in diesen ca. 15 Jahren lassen sich die meisten ziemlich schnell von der Wahrheit abbringen. Die Kinder sind geistig noch nicht so weit, die meisten Erwachsenen ab ca. 30 haben sich mit dem Leben eingelassen. Dem widerspricht zwar die Freitodstatistik, welche ein mehr oder weniger konstantes Ansteigen der Freitode vom ca. 15. Altersjahr bis zum ca. 60 ausweist. Doch ich bin überzeugt, dass die meisten Freitode nach 30 nicht mehr philosophische Freitode um der Wahrheit und Lebensverneinung willen sind, sondern sie entstehen aus altersbedingtem Lebensüberdruss oder/und wegen Krankheiten, was ich keineswegs abwertend meine. Meine Faszination für Frauen im Alter zwischen ca. 40 und ca. 60 Jahren veranschaulichte mir ja, wie der Weg zur Wahrheit auch in diesem Alter nicht unmöglich ist, wie sie zumindest als kleines Stück noch irgendwo lagert. Aber allgemein stimmt leider das Sprichwort: „Trau keinem über 30!" Dass man den meisten Menschen schon vorher nicht trauen kann, macht die Sache noch schlimmer.

Grundsätzlich gilt: Der Freitod ist in jeder Altersschicht im Verhältnis zu den Weiterlebenden gleichen Alters und somit auch der gesamten Bevölkerung so selten, dass der/die Freitodwillige sehr wahrscheinlich allein dasteht. Die Frage aber bleibt, wie die lebensbejahende Masse entsteht beziehungsweise weshalb sich die meisten so schnell von den wahren Gefühlen abbringen lassen. Die Todesangst kann nicht die einzige Erklärung sein. Der Mensch lebt als bewusstes Wesen, und wenn man ihn als Einheit von Körper, Geist und Seele begreift, dann sind die drei Einzelteile miteinander im Gespräch und fällen schließlich einen demokratischen Schlussentscheid. Der Mensch ist also zu zwei Drittel ein geistiges Wesen und nicht einfach einem angeblichen Lebens- oder Todestrieb ausgeliefert. Dies kann ich alles nur aus meiner Erfahrung heraus sagen und nicht wissenschaftlich beweisen. Doch die so genannten Wissenschaften können ihre Behauptungen ebenso wenig beweisen und die vielen Theorien widersprechen sich total. Klar aber sollte sein, dass auch die blinde, nur körperlich argumentierende Wissenschaft nicht an der menschlichen Tragödie vorbeischauen kann. Kein(e) noch so blinde(r) Natur- oder GeisteswissenschafterIn kann bestreiten, dass der Mensch zum Beispiel bewusst die Todesangst überwinden kann, weil er weiß, dass der Tod ohnehin kommt. Er kann begreifen, wie nur der Körper noch am Leben festhalten will, die Seele und der Geist aber nach ihren Erfahrungen nicht mehr. Banal gesprochen stellt sich hier eine klassische 2:1-Situation dar. Damit kann also die Todesangst nicht die einzige Erklärung für die Lebensbejahung sein. Vielmehr sind da die primär von jedem/jeder Einzelnen entwickelten Undinge namens Egoismus, Eitelkeit, Größenwahn usw. Und diese dürfen gerade in der westlichen Welt des Machbarkeitswahns im Jahre 2000 n. Chr. nicht nur als Veranlagung, Abwehr der eigenen Schwäche und Ablenkung der Todesproblematik gesehen werden, sondern auch als falscher Glaube des Menschen an sich selbst. Ich lasse jedenfalls diese Lebenslügen nicht gelten, eine Entschuldigung darf die Todesangst nicht sein, als welche sie von den meisten LebensbejaherInnen ja auch nicht angeführt wird, was natürlich wiederum nicht die reine Wahrheit ist, so viel wollen wir den armen Leuten nachsehen, denn sonst müssten wir sie ja alle als reine VerbrecherInnen abqualifizieren. Der modernen heuchlerischen Toleranz sei hier eine Absage erteilt. Einzig den lebensverneinenden Freitodwilligen, die aus ehrlichen Gründen weiterleben, und dies menschlich, wenn es umfassend und längerfristig auch unmöglich ist, ihnen soll man mit Toleranz begegnen. Der Mensch ist von Grund auf gut und schlecht, und er hat sich für das Gute und damit gegen das Leben zu entscheiden. Die grundsätzlich böse Lebensbejahung (natürlich gibt es große Unterschiede zwischen den Menschen, aber ein wirklich gutes Leben ist auf dieser Welt nicht möglich) muss als Katastrophe und Selbstlüge ohne Ende verurteilt werden. Eine Lüge ist die Bejahung des Lebens schon deshalb, weil das Faktum des Todes jede irdische Tat zur Lächerlichkeit verkommen lässt. So entsteht in erster Linie aus jeder unmenschlichen Selbstlüge die lebensbejahende Gesellschaft. Der einzelne Mensch und die Gesellschaft stehen somit in einer Wechselwirkung, denn alles hängt zusammen, alles läuft parallel. Wenn ich von Arroganz sprach, die man mir immer wieder vorwirft, dann ist das ein bezeichnendes Missverständnis. Mein Denken der totalen Wahrheit ist ja gerade die Philosophie der totalen Nichtarroganz. Aber um dieser allein eine Stimme zu geben, kann wohl nicht auf Arroganz verzichtet werden. Ich wende sie dazu vor allem bei GeisteswissenschafterInnen an, die sich offenbar für begabt halten, sich ihr ganzes Leben angeblich mit der Wahrheit beschäftigen zu können, und doch nur die gleichen Lügen produzieren wie alle anderen. Die ganzen Geisteswissenschaften beweisen meine Theorie. Sie manifestieren eine Katastrophe ohne Ende. Darauf werde ich in den folgenden Kapiteln eingehen. Da muss Arroganz gegen die Lügen gesetzt werden. Da spüre ich eine moralische Verpflichtung zur Wahrheit, und schließlich fühle ich mich nur stolz, weil ich mich nicht davon abbringen lasse. Die denkerische Begabung bewerte ich isoliert betrachtet als unwichtig, da sie zwar den Weg zur Wahrheit wohl erleichtert, aber eben das Gewissen eines jeden Menschen und ihm zu folgen die Basis ist. Erst wenn ich wütend bin, bezeichne ich mich als Genie. Im nächsten Abschnitt möchte ich schildern, wie es sich als WahrheitssucherIn in einer Gesellschaft leben lässt, die aus lauter Anderen besteht.

Ich möchte in diesem Abschnitt meine Erlebnisse nun in einen größeren gesellschaftlichen Zusammenhang einbetten und so aufzeigen, wie meine Theorie vom vorherigen Abschnitt entstand. Die genaue Analyse beschränkt sich natürlich auf die Schweiz, doch meine Einblicke in die angrenzenden Nationen Deutschland und Österreich lassen ebenfalls ein gewisses Urteil zu. Ich bin dazu davon überzeugt, dass die typisch negativen Merkmale einer lebensbejahenden Gesellschaft universal sind. Auch wenn die vielen Kulturen noch so verschieden leben, zwischen den sozialen Verhältnissen sogar Welten liegen, für meine Fragen bestehen da keine großen Unterschiede. Wenn ich die sehr ähnlichen westlichen Demokratien noch als die am wenigsten schlechte Lösung für die lebensbejahende Existenz ansehe, so erspare ich mir weitere Analysen, weil es sinnlos ist, noch Schlimmeres herunterzubeten. Ich erachte mich mit meinem Wissen als fähig, so zu argumentieren, obschon ich andere Kulturen nie näher kennen gelernt habe. Man könne darüber nur urteilen, wenn man auch dort gelebt habe, diese Behauptung klingt unglaubwürdig. Die Berichte von Korrespondenten und allgemeine Fakten genügen für meine Argumentation vollkommen. Den westlichen Demokratien von heute sind folgende lebensbejahende Katastrophen gemeinsam: Eine totale Vergewaltigung des Menschen zum auf Leistung programmierten Arbeitstier, das vor Stress, Angst vor dem Versagen usw. zum/zur unmenschlichen, roboterhaften NeurotikerIn wird, in der Schönheits-Frage ist zwar für die Frau mehr Ehrlichkeit möglich, dank Abbau des Patriarchats wurde mehr Unabhängigkeit für die Frau erreicht, doch ist dies immer noch relativ wenigen Frauen vorbehalten, die sowohl schön als auch beruflich erfolgreich sind, der so genannten Powerfrau also, die aber auch in dauernder Konkurrenz steht, die meisten Frauen leben somit immer noch um der wirtschaftlichen Sicherheit willen mit Männern zusammen, was indirekte Prostitution bedeutet (gerade diese furchtbare Tatsache müsste bei mehr Ehrlichkeit zu mehr Freitoden von Frauen führen, aber leider gehören sie lieber zum Patriarchat, zur Mafia), die allgemeine Tendenz, dass nur noch das Beste gut genug ist, führt zu noch mehr Stress, der heutige Schönheitswahn ist zwar ehrlicher, aber moralisch unakzeptabel, viele bleiben auf der Strecke, die Frauen müssen sich extrem diesem Wahn anpassen, die Männer auch immer mehr, denn die Frauen fordern immer mehr, immer mehr Arme und wenig Reiche, die alten Hierarchien aus vordemokratischen Zeiten in neuer Form, da die so genannten Erfolgreichen, dort die VerliererInnen (die untereinander auch kämpfen), doch alle gleichermaßen seelische und geistige VerliererInnen, ein endloser Kampf, als Folge hohe Kriminalität, legalisierte Kriminalität in Politik und Wirtschaft, hohe Scheidungsrate, riesiger Sexmarkt usw., die Staaten große psychiatrische Kliniken, ein endloser Kampf aller gegen alle mit lauter VerliererInnen!! Doch die menschliche Fähigkeit, alles zu verdrängen, alles schönzureden, sich mit Religion, Drogen, den Errungenschaften von Naturwissenschaften, Technik und anderen Selbstlügen zu beruhigen, führt dazu, sich das schöne Leben einzureden, wider alle Gefühle, es ist ein sinnloses Weitermachen ohne Ende, eben ein Schrecken ohne Ende. Konkrete Auswirkungen auf das Verhalten der Menschen habe ich schon geschildert, hier möchte ich nochmals einige anfügen: Eine Bekannte, Österreicherin, aber schon lange in Deutschland lebend, brach mit mir den Kontakt ab, weil sie es nicht verkraftete, ein Tennisspiel gegen mich verloren zu haben, da sie schon 20 Jahre Tennis spielte und es für mich die zweite Tennisstunde war, eine Bekannte aus Deutschland, die 30 Jahre als Lehrerin arbeitete, leugnete die Judenvernichtung in Nazi-Deutschland, eine Österreicherin behandelte mich wie der letzte Mensch, weil ich zu Silvester in falscher Kleidung erschien (buntes Hemd statt weißes mit Krawatte und Jackett), trotz meiner Erklärung, es sei mir wegen meines starken Schwitzens so wohler, eine Deutsche wollte plötzlich nicht mehr mit mir tanzen, weil sie von meinem Denken erfuhr und dieses natürlich als falsch und das Leben als den richtigen Weg bezeichnete, viele erwachsene Männer, die den eigenen Sport und/oder den Fernsehsport als wichtigsten Lebensinhalt haben und dadurch auffallen, nicht verlieren zu können, viele Frauen und Männer, die ein völlig hierarchisches und etikettenbewusstes Denken pflegen, eine Schweizerin tat so, als wäre die Welt untergegangen, weil ich mit einer angeblich zu großen Tasche ins Schwimmbad wollte, eine andere kriegte einen Wutanfall, weil ich zu einem gewissen Gericht Brot aß, allgemeine Kleinlichkeit in banalen Dingen, leichte Unsauberkeit gilt als Verbrechen, Manien in verschiedenster Hinsicht, ein Schweizer beklagt sich über das sanfte Anlehnen meiner Autotüre an seine beim Aussteigen auf dem Parkplatz, ein anderer fuhr seinen Wohnwagen nochmals aus dem Abstellplatz, um ihn ganze fünf Zentimeter näher an die Hauswand zu platzieren, ja, ein echter Schweizer macht nur ganze Sachen, ein weiterer Schweizer prahlt damit, wie er einen armen Afrikaner auf den so genannten marktüblichen Preis hinunterbot usw.... Ich könnte noch endlos weitermachen, und wenn sie noch nicht gestorben sind, werden sie ihr irres Treiben weiterführen und vielleicht tatsächlich glauben, das alles sei normal. „Gute Nacht", wünsche ich diesen drei geisteskranken Nationen! Mit all diesen Dingen, besonders sei auch die allgemeine Ausländerfeindlichkeit erwähnt, wird die eigene Frustration verdrängt. Der Lebenssinn ist also mit allerlei lügenhaften Arten des Machbarkeitswahns gleichzusetzen. Die bewusst blinden Medien zelebrieren diese Lügen, die ihnen von Politik, Kultur, Wissenschaft, Sport und Wirtschaft zugespielt werden. An dieser Stelle sei darauf hingewiesen, dass die Kriminalität weltweit nicht mehr wirklich im Griff zu halten ist, und das trotz der Heere von Polizei, Militär und Justizbeamten. Auf den Charakter komme es an, heißt es oft, ja, ja, das glauben schon die kleinen Kinder nicht mehr. Da dringt eben das durch, was man im Innersten doch noch spürt: die Wahrheit. (Als ewiges Rätsel bleibt mir die Frage, wie weit viele Menschen die Wahrheit noch spüren oder ob sie tatsächlich an ihre Lügen glauben; natürlich glaube ich an Ersteres.) Aber eben, sie ist in dieser Gesellschaft nicht gefragt. Deshalb muss sie und damit der Freitod konsequent verteufelt werden, keine Lösung sei er, die einfachste oder eine feige Flucht. In einem solchen Umfeld zu widerstehen, ich kenne es aus eigener Erfahrung, erweist sich tatsächlich als sehr schwierig. Und ich darf zugeben, dass ich auch durch die Unterstützung von meinen Eltern die Wahrheit behalten konnte (besonders die verhinderte Zwangseinweisung in die Psychiatrie und die finanzielle Unterstützung). Da haben viele Menschen weniger Glück und beugen sich dem Druck. Aber sicher bestand und besteht in meiner Unbeirrbarkeit das zentrale Element meines Sieges über die Gesellschaft. Gerade in einer so hart lebensbejahenden Gesellschaft wie der deutschen dürfte es noch schwieriger sein, die Wahrheit zu verteidigen. Ich komme nicht darum herum, die deutsche Nation besonders zu tadeln. Das großnationstypische Element im Grundcharakter der meisten Deutschen kann schlicht nicht übersehen werden. Ihre Vergangenheit der Nazizeit ist alles andere als verarbeitet. Ihr Ehrgeiz und ihre Härte scheinen mir noch ausgeprägter als bei ÖsterreicherInnen und SchweizerInnen. Ich wehrte und wehre mich bis heute dagegen, wenn gerade auch SchweizerInnen die Deutschen immer noch als Gefahr für die Welt sehen wollen und gar als WeltkriegerInnen von morgen, denn ihre Eigenartigkeit kommt bei anderen Großnationen auch vor. Und die deutschen PolitikerInnen agieren nicht schlimmer als die anderer Länder. Aber es kann natürlich nicht bestritten werden, dass im philosophischen Sinne die Deutschen als systematisch katastrophales Volk dastehen. Ich werde später noch aufzeigen, wie das schlimme Deutschland des 20. Jahrhunderts entstehen konnte. Wenn ich von den westlichen Demokratien und ihren dekadenten Gesellschaften sprach, so müssen ihre egoistischen, internationalen Machenschaften als logische Konsequenz davon gesehen werden. Zwar gibt es politische und wirtschaftliche Zusammenarbeit, ja sogar Gebilde wie die UNO oder die EU, aber da herrscht mehr Kampf als Harmonie. Die Globalisierung führte im Großen zu dem, was wir schon im Kleinen hatten: Jeder gegen jeden, alle gegen alle. Oder anders gesagt: Was im Kleinen falsch läuft, muss auch im Großen falsch laufen, die naturbedingte Konkurrenz überall, die USA gegen die EU, Japan gegen die USA, Russland gegen die USA, der Norden gegen den Süden, der Osten gegen den Westen, die Erste Welt gegen die Dritte, Deutschland gegen Frankreich, Frankreich gegen England, die Deutschen sagen, ach ja, die kleine Schweiz, die SchweizerInnen, ach, diese arroganten Deutschen, alle gegen alle, jeder gegen jeden. Und da soll der/die nach der Wahrheit Suchende noch seinen/ihren sanften Weg im (vermeintlich) willigen Kampfgeschrei der anderen finden!? Es ist leider fast unmöglich. Lieber wollen wir uns doch als große SchweizerInnen, Deutsche, ÖsterreicherInnen, AmerikanerInnen usw. fühlen. Wir können abdanken!! „Gute Nacht, schöne Welt!" Ich möchte im nächsten und letzten Abschnitt des

1. Kapitels erstmals näher auf ein Buch eingehen. Es ist zur gesellschaftlichen Frage interessant.

In dem bekannten Buch „Mars" von Fritz Zorn (1944–1976) kommt die bürgerliche Schweiz, speziell die Zürcher Oberschicht, sehr schlecht weg. Fritz Zorn ist ein Pseudonym, das seinen Zorn über die böse Gesellschaft ausdrücken soll. Das Buch zeichnet seinen Lebensweg nach. Im Zentrum steht sein seelisches Verkümmern als Einzelkind in einer Zürcher Oberschichtsfamilie, in der seelische Probleme nicht existieren dürfen. Seine neurotischen Eltern erziehen ihn zur gefühllosen Härte. Er macht wie verlangt eine akademische Karriere und wird auch zum Neurotiker. Immer wieder kommt er zur richtigen Erkenntnis, in den europäischen Gesellschaften sei jeder Mensch seelisch krank und mit der Zeit daher auch körperlich, was unsere gigantischen Gesundheitskosten bestätigen. Die ganze Dimension wird dann klar, wenn man weiß, dass er mit 32 Jahren, seelisch zerfressen, an Krebs starb, kurz nach Fertigstellung des Buches. Er beschreibt mit einer unglaublichen Intensität, wie er lange die Signale von Seele und Körper leugnete, so wie es von seinen Eltern vorgelebt und verlangt wurde. Im Buch hofft er noch, dank der Signale des Körpers, „dank" des Krebses doch noch umkehren zu können und Seele und Körper zu heilen. Doch es war zu spät. Er fühlte sich seelisch so verkrüppelt, dass er sich während 32 Jahren nicht imstande sah, eine Beziehung mit einer Frau einzugehen. In der harten Anklage gegen seine Eltern und diese Gesellschaft wiederholt er immer diese gefühllose Kälte, die ihn unfähig gemacht habe, überhaupt Beziehungen einzugehen. Ich erlebe selbst mit meinen Eltern, wie Sexualität aus Angst kein Thema sein darf, was sich zum Glück bei mir nicht negativ ausgewirkt hat. Doch glaube ich nicht mehr an eine weniger schlechte Lösung als die Ehe, welche aber zu diesem Verhalten führt. Bei Fritz Zorn wird die Frage nach der besten Form von Sexualität nicht klar, da er sie ja gar nicht kannte. Das sexuelle Versagen erlebte er als die größte Katastrophe. Er vertrat keine grundsätzliche Lebensverneinung, sondern sah sein Umfeld als Ursache für sein Unglück. Da unterscheidet er sich grundsätzlich von mir. Ich kann nicht nachvollziehen, wie er zu seiner Hoffnung kam, denn wie eine bessere Gesellschaft aussehen soll, wird nicht klar. Natürlich soll man zu seinen Gefühlen und Problemen stehen dürfen, doch ob dies der Weg zum Glück ist, bleibt unklar. Der harten Anklage gegen Eltern und Gesellschaft folgt zu wenig die Frage, weshalb sie diesen Weg wählten und ob es eine bessere Lösung gäbe. Diese Oberschicht ist natürlich an Dekadenz nicht zu überbieten, doch ermöglicht sie in unserer Gesellschaft auch Vorteile. Ich behaupte aber, dass sich der positive materielle Wohlstand und eine gesunde Seele ausschließen. Da scheint mir Fritz Zorn in seiner berechtigten Wut auf diese Gesellschaft zu wenig an die wahren Ursachen für die kaputten Menschen gedacht zu haben. Aber auf jeden Fall klingt seine Kritik an den bürgerlichen europäischen Gesellschaften wie eine perfekte Analyse. Ich möchte nun auf ein paar Stellen eingehen:

1.   „Ihnen kann nicht meine Schonung gelten, sondern nur mein Hass. Der Leser weiß schon, wen ich damit meine: die bürgerliche Gesellschaft, der Moloch, der seine eigenen Kinder frisst, der auch mich gerade im Begriff ist zu fressen und mich in kurzer Zeit ganz gefressen haben wird."

Eine klarere Anklage gegen unsere Gesellschaft scheint kaum mehr möglich. Ich kann sie nur unterstützen. Wenig später kommt die Stelle, wo ich die größte Nähe zu meinem Denken spüre:

2.   „Mein Vater war ein üblicher Millionär der Zürcher Goldküste mit Herzinfarkt und 60 Jahren Frustration. Soll man lieber 60 Jahre auf der Sparflamme der Frustration langsam zu Tode schmoren oder lieber schon mit 30 Jahren aus Verzweiflung an Krebs sterben? Soll sich die Mühle der Hoffnungslosigkeit lieber 60 Jahre lang ein bisschen langsamer drehen oder soll man lieber mit etwas beschleunigtem Tempo schon nach 30 Jahren zu Tode gemahlen sein? Natürlich das Letztere. Wenn es für mich schon keine andere Lösung mehr gibt, als zugrunde zu gehen, dann ziehe ich einen ehrlichen Selbstmord einem bemäntelten vor."

Da spürt man das Bewusstsein, nicht um jeden Preis weiterleben zu wollen, auch wenn er es nur auf die konkreten Verhältnisse bezieht. Gute 20 Seiten später kommt jener Satz, der sein letztlich doch nicht umfassendes Denken beweist:

3.   „Ich kann mich auch hier mit Wilhelm Reichs (österreichischer Psychoanalytiker, 1897–1957, meine Anmerkung) Auffassung einig erklären, dass das Leben gar keinen Sinn zu haben brauche und dass es genüge, wenn das Leben funktioniere."

Später versucht er dann noch das Funktionieren mit Glück gleichzusetzen. Da wird leider sein doch sehr blauäugiges Denken offensichtlich. Aber das Buch darf wegen der konsequenten Verurteilung der westlichen Gesellschaften doch gelobt werden. Fritz Zorn beging den Fehler, seine Eltern so extrem schlecht zu beurteilen, dass er logischerweise viel bessere Menschen für möglich hielt, obwohl er bekennt, er glaube nicht an das Glück der Menschen in anderen Kulturen. Da sage ich klar: Meine Erfahrungen haben mir gezeigt, wie beim näheren Hinschauen die Unterschiede doch nicht so groß sind, dass viele nur den Schein wahren können und diese Welt wahre Menschlichkeit unmöglich macht. Aus etwas Schlechtem kann man nicht etwas Gutes machen und soll es daher auch gar nicht probieren. Die reale Flucht nach vorne predigt das angeblich Gute gar als Wahrheit und prahlt noch damit oder erhofft sich späteren Lohn. Oft zeigt erst der lügenhafte Überbau die wahre Dimension auf. Man kann es ganz krass, aber gar nicht so falsch sagen: Für alle ist klar, dass Adolf Hitler ein schlechter Mensch und Mutter Theresa (1910–1997) ein guter war. Auf den ersten Blick stimmt das sicher und natürlich ist da ein gewisser Unterschied der menschlichen Qualität feststellbar, doch wenn man weiß, dass der unverzeihliche Glaube der Mutter Theresa sie wie ihren geistesgestörten Oberhirten gegen die Schwangerschaftsverhütung ankämpfen ließ, dann sieht die Sache bereits wieder anders aus, da sie das Elend gar nicht verhindern wollte, nein, sie wollte die Kinder in den Tod pflegen, um für die „gute" Tat im Himmel belohnt zu werden, was aber nicht mehr weit von der Unmenschlichkeit in Auschwitz entfernt liegt. Ich erlebte schon oft diese bewusste Verlogenheit der Menschen, deren Ursache nur in der Akzeptanz der Grausamkeit des Lebens und des eigenen Unglücks liegen kann. Denn diese Akzeptanz ist bereits das Schlechte und führt zwangsläufig zu schlechten Taten. Die Beispiele aus den Heimen mit ihren so genannten sozial eingestellten Angestellten erwähnte ich schon. Ein besonders schlimmes Beispiel erlebte ich mit einer katholischen Ordensschwester während meines Praktikums im Betrieb von Pfarrer Sieber. Das ganze Leben arbeitete sie schon im Dienste der Armen; das ist positiv zu werten, doch da kommt wieder die Religion als Motivation und Katastrophe zugleich: Ein Erdbeben sei nichts Ungerechtes, sagte sie mir in einem Gespräch, für meinen Einwand, das sei etwas so Schreckliches, hatte sie kein Verständnis, ja, Gott wisse schon, was er mache. Da zitiere ich gern nochmals Fritz Zorn, der sich auch mit diesem so genannten lieben Gott auseinander setzte:

4.   „In einem solchen Augenblick müsste man Gott, der diesen Spatz geschaffen hat (als Sinnbild für die Brutalität der Natur, meine Anmerkung), geradezu erfinden (denn meinem persönlichen Glauben nach gibt es ihn nicht), bloß um ihm eins in die Fresse zu hauen."
Wer es immer noch nicht begriffen hat: „Wir können abdanken, gute Nacht, schöne Welt!!"

2. Der Freitod in der Geschichte und Geschichtsschreibung

Es versteht sich von selbst, dass der Freitod in der Geschichte des Menschen keine große Rolle spielte, so wie eben in der Gegenwart auch. Das schlug sich natürlich in der Geschichtsschreibung nieder, beziehungsweise nicht, denn er fehlt darin fast ganz. Der Freitod war und ist eine zu seltene Lösung. Ich möchte in diesem Kapitel nur der Vollständigkeit halber auf die wichtigsten Fakten der Geschichte des Freitodes eingehen, da es darüber schon Literatur gibt und ich nicht vorhabe, etwas zu schreiben, das bereits besteht. Wer sich einen Überblick über die Geschichte des Freitodes verschaffen möchte, dem sei das Buch „Geschichte des Selbstmords" von Georges Minois empfohlen. Es gibt einen guten Einblick in alle Teile, welche zum Freitod interessant sind, von der Antike bis heute, allerdings auf die europäische Welt beschränkt.

Ich möchte in diesem Kapitel also nur die grundsätzlichsten geschichtlichen Fakten erwähnen, da ich in den weiteren so manche Aspekte des Freitodes genauer anschauen werde. Es darf gesagt werden, dass es den Freitod gibt, seit es den Menschen gibt, in allen Kulturen. Über die kulturellen und zeitlichen Unterschiede kann oft nur spekuliert werden, da von früher genaue Zahlen fehlen. Am meisten interessieren natürlich die Gründe und die Häufigkeit des Freitodes. Hier kann man mit Sicherheit sagen, dass überall die vermuteten oder offiziellen Gründe (durch die Verdammung des Freitodes durfte die Lebensverneinung nicht existieren, da sie als verwerflichster Grund für den Freitod galt, sowohl die Gesellschaft aus Machtgründen als auch die Freitodwilligen aus Angst gaben lieber andere Gründe an) immer wieder die gleichen waren. Es entstanden zwar durch die Jahrhunderte gewisse Unterschiede, so gab es zum Beispiel die materiell bedingte Pflicht zum Freitod für Alte und Kranke in früheren Zeiten bei gewissen Kulturen (Eskimos). Doch bei allen Völkern und zu allen Zeiten kam es zu Freitoden aus Liebesleid, Ehre, Reue, Krankheit, Armut, Lebensüberdruss usw. (Mit Letzterem war keine wirkliche Lebensverneinung gemeint, sondern eher eine altersbedingte Müdigkeit.) Auch die Häufigkeit kennt nur eine bedingte Spannweite, denn der Freitod war immer eine Ausnahmeerscheinung. Da sind wie gesagt aus früheren Zeiten nur Vermutungen möglich, doch gibt es auch da gewisse Anhaltspunkte. Eine genaue so genannte Suizidstatistik existiert erst seit dem 19. Jahrhundert. Schaut man diese bis heute an, dann sind doch gewisse kulturelle und zeitliche Unterschiede feststellbar. Auch gab es kurzfristige und regional beschränkte Zunahmen während der ganzen

Geschichte, doch große Unterschiede bestanden nie. Man vermutet, dass seit der Antike der Freitod regelmäßig vorkam, aber immer selten blieb. Kurzfristige Ausnahmen ereigneten sich zum Beispiel im alten Griechenland, wo gewisse Philosophen (einer hieß Hegesias) in einzelnen Provinzen wahre Freitodwellen verursachten, worauf man ihnen ein Redeverbot auferlegte. Die genaueren Statistiken beweisen eine konstante leichte Zunahme während des gesamten 19. Jahrhunderts. Im 20. Jahrhundert hielt sich die relativ hohe Rate des 19. mehr oder weniger. Man vermutet daher, dass der Freitod vor dem 19. und 20. Jahrhundert eher etwas seltener auftrat. Weshalb der Freitod bis heute eine Seltenheit geblieben ist, habe ich schon zum Teil im 1. Kapitel dargelegt, weitere Analysen, die auch auf frühere Zeiten eingehen, werden folgen.

Was die Geschichtsschreibung anbetrifft, so kann es nicht verwundern, wenn ein relativ seltenes Ereignis auch dort selten oder gar nicht vorkommt. Wenn der Freitod während der ganzen Geschichte von den meisten Menschen angeblich abgelehnt wurde, also höchstens in bestimmten Situation erlaubt war, dann galt und gilt das besonders für die ebenso angebliche Einstellung der so genannten Mächtigen. (Das Wort angeblich soll nochmals die Frage stellen, wie weit in allen Altersschichten der Wunsch nach Freitod versteckt in der hintersten Ecke des Herzens noch vorhanden ist und wie weit dieser aus den genannten Gründen verneint, ja aus Angst vor den wahren Gefühlen der Kampf gegen den Freitod angetreten wird.) Und leider blieb die Geschichtsschreibung bis heute eine über die Mächtigen und ihre meist kriegerischen Taten. Für die lebensbejahenden Fakten interessieren sich also die HistorikerInnen und erweisen sich dadurch als anfängerhafte Leute, die sich oft um des Kaisers Bart streiten. So veranstalten sie regelmäßig Streitereien um Details, statt sich um die bitter nötigen Lehren aus der Geschichte zu kümmern. Da wird selbst bei so genannten fortschrittlichen HistorikerInnen von positiven Entwicklungen gesprochen, ohne diese angesichts der Opfer in Frage zu stellen. Ein beliebter Spruch heißt auch, man müsse alles aus der Zeit heraus verstehen. Sie (wollen) vergessen dabei, die zeitlose und universale Wahrheit ins Zentrum zu stellen. Und wenn man heute in die Welt schaut, dann ist der Fortschritt vor allem im materiellen Bereich zu finden, denn in den wichtigen Dingen verhalten wir uns immer noch wie im tiefsten Mittelalter, was das 20.Jahrhundert mit all seinen schrecklichen Kriegen bewiesen hat. Aber auch die aktuelle Weltsituation kennt viele Katastrophen, so gibt es doch nach wie vor eine große Zahl kriegerischer Konflikte. Die Blindheit der HistorikerInnen lässt demnach keine besondere Auseinandersetzung mit dem Freitod zu, geschweige denn die Bejahung als Beendigung einer schrecklichen

Geschichte statt eines Schreckens ohne Ende. Ich möchte eine lobenswerte Ausnahme hier anfügen. Es handelt sich um den deutschen Historiker und Autor Karlheinz Deschner, den ich an den Winterthurer Literaturtagen 1998 selbst kennen lernen durfte. Er plädiert in seinen vielen Werken dafür, die Verbrechen der Geschichte ohne Rücksicht anzuprangern, die VerbrecherInnen als VerbrecherInnen beim Namen zu nennen. Er ist in erster Linie durch sein Riesenprojekt „Kriminalgeschichte des Christentums" bekannt geworden, in dem er alle Verbrechen der katholischen Kirche und deren weltlichen Machtträgern bis heute ganz genau aufzeigt und weiter aufzeigen will, denn er arbeitet meines Wissens zur Zeit am 6. Band, der etwa das 11. bis 13. Jahrhundert umfassen dürfte. Da er bald 80 Jahre alt ist, bleibt es unsicher, ob er sein Werk noch wird vollenden können. Ein Satz blieb mir besonders in Erinnerung: „Solange die übergroße Mehrheit der HistorikerInnen vor den welthistorischen Bestien auf dem Bauch liegt, wird die Geschichte verlaufen, wie sie verläuft!" Diesem Satz kann ich nur zustimmen, doch es stellt sich natürlich die Frage, ob sich die Mächtigen um die HistorikerInnen kümmern. Dann stellt sich folglich wieder die Grundsatzfrage, ob der Mensch nicht automatisch in dieser Welt zum Verbrecher wird, Geschichtsschreibung hin oder her. Und daher muss sich Karlheinz Deschner den Vorwurf gefallen lassen, dass er auf tausenden von Seiten ganz genau etwas schreibt, das in den großen Zügen längst bekannt ist und von der katholischen Kirche einfach totgeschwiegen wird, aber vor allem, dass seine große Arbeit nichts an dieser Welt verändern wird. Seine extrem antichristliche Einstellung ist von der Geschichte her natürlich absolut gerechtfertigt, doch bleibt wieder die Frage, ob es nicht automatisch so kommen musste, dass das Christentum mit seiner grundsätzlichen Lebensbejahung zur Verbrechensreligion wurde und mit den weltlichen VerbrecherInnen paktierte. Die Verbrechen der atheistischen Nationen hätten eigentlich auch seine Illusionen von einer besseren Welt ohne Religionen zerstören sollen. Da offenbart sich auch Karlheinz Deschner als lebensbejahender Utopist, denn er behauptet, man könne ohne Religion friedlich und glücklich leben. Das bewies auch das kurze Gespräch, welches ich in Winterthur mit ihm führte. Auf meine Frage, ob er denn nicht aufgrund der historischen Fakten für den kollektiven, globalen Freitod sein müsste, meinte er, wenn das ginge, wäre er sofort dafür. Mit meinem Einwand, dann müsse man halt den individuellen Freitod vertreten, konnte er sich paradoxerweise nicht einverstanden erklären. Die Menschen hätten eben Freude am Leben, meinte er. Auf meine Entgegnung, dies würde ich nicht glauben, reagierte er zuerst etwas ungehalten. Nun fragte ich ihn, weshalb er denn für die globale Lösung wäre, dann würde er ja die angeblich glücklichen Menschen gegen ihren Willen zum Freitod verleiten oder müsste sie umbringen lassen, da sei doch die individuelle Lösung die einzig mögliche, die sich im besten Falle zur kollektiven ausweite. Da er sich verabschieden musste, konnten wir die Sache, oder anders gesagt: seine Widersprüche, nicht mehr ausdiskutieren. Er wünschte mir noch alles Gute für mein Buch und verabschiedete sich ausgesprochen freundlich. Er bleibt mir trotz der Widersprüche in guter Erinnerung, und er stellt auf der lebensbejahenden Ebene eine positive Ausnahme dar. Bezeichnenderweise gilt er gerade bei HistorikerInnen als Außenseiter oder gar als Scharlatan. Aber das hatten wir doch schon: Wenn einer/eine die Wahrheit sagt, dann hört man das eben nicht gern. Es gilt ein weiteres Mal: „Gute Nacht, ihr lieben HistorikerInnen, gute Nacht, schöne Menschheitsgeschichte!!"

3. Der Freitod in der Philosophie

Ich möchte in diesem Kapitel aufzeigen, wie sich die Philosophie zum Freitod äußerte, wie sie ihn ablehnte, und die lebensbejahende Argumentation aussah, oder wie sie ihn bejahte. Das Kapitel besteht demnach aus zwei Teilen. Im ersten Teil werde ich darlegen, wie leider die meiste Philosophie entsprechend der Geschichte sich gegen den Freitod als Lösung für die menschliche Katastrophe aussprach. Im zweiten Teil erwähne ich die sehr seltene freitodbejahende Philosophie, wobei das Wort Freitodbejahung sehr relativ zu sehen ist, da eine grundsätzliche Lebensverneinung und Freitodbejahung, wie sie mein Denken verlangt, die absolute Ausnahme war. Ich beschränke mich bei der Literatur, da ich dieses Buch bewusst auch für jene Menschen schreibe, die nicht die ganze Philosophiegeschichte durcharbeiten wollen. Und sie haben sogar Recht damit, denn der größte Teil bedeutet reine Zeitverschwendung und verdient den Namen nicht, denn von wahrem Denken kann meistens nicht die Rede sein.

In diesem ersten Teil muss ich also doch der Vollständigkeit zuliebe die wichtigsten lebensbejahenden Theorien erläutern. Meinen Vorsatz, es möglichst kurz und klar zu tun, erreiche ich damit, dass ich mich oft auf jene Aussagen beschränke, welche die PhilosophInnen zum Freitod machten. Es wird so fast immer klar, wie unmenschlich, denkunfähig die Grausamkeiten der Existenz verharmlosend und oft auch beängstigend anfängerhaft die Argumentationen aussahen (alles die unglaubliche Folge bewusster Lügen). Die folgenden lebensbejahenden, meist leblos theoretischen Gedankengebäude kann man sich dann sparen.

Schon in den Anfängen der geschichtlich bekannten Philosophie, bei den alten Griechen der Antike, wurde der Freitod überwiegend abgelehnt oder aber nur in gewissen Situationen erlaubt, wie ich noch zeigen werde. Das Denken der meisten alten Griechen hört sich für ihre Zeit zwar relativ fortschrittlich an, doch diese Mischung aus seltsamer Religion und grundsätzlicher Lebensbejahung kann nicht als großes Denken gelten. Die heute bekanntesten Vertreter sind Sokrates (470–399 v. Chr.), Platon (427–347) und Aristoteles (384–322). Sokrates und Platon lehnten den Freitod zwar nicht so vehement ab, doch am Sinn des Lebens zweifelten sie (angeblich) nie. Aristoteles lehnte den Freitod hingegen klar ab, er sei verdammenswert, weil er ein Unrecht gegen sich selbst, gegen den Staat und ein feiger Akt der Verantwortungslosigkeit sei. Diese völlig falschen Argumente haben sich bis heute gehalten. Es müsste eigentlich klar sein, dass angesichts des ungerechten Lebens ein überlegter Freitod kein Unrecht gegen sich selbst und den Staat sein kann und daher auch keine Verantwortungslosigkeit. Bei einem weiteren Studium ihrer Theorien fällt auf, wie sie alle sehr oft unsinnig argumentierten und selbst am Recht der Sklavenhaltung nicht zweifelten. Ich scheue mich nicht davor zu sagen: Man muss der Wahrheit zuliebe diese berühmten Herren vergessen, obwohl noch Schlimmeres kam. Ähnliches kann über die römische Philosophie gesagt werden, welche von der griechischen beeinflusst war.

Das Mittelalter wurde denkerisch von der unheilvollen katholischen Religion bestimmt, auf die ich im Kapitel Religion eingehen werde. Das ganze Mittelalter erlebte eine Zeit unglaublicher menschlicher Katastrophen und Grausamkeiten. Entsprechend war es eine Zeit des philosophischen Stillstandes oder eher gar des Rückschrittes, wo am Sinn des Lebens angesichts dieses angeblichen allmächtigen Gottes nicht gezweifelt werden durfte.

Mit der Renaissance kam zwar eine offenere Philosophie auf, die aber weiter den Freitod meistens ablehnte. Ein Beispiel für diese Ablehnung des Freitodes und gleichzeitige Bejahung des Lebens, die nicht mehr stur religiös geführt wurde, sind einige Briefe vom bekannten französischen Denker René Descartes (1596–1650) aus den Jahren 1645 und 1647:

5.   „Und weil diese selbe natürliche Vernunft uns auch beibringt, dass wir in diesem Leben immer mehr Gutes als Übles haben und dass wir das Gewisse nicht für das Ungewisse lassen dürfen, scheint uns zu lehren, dass wir den Tod nicht wirklich fürchten müssen, dass wir ihn aber auch niemals suchen dürfen. Nur die falsche Philosophie des Hegesias versucht davon zu überzeugen, dass dieses Leben schlecht ist. Die wahre Philosophie aber lehrt ganz im Gegenteil, dass man sogar unter den traurigsten Zufällen und den heftigsten Schmerzen immer zufrieden sein kann, vorausgesetzt, dass man die Vernunft zu gebrauchen weiß."

Es ist ein Armutszeugnis für die Philosophie, wenn ein solcher Denker in die Geschichte eingeht und bis heute diskutiert wird. In dem zitierten Text macht er so ziemlich alles falsch, was man nur falsch machen kann. Ein Kommentar würde sich eigentlich erübrigen, derart anfängerhaft hört sich seine Argumentation an. Man muss sich wirklich fragen, wie so etwas möglich war. Die ganzen Widersprüche und offensichtlichen Unwahrheiten treten in jedem Satz auf. Zuerst behauptet er, dass es im Leben mehr Gutes als Übles gebe, wo doch jeder ehrliche Mensch weiß, wie es sich umgekehrt verhält. Gerade angesichts der schlimmen Verhältnisse zu Descartes' Zeiten bedeutet ein solcher Satz den Untergang des sensiblen und anständigen Denkens. Dann der zweite Teil des ersten Satzes, der an Widersprüchlichkeit kaum zu überbieten ist. Man dürfe das Gewisse (das Leben) nicht für das Ungewisse (den Tod) aufgeben, der Tod sei nicht zu fürchten, man dürfe ihn aber auch nicht suchen. Man wird schlicht sprachlos ob so viel Unsinn. Da tut der gute Mann doch so, als wäre das Leben ewig, außer wenn man es durch Freitod verlässt. Anders kann das nicht gedeutet werden, denn wenn der Tod eine Realität ist, kommt das Ungewisse ohnehin, also ist dieses Argument, man dürfe es nicht suchen, weil das Gewisse eben gewiss sei, absurd. Weshalb er dann noch behauptet, der Tod sei nicht zu fürchten, bleibt wohl sein Geheimnis. Der letzte Satz erweist sich dann noch als Krönung der Dummheiten und als geradezu obszön, betreibt er doch sozusagen eine Flucht nach vorne, wenn er für sich noch wahre Philosophie und Vernunft reklamiert. Jeder Mensch weiß, dass starke Schmerzen unglücklich machen und dagegen jede Vernunft nichts ausrichten kann. Wahre Vernunft fordert eher den Freitod, gerade zu Zeiten Descartes', wo Schmerzbekämpfung noch weitgehend unmöglich war. „Ja, guter Herr Descartes, Sie hätten wohl gescheiter etwas anderes gemacht, als sich in Philosophie zu versuchen, wovon Sie offensichtlich keine Ahnung hatten!" Aber leider war Descartes keine Ausnahme, die schwachen Argumente gegen den Freitod, meist aus einer abstrusen Mischung von Religion und Humanismus bestehend, bestimmten die Philosophie der Renaissance.

Nach der Renaissance entstand mit der Aufklärung ein noch offeneres Denken. Doch auch hier zeigte sich, wie hartnäckig, mit allen Mitteln, gegen die eigenen Gefühle und das innerste Denken, der Freitod abgelehnt wurde. Immerhin darf gesagt werden, dass das Verständnis für den Freitod in gewissen Fällen, die Ablehnung der religiösen Verurteilung und Argumente dazu, die es immer wieder gab, nun vermehrt aufkamen. Der bekannteste Vertreter dieser aufgeklärten Geisteshaltung ist der französische Philosoph Voltaire (1694–1778). Gerade er aber veranschaulicht beispielhaft die Hintertreibung der eigenen Wahrheit zugunsten der Lebensbejahung. So schreibt er hellsichtig:

6.   „Wir sind Ameisen, die man unaufhörlich zerquetscht und die sich immer wieder erneuern, und bis diese Ameisen ihre Behausungen wieder aufbauen und etwas erfinden, was einer Gesittung und einer Moral ähnelt – wie viele Jahrhunderte der Barbarei!"

Doch trotz solcher Erkenntnisse bleibt er bei der Lebensbejahung. Er schreibt solch unsinnige Dinge wie: Leiden sei besser als sterben, liebenswürdigen Menschen stehe es nicht an, sich das Leben zu nehmen, und wer immer etwas zu tun habe, der bringe sich nicht um. Dies alles hört sich offensichtlich falsch, ja gar lächerlich an, denn es verharmlost das Leiden, beweist die Unkenntnis des Charakters von liebenswürdigen Menschen, und dass Arbeit vor dem Freitod schützen soll, verharmlost sowohl das Leben als Ganzes wie auch die Härte der Arbeit. (Dass Arbeit glücklich mache, ist ein altes Märchen, denn sonst würden die nicht verteufelt, welche nicht arbeiten, jedenfalls störe ich mich nicht daran, wenn andere etwas nicht tun, das ich gern mache, selbst wenn sie von meinem Tun profitieren.) Doch noch viele DenkerInnen der Aufklärung kehrten die Wahrheit wieder um. Ein weiteres, eher unbekanntes Beispiel ist ein gewisser Giacomo Casanova (1725–1798), der eher als Frauenheld in die Geschichte einging. In seinem Buch „Über den Selbstmord und die Philosophen" offenbart er seine uneinheitliche Sicht. Doch stand er der Ablehnung des Rechtes auf Freitod näher. Auch die deutschen Schriftsteller Heinrich Heine (1797–1856) und Heinrich von Kleist (1777–1811) äußerten sich in dieser Zeit zum Freitod. Heine zeigte Verständnis für ihn, blieb aber bei seiner Lebensbejahung. Kleist lehnte ihn lange Zeit ab, bejahte ihn dann doch noch in einer gewissen Weise und wählte ihn gemeinsam mit einer jungen, körperlich schwer kranken Frau. Aber auch er kann nicht als überzeugter Lebensverneiner und Freitodbejaher bezeichnet werden.

Auch eine Frau, Madame de Staël (1766–1817), setzte sich mit dem Freitod auseinander. Für sie gilt dasselbe wie für ihre männlichen Kollegen. Zuerst meint sie, er sei eine erhabene Zuflucht, um ihn dann später wieder abzulehnen. In einem späteren Werk schreibt sie:

7.   „Um sich zu töten, darf man den Tod nicht fürchten, aber es beweist Mangel an Seelenstärke, nicht leiden zu können. Es gehört eine Art von Raserei dazu, um den inneren Erhaltungstrieb in sich zu überwinden, sobald es nicht ein religiöses Gefühl ist, das das Opfer von uns begehrt. Der größte Teil derer, die vergebens unternahmen, sich den Tod zu geben, haben ihre Versuche nicht wiederholt, weil in dem Selbstmord, wie in jeder von dem Willen ungebilligten Handlung, eine gewisse Verirrung zum Grunde liegt, die sich ausgleicht, sobald sie zu nahe dem Ziele war."

Auch dieser Meinungswandel kann nur wegen der vorherrschenden gesellschaftlichen Verurteilung des Freitodes verstanden werden. Ihre Argumente klingen so bekannt wie falsch. Denn sie verkennt die Tatsache, dass der Mensch auch ein geistiges Wesen ist. Dann kann er aber nicht einfach den Trieben oder der falschen gesellschaftlichen Stark-sein-müssen-Ideologie ausgeliefert sein. Die Wortwahl verrät ihre Sicht, der Mensch soll eine Marionette seiner Triebe und der gesellschaftlichen Vorschriften sein: (Angeblicher) Mangel an Seelenstärke, weil jemand nicht leiden will, inneren Erhaltungstrieb überwinden = Raserei, vom Willen (angeblich) ungebilligte Handlung = Verirrung. Ihre ganze Argumentation passte sowohl in ihre Zeit als auch in eine lange Folge immer gleicher sinnloser und unmenschlicher Behauptungen.

Doch es kam noch schlimmer. Der, aus ebenfalls völlig unverständlichen Gründen, wie Descartes in die Philosophiegeschichte eingegangene deutsche Denker Immanuel Kant (1724–1804) leistete sich 1785 diesen absoluten Schwachsinn:

8.   „Einer, der durch eine Reihe von Übeln, die bis zur Hoffnungslosigkeit angewachsen ist, einen Überdruss am Leben empfindet, ist noch so weit im Besitze seiner Vernunft, dass er sich selbst fragen kann, ob es auch nicht etwa der Pflicht gegen sich selbst zuwider sei, sich das Leben zu nehmen. Nun versucht er, ob die Maxime seiner Handlung wohl ein allgemeines Naturgesetz werden könne. Seine Maxime aber ist: Ich mache es mir aus Selbstliebe zum Prinzip, wenn das Leben bei seiner längeren Frist mehr Übel droht, als es Annehmlichkeiten verspricht, es mir abzukürzen. Es fragt sich nur noch, ob dieses Prinzip der Selbstliebe ein allgemeines Naturgesetz werden könne. Da sieht man aber bald, dass eine Natur, deren Gesetz es wäre, durch diese Empfindung, deren Bestimmung es ist, zur Beförderung des Lebens anzutreiben, das Leben selbst zu zerstören, ihr selbst widersprechen und also nicht als Natur bestehen würde, mithin jene Maxime unmöglich als allgemeines Naturgesetz stattfinden könne und folglich dem obersten Prinzip aller Pflicht gänzlich widerstreite."

Es wirkt angesichts der unveränderlichen Grausamkeiten der Natur wie ein fürchterlicher Fehlschlag, diese als unumstößliches Gesetz für das Leben zu propagieren. Der Mensch kommt ungefragt in dieses Leben, in diese Natur, und nun soll er einfach deren brutale Gesetze blind und ohne Widerrede akzeptieren, obschon man es sonst zu Recht als ungerecht ansieht, wenn man jemandem ungefragt etwas Fehlerhaftes vor die Nase setzt. Wer sich noch weiter mit dem theoretischen Schaumschläger Kant befasst, der erkennt bald, dass da ein Wichtigtuer am Werke war, der an den wahren Fragen vorbeisah.

Eine etwas andere Dimension von eigenartigem Denken zum Freitod offenbarte der deutsche Philosoph Arthur Schopenhauer (1788–1860). Schopenhauer ging als überzeugter Pessimist in die Geschichte ein. Er meinte, es wäre besser, wenn wir nicht da wären. Doch statt den Freitod als Lösung zu sehen, vertrat er die Verneinung des Willens und die Askese. Er verband seine Ansichten mit hinduistischem und buddhistischem Gedankengut. Diese unmenschlichen Denkweisen beziehungsweise Religionen werde ich noch behandeln. Schopenhauer schaffte also den Durchbruch auch nicht und verirrte sich in diesem östlichen Unsinn, den er selbst nicht lebte. Er war eher als gut lebender Geizhals bekannt denn als Asket. Da er sich also in seiner Verirrung vom Freitod distanzieren musste, erfand er folgende sonderbare Theorie:

9. „Weit entfernt, Verneinung des Willens zu sein, ist dieser (der Selbstmord) ein Phänomen starker Bejahung des Willens. Denn die Verneinung hat ihr Wesen nicht darin, dass man die Leiden, sondern dass man die Genüsse des Lebens verabscheut. Der Selbstmörder will das Leben und ist bloß mit den Bedingungen unzufrieden, unter denen es ihm geworden. Daher gibt er keineswegs den Willen zum Leben auf, sondern bloß das Leben, indem er die einzelne Erscheinung zerstört."

Schopenhauer versteigt sich da in einen offensichtlichen Widerspruch. Es ist doch rein von der Sache her klar, dass jedes Weiterleben mehr Bejahung des Willens zum Leben beinhaltet als der Freitod, besonders wenn man den grundsätzlich lebensverneinenden Aspekt vieler Freitode einbezieht. Auch sein Weg der Verneinung des Willens, man müsse die Genüsse des Lebens verabscheuen, während man das Leiden offenbar akzeptieren oder gar lieben soll, beweist völlig wirren, unmenschlichen Blödsinn. Denn sein Pessimismus gründet ja gerade in der Erkenntnis des schlimmen menschlichen Leidens. Da sieht man, was der Zwang zur Freitodablehnung und letztlich eben zur Lebensbejahung für unehrliche und widersprüchliche Blüten treibt. Das Einzige, was Schopenhauer teilweise richtig sah, ist die nicht totale Ablehnung des Lebens mancher DenkerInnen, welche den Freitod nur für gewisse Situationen erlauben wollten, was aber angesichts der allgemeinen Ächtung des Freitodes noch nichts über ihren Grad der Lebensverneinung aussagt. Ich möchte dies ja gerade mit meinem Buche der totalen Lebensverneinung korrigieren. Doch Schopenhauer hätte das ja selbst leisten können, statt seine unmöglichen Konstruktionen zu verbreiten. Das Leiden sinnlos aushalten ist aber immer die schlechtere Lösung als der Freitod, unabhängig von solchen denkerischen Spitzfindigkeiten. Schopenhauer ist sozusagen ein Beispiel schlechthin, wie einer am Anfang alles richtig macht und am Schluss alles falsch. Doch sein klarer Pessimismus darf als Zeugnis ernsthaften Denkens gewertet werden. Denn zu seiner Zeit und bis zum Ende des 19. Jahrhunderts entstanden noch wesentlich schlimmere geistige Verirrungen.

Ich möchte nur zwei Beispiele nennen. Am bekanntesten bis heute ist Karl Marx, (1818–1883) geblieben. Sein Denken beeinflusste das ganze 20. Jahrhundert, da sich die kommunistische Bewegung hauptsächlich auf ihn berief. Wenn wir heute die

Katastrophen der kommunistischen Diktaturen kennen, so könnte man das alte Lied singen, Marx habe das nicht so gemeint, er könne dafür nicht verantwortlich gemacht werden, da seine Ideologie verzerrt worden sei. Nun hat aber das mit der Wahrheit nichts zu tun. Marx dachte im besten Falle als gut meinender Utopist, der durch die Abschaffung der Klassen und der Religionen das Paradies auf Erden versprach. Doch der in jedem Falle gewaltsame Weg dorthin und vor allem die Unmöglichkeit, diese Idee zu verwirklichen angesichts der unveränderlichen Grausamkeiten, entlarven Marx als blinden Lebensbejaher. Beschäftigt man sich näher mit Marx, so erscheint er als Wichtigtuer, der ein bisschen Revolutionär spielen wollte und wohl selbst nicht an sein wahnwitziges Gedankengebäude glaubte. Jedenfalls muss Marx als Verführer gesehen werden, der die unveränderbar böse Welt mit den zwangsläufig bösen Menschen nicht zugeben wollte. Oder eben, er machte sich die umherirrenden Menschen für seinen Egotrip zunutze. Marx kann also sehr wohl für die kommunistischen Katastrophen des 20. Jahrhunderts mit verantwortlich gemacht werden und ist daher klar und deutlich als geistiger Verbrecher zu bezeichnen.

Überbieten konnte diesen Unsinn nur noch der sozusagen schlimmste Aufklärer: Friedrich Nietzsche (1844-1900). Ähnlich wie bei Marx soll auch seine Philosophie missbraucht worden sein, so zum Beispiel von den Nazis. Ich bin in manchen Diskussionen um Nietzsche diesem unwahren Argument entschieden entgegengetreten. Wer seine größenwahnsinnige Konstruktion des Übermenschen einmal gelesen hat, der fragt sich wirklich, wie er das anders (menschlich) gemeint haben sollte. Auch die Behauptung, er habe diese furchtbaren Dinge (gerade bei Nietzsche fragt man sich, ob er seine Furchtbarkeit vor lauter Blindheit noch spürte) in geistiger Umnachtung geschrieben, kann nicht aufrechterhalten werden. Seine Geisteskrankheit setzte erwiesenermaßen erst später ein. So was nennt man wohl Ironie des Schicksals, wenn einer da große Sprüche klopft, um dann als Geisteskranker zu sterben. Nietzsche muss also als weitere Verirrung in der Aufklärung gesehen werden. Er wie andere AufklärerInnen sahen Gott zu Recht als mehr oder weniger gestorben an, doch statt den Menschen nun für endgültig gescheitert zu erklären, wollten sie ihn selbst als Gott installieren. Auch ohne die Schrecken des 20. Jahrhunderts vorausgesehen zu haben, hätte man die unweigerlichen und schlimmen Auswirkungen dieser geistigen Katastrophen erahnen müssen.

Die Philosophie des 20. Jahrhunderts entpuppte sich fast ohne Ausnahmen als dieselbe blinde Lebensbejahung, wie wir sie seit Urzeiten kennen. Als beherrschende

Richtung gilt der Existenzialismus. Da wurde aufs Neue versucht, nach dem Ende des religiösen Weltbildes eine konstruierte Lebensbejahung zu propagieren, obwohl man die Sinnlosigkeit des Lebens mehr oder weniger anerkannte. Dies bedeutet ja im wahrsten Sinne des Wortes eine absurde Sache. Ein französischer Vertreter des Existenzialismus heißt Albert Camus (1913–1960). Er nannte sein bekanntes Werk „Der Mythos von Sisyphos" bezeichnenderweise „Ein Versuch über das Absurde". Und so ist das haarsträubende Werk tatsächlich absurd und beweist, dass da einer ohne Erfolg zu denken probierte (wohl bewusst, denn lieber Anfänger sein als nicht zur Mafia gehören). Zuerst versucht er den Ursachen für den Freitod auf die Spur zu kommen:

10.   „Man hat den Selbstmord immer nur als soziales Phänomen dargestellt. Hier dagegen geht es darum, zunächst nach der Beziehung zwischen individuellem Denken und Selbstmord zu fragen. Eine solche Tat bereitet sich in der Stille des Herzens mit demselben Anspruch vor wie ein bedeutendes Werk. Der Mensch selber weiß nichts davon. Eines Abends schießt er oder geht ins Wasser. Ein Selbstmord kann vielerlei Ursachen haben, und im Allgemeinen sind die sichtbarsten nicht eben die wirksamsten gewesen. Ein Selbstmord wird selten aus Überlegung begangen (obwohl diese Hypothese nicht ausgeschlossen ist). Aber in einem Universum, das plötzlich der Illusionen und des Lichts beraubt ist, fühlt der Mensch sich fremd. Da alle normalen Menschen an Selbstmord gedacht haben, wird es ohne weiteres klar, dass zwischen diesem Gefühl und der Sehnsucht nach dem Nichts eine direkte Beziehung besteht."

Die Widersprüche dieser Aussagen sind so offensichtlich, dass man sich fragen muss, wie so etwas gedruckt werden konnte. Wenn er im zweiten Teil richtig feststellt, dass alle normalen Menschen an Freitod denken, weil sie sich fremd auf dieser Welt fühlen, so klingt das doch völlig widersprüchlich zum ersten Teil. Dort behauptet er, der Mensch wisse nichts von seinem Vorhaben und der Freitod geschehe selten aus Überlegung. Dies aber ist die totale Banalisierung des Freitodes, wie ich sie schon teilweise von der Psychiatrie schilderte. Ohne hier über Zahlen zu streiten, bleibt doch klar, dass der Mensch meistens überlegt und bewusst den Freitod wählt und ebendieses Gefühl der Absurdität immer einen Teil des Entschlusses ausmacht. Weshalb Camus dieses Gefühl und seine Beziehung zum Freitod sah und trotzdem schrieb, er sei meistens eine unüberlegte Kurzschlusshandlung, bleibt nur im Rahmen der Mafia verständlich. Man sieht im weiteren Verlaufe des Buches, wie er mit allen möglichen und unmöglichen Argumenten versucht, den Freitod zu banalisieren. So behauptet er:

11.   „Es ist ein Gemeinplatz, die philosophischen Theorien mit dem Verhalten derer zu vergleichen, die sich zu ihnen bekennen. Es muss aber betont werden, dass keiner von jenen Denkern, die dem Leben jeden Sinn absprachen, seine Logik so weit getrieben hat, das Leben selber auszuschlagen."

Da fragt es sich, weshalb er es nötig hatte, diese Unwahrheit niederzuschreiben, denn diese Aussage ist ganz klar falsch. Es gab sehr wohl immer wieder DenkerInnen und SchriftstellerInnen, die den Freitod zumindest aus einer gewissen Lebens-Verneinung heraus vollzogen, dazu vergisst er die vielen namenlosen DenkerInnen, die den Freitod wählten. Aber ebenso unwahr hört sich seine Erklärung für diese angeblich richtige Behauptung an, die er im nächsten Abschnitt gibt. Da wird wieder ohne Weiteres einfach behauptet, der Körper, der leben wolle und über den Geist siege, sei die Antwort. Aber Camus ist genug ungeschickt, um sich später zu entlarven, indem er behauptet, das Leben lohne sich, trotz der Sinnlosigkeit. Dann wird seine Ablehnung des Freitodes eben von der lebensbejahenden Seite offensichtlich und die Todesangst erweist sich als Scheinargument. (Sonst hätte er sich an die Überwindung der Todesangst machen müssen und untersuchen sollen, weshalb diese von ihm nicht zugegebenen DenkerInnen sie überwanden). Er schreibt:

12.   „Ich kann jetzt den Begriff des Selbstmordes zu fassen suchen. Man hat schon gemerkt, welche Erklärung ihm möglicherweise gegeben werden kann. Hier liegt das Problem gerade umgekehrt. Vorher handelte es sich darum zu wissen, ob das Leben, um gelebt zu werden, einen Sinn haben müsse. Hier dagegen hat es den Anschein, dass es umso besser gelebt werden wird, je weniger sinnvoll es ist. Leben heißt: das Absurde leben lassen. Das Absurde leben lassen heißt: ihm ins Auge sehen. Eine der wenigen philosophisch stichhaltigen Positionen ist demnach die Auflehnung. Sie ist kein Sehnen, sie ist ohne Hoffnung. Hier sehen wir, wie weit die absurde Erfahrung sich vom Selbstmord entfernt. Man könnte meinen, der Selbstmord sei eine Folge der Auflehnung. Aber zu Unrecht. Denn er stellt nicht deren logischen Abschluss dar. Er ist dank der Zustimmung, die ihm zugrunde liegt, genau ihr Gegenteil. Der Selbstmord ist, wie der Sprung, die Anerkennung ihrer Grenzen. Da alles verloren ist, kehrt der Mensch zu seinem wesentlichen Anliegen zurück. Er erkennt seine Zukunft, seine einzige und furchtbare Zukunft, und stürzt sich in sie hinein. Der Selbstmord hebt das Absurde auf seine Art auf. Er zieht es mit in den gleichen Tod. Ich weiß aber, dass das Absurde, um sich zu behaupten, sich nicht auflösen darf. Es entgeht dem Selbstmord in dem Maße, wie es gleichzeitig Bewusstsein und Ablehnung des Todes ist. Das ge-

naue Gegenstück zum Selbstmörder ist der zum Tode Verurteilte. Diese Auflehnung gibt dem Leben seinen Wert. Erstreckt sie sich über die ganze Dauer einer Existenz, so verleiht sie ihr ihre Größe. Es geht darum, unversöhnt und nicht aus freiem Willen zu sterben. Der Selbstmord ist ein Verkennen."

Dies veranschaulicht dann eindeutig seine völlig dumme und unmenschliche Sicht. Kein wahrer Mensch wird sich mit einem solchen Schwachsinn durchs Leben lügen wollen (ähnlich wie bei Schopenhauer kann es rein von der Sache her nicht wahr sein, dass das Weiterleben mehr Auflehnung gegen das Leben sei als ein lebensverneinender Freitod). Die schrecklichen Resultate solchen Denkens hat das 20. Jahrhundert genügend gezeigt. Da wird sinnlos gekämpft für nichts, sinnlos sich amüsiert für nichts, ergebnislos sich aufgelehnt für nichts usw. und es bleiben nur Opfer zurück. Gerade mein Buch will gegen solch makabren Unsinn ankämpfen. Wieder ähnlich wie Schopenhauer sah Camus die Brutalität des Lebens, ja sogar erkannte er richtig, dass jeder normale Mensch an Freitod denke. Doch in der Folge seiner offensichtlich zwanghaften Lebensbejahung machte er so ziemlich alles falsch, was man nur falsch machen kann. Beschäftigt man sich etwas mehr mit Camus, so ist unschwer zu erkennen, dass da einer aus Eitelkeit, Egoismus, Wichtigtuerei, Größenwahn usw. vom wahren Weg abkam. Wie bei Nietzsche würde ich es als Ironie des Schicksals bezeichnen, dass Camus, ähnlich unmenschlich und banal, wie er dachte, vorzeitig ums Leben kam, nämlich durch einen Autounfall. Da zeigt sich dann die ganze Unsinnigkeit seiner ach so großartigen Auflehnung gegen die Absurdität endgültig. Doch es kommt noch schlimmer, aber das hatten wir ja schon.

Ein weiterer Vertreter des französischen Existenzialismus stellt eine noch grauenhaftere Verirrung dar. Es handelt sich um Jean-Paul Sartre (1905–1980), der trotz ähnlicher Denkweise ein Gegner von Camus war. Er dachte noch härter, ohne Rücksicht auf menschliche Verluste. Dass ein solch fürchterlicher Philosoph in die Geschichte eingehen konnte, kann nur durch die blinde Gefolgschaft bis heute verstanden werden, obschon längst klar sein sollte, was für ein geistiger Verbrecher er war. An Sartre kann man auch den unheilvollen Zusammenschluss der lebensbejahenden Philosophie mit den ebenso lebensbejahenden Medien und schließlich der Gesellschaft zur lebensbejahenden Mafia aufzeigen. So wurde im Tages-Anzeiger vom 4.2. 2000 das Buch eines französischen Autors besprochen, das die Biographie und das Denken Sartres beleuchtet. Der Kritiker wie der Autor vertreten die Meinung, das Positive bei Sartre überwiege. Und das trotz der Feststellung, Sartre habe einen der schlimmsten Verbrecher der Geschichte, Josef Stalin (1879–1953), reingewaschen. Als Positives stellen sie ihm in Rechnung, er sei für die Sache der Frau gewesen, was die guten Herren offenbar noch als große Leistung ansehen und nicht einmal merken, dass Sartre dies kaum aus reiner Menschenfreundlichkeit heraus tat. Wenn einer das einzelne Menschenleben so gering schätzt, dass er zum Beispiel jedes Opfer für die angeblich nötige Revolution rechtfertigt, dann glaube ich doch gar nichts mehr. Dieser lächerliche Mann war wohl eher für die Sache der Frau, um sich die Sympathien der Frauen zu holen, was er offenbar mit Erfolg praktizierte. (Da könnte man wieder analysieren, weshalb die Frauen usw. …, aber ich tat es schon und deshalb lassen wir es.) Sartre war wie Camus ein fürchterlicher Egoist und Unmensch, ja darum haben sie sich doch nicht verstanden, weil jeder der Größte sein wollte, was ja nichts Neues ist. Aber das lässt die guten Leute kalt, und zu seinem 20. Todestag lobten sie ihn wieder aus dem Grabe. So viel (bewusste) Blindheit als bloß falsche Gewichtung zu sehen, wäre eine Verharmlosung und dazu eine Verkennung der Wahrheit. Wie gesagt: Da marschieren alle zusammen in der lebensbejahenden Sekte, dieser lebensbejahenden weltweiten Mafia, selbst wenn sie sich bekämpfen.

Auch in der deutschen Philosophie bestimmte zu dieser Zeit der Existenzialismus die Philosophie. Der bekannteste Vertreter hieß Martin Heidegger (1889–1976). Auch von ihm muss ähnlich Schlimmes wie von seinen Kollegen aus Frankreich gesagt werden. In absolut unsinnigen und vor allem unsinnig komplizierten Wortspielereien wich er nicht gerade elegant den wahren Fragen aus oder banalisierte sie. So versuchte er mit seinen seltsamen Gedankenkonstrukten das Leiden zu verharmlosen. Bei einem Vergleich zwischen Camus und Sartre auf der einen Seite und Heidegger auf der anderen fällt auf, dass Erstere sich für den Sozialismus und Kommunismus stark machten, während Letzterer Hitler unterstützte. Auf den ersten Blick herrscht da also ein Widerspruch, trotz der ähnlichen Grundphilosophie. Aber eben die Lebensbejahung als Basis macht sie durch die folgende Unmenschlichkeit alle gleich. So war entsprechend Hitler der gleiche Verbrecher wie Stalin, nur der (effektiv offene) Deckmantel, die angebliche Ideologie sah anders aus, die verbrecherische Haltung war dieselbe.

In der zweiten Hälfte des 20. Jahrhunderts entstanden noch allerlei lebensbejahende Philosophien, die sich meistens aus verschiedenen Elementen zusammensetzten. Gerade während der 68er-Bewegung und auch später bis zum Zusammenbruch des realen Kommunismus beherrschten sozialistisch beeinflusste Theorien die Philosophie. Danach verstummten diese, was den unwahren Gehalt oder im besten Falle ihre Blauäugigkeit offen legt. Allgemein wurde nun das Ende der Wahrheit ausgerufen (meist mit dem scheinheiligen Hinweis auf den Missbrauch im Namen der Wahrheit, scheinheilig deshalb, weil trotz aller Unterschiede, früher wie heute, alle an der Lebensbejahung und damit am Missbrauch der wirklichen Wahrheit festhalten und festhielten), die Philosophie sei am Ende, jeder/jede könne nun denken und sagen, was er/sie wolle, alles sei richtig und falsch zugleich und sowieso hätten Politik, Naturwissenschaft und Wirtschaft die Philosophie verdrängt oder gar überflüssig gemacht. Dieser verkündete und somit gewollte Untergang der Wahrheit nennt sich postmoderne Beliebigkeit. Dass durch das Versagen der Philosophie zu allen Zeiten, aus dem alten Chaos der oft aufgezwungenen Unwahrheit im Namen der Wahrheit heraus, es nun zu diesem Chaos des mehr oder weniger aufgezwungenen Endes der Wahrheit im Namen der Nichtexistenz von Wahrheit kam, kann nicht verwundern. Aber effektiv galt und gilt bis heute die Lebensbejahung als Wahrheit und der lebensverneinende Freitod als Unwahrheit. Die Lebensbejahung als Basis aller zu allen Zeiten ist also die Basis der Philosophie wie auch der ganzen Mafia und somit auch die Basis des Chaos, des Missbrauchs, weil fast keine Menschen es wagten und wagen, die wirkliche Wahrheit der Lebens-Verneinung auszusprechen.

Ein Beispiel für dieses totale Chaos erlebte die Philosophie beim französischen Denker Michel Foucault (1926–1984). Obwohl er feststellte, eigentlich sei das Leben auf dieser Welt kaum anständig zu bewältigen, vollzog er immer wieder die unglaublichsten Wendungen. Der lebensbejahende Zwang lässt ihn wie ein denkerischer Anfänger erscheinen. Wer sich mit diesem eigenartigen Philosophen auseinander setzen möchte, dem sei das Buch „Michel Foucault zur Einführung" von Hinrich Fink-Eitel empfohlen. Es gäbe natürlich noch viel zu berichten, doch ich schließe den ersten Teil mit der Bemerkung ab: Es ist genug des Schlechten!

Ich möchte noch einige Gedanken zu diesem ersten Teil anfügen. Es macht die Sache noch schlimmer, wenn gesagt werden muss, dass zu allen Zeiten die eigentliche Philosophie noch weniger schlimm aussieht als die rein politische Philosophie oder Staatsphilosophie. Die Mächtigen und ihre schriftlichen DienerInnen kennen sich in wahrem Denken erst recht nicht aus. Doch wie schon im Kapitel 2 die HistorikerInnen, so befanden sich auch die meisten PhilosophInnen mit ihrer grundsätzlichen Lebensbejahung schon immer im selben Boot wie die Mächtigen, selbst wenn sie teilweise anders dachten. Die Mafia der Lebensbejahung ist in ihrer grundsätzlichen Falschheit eben „eine Mafia". Weshalb dies bis heute fast alle DenkerInnen zu ihrem eigenen Schaden nicht gemerkt haben, nun, auch alle bisherigen Erklärungen müssen ab so viel Dummheit versagen. Denn wenn ich bei den so genannten gewöhnlichen Menschen den Vereinnahmungsprozess durch die Gesellschaft schon schilderte, so müsste man doch von solchen, die sich PhilosophIn schimpfen, etwas mehr eigene Kraft durch das Denken erwarten können. Wie selbst bei solchen, die den Freitod nicht einfach ablehnten, dann doch die Wende zur totalen Lebensbejahung vollzogen wurde, sahen wir schon.

Nun noch drei Beispiele von Geisteswissenschaftern, welche die ganzen Verknüpfungen der lebensbejahenden Sekte aufzeigen. Übrigens sind die beiden Wörter Mafia und Sekte absolut zutreffend, denn von den beiden Organisationsarten kennt man eben dieses blinde Zusammenhalten wider alle Menschlichkeit und Vernunft. Das erste Beispiel betrifft den bereits erwähnten französischen Historiker Georges Minois und sein Buch „Geschichte des Selbstmords". Er denkt so weit fortschrittlich, als er sich gegen die Verurteilung des Freitodes wendet. Doch dann behauptet er:

13. „Über das Unglück und die Absurdität des Lebens nachzudenken heißt bereits, sich über dieses Unglück und diese Absurdität zu erheben, sie also zu beherrschen. Vielleicht ist dies eine der großen – unerwarteten – Lektionen des 18. Jahrhunderts: Wer über den Tod nachdenkt, ihn sich sogar wünscht, verzichtet darauf, ihn sich zu geben, da er damit am Wesen der menschlichen Natur teilhat: über sie und ihr Ende nachzudenken. Die Soldaten haben immer ein Mittel bei der Hand, sich das Leben zu nehmen, was in einer depressiven Phase die Zeitspanne zwischen dem Entschluss zum Selbstmord und seiner Ausführung aufhebt, eine Frist, die dem Nachdenken förderlich ist. Der Philosoph stellt sich zuerst die Frage und findet schließlich Gefallen an seiner Meditation, denn je mehr er nachdenkt, desto unklarer erscheinen ihm die Gegebenheiten; die Reflexion führt zum Zweifel und infolgedessen zur Untätigkeit. Ein Soldat dagegen handelt sofort, denn dazu wurde er ausgebildet."

Zuerst macht er ähnlich wie Camus die seltsame und falsche Behauptung, wer über den Freitod nachdenke und ihn sich wünsche, bringe sich nicht um, obwohl er von solchen Freitoden im 18. Jahrhundert in seinem Buche schreibt. Natürlich gab es einige PhilosophInnen in dieser Zeit, die sich trotz des Nachdenkens über den Freitod nicht das Leben nahmen. Aber erstens bestand ihre Lebensverneinung nie grundsätzlich, und zweitens sucht Minois die Gründe für das Weiterleben völlig am falschen Ort. So behauptet er, wer über das Unglück und die Absurdität des Lebens nachdenke, der beherrsche sie dadurch, wer über den Tod nachdenke und ihn sich wünsche, der verzichte darauf, da er durch das Denken am Wesen der menschlichen Natur teilhabe, und schließlich, wer lange nachdenke, dem würden die Dinge unklarer erscheinen. Dazu noch die Behauptung, die Soldaten brächten sich eher um, da sie die Waffe gerade zur Hand und daher keine Zeit zum Nachdenken hätten. Nun, all diese Behauptungen sind offensichtlich falsch. Selbst die moderne Suizidologie gibt zu, dass die meisten Menschen vor ihrem Freitod darüber reden und demzufolge auch darüber nachdenken. Minois beweist eine völlig unverständliche und unlogische Argumentation, wenn er behauptet, auf das Nachdenken und dadurch Bejahen von etwas erfolge gleich das Gegenteil. Die Todesangst, die gesellschaftliche Ächtung und die fehlenden humanen Tötungsmethoden sind doch die wahren Gründe für ein Abrücken vom Freitodwunsch und nicht ein angeblich neuer Lebenssinn. Die Soldaten denken nicht einfach weniger nach, und wenn die Schwelle zur Tat hoch ist, so muss es ein wahrer Grund sein. Die Verfügbarkeit des Tötungsmittels erleichtert natürlich die Ausführung. Unglaublich wirkt, dass Minois durch solche Unwahrheiten gerade jenen in die Hände arbeitet, welche er wegen der rechtlichen Sanktionen gegen den Freitod zu Recht kritisiert. Denn seine Argumentation ist dieselbe, da beide behaupten, der Freitod werde durch eine kurzfristige depressive Phase ausgelöst. Es muss geradezu als Kennzeichen für das Thema Freitod gewertet werden, dass selbst Leute wie Minois sich so widersprüchlich äußern und es nicht einmal merken. Ebenso bemerkt er offenbar nicht, wie er die vielen namenlosen Menschen, die im 18. Jahrhundert den Freitod wählten (nach seinen eigenen Angaben), alle als NichtdenkerInnen abstempelt. Es kann nur eine Erklärung geben: Auch er gehört zur Sekte.

Beim zweiten Beispiel handelt es sich um den deutschen Autor Carl-Friedrich Geyer, der sich in seinen Büchern mit philosophischen Fragen beschäftigt. In seinem Buch „Leid und Böses" fasst er zusammen, was die PhilosophInnen zu den schrecklichen Tatsachen der menschlichen Existenz zu sagen hatten. Geyer muss man zugestehen, dass er das Scheitern der Philosophie in dieser entscheidenden Frage zugibt und sogar den meisten PhilosophInnen zu Recht vorwirft, sie würden das Leiden verharmlosen. Trotzdem, am Ende des Buches kommt der übliche Rückschritt, denn er zweifelt nicht an der Richtigkeit der Lebensbejahung:

14. „Es müsste eine Gestalt praktischer Philosophie entstehen, welche die Möglichkeiten und Grenzen dessen reflektiert, was der Mensch – aus eigener Kraft und in geschichtlich-gesellschaftlicher Arbeit – dazu beitragen kann, das Leiden – in welcher Form auch immer – zu verringern." Er gibt also zu, man könne das Leiden nicht aus

der Welt schaffen. Trotzdem soll versucht werden, es zu bekämpfen. Das Argument wäre nur dann stichhaltig, wenn das erst seit gestern versucht würde. Doch probiert der Mensch dies erfolglos schon unendlich lange, und auch der Philosophie kann nicht vorgeworfen werden, sie habe sich nicht um die Verringerung des Leidens bemüht. Die Einsicht, dass die grausamen Fakten des Lebens sich auch durch die Philosophie nicht verändern lassen, muss zu einem neuen Weg führen: dem Freitod. Doch scheint das Geyer nicht zu sehen oder sehen zu wollen. Ein weiteres Mal: Nach guten Ansätzen stürzt alles zusammen, die ganze Arbeit war umsonst, auch Geyer gehört zur Sekte.

Als drittes Beispiel möchte ich das Buch „Kleine Weltgeschichte der Philosophie" des deutschen Autors Hans Joachim Störig erwähnen. Es verschafft einen Überblick über die Philosophie, ohne dass der Autor sein eigenes Denken direkt einbringt. Doch wird rein durch die Wortwahl, durch seine Auswahl und quantitative Gewichtung klar, auf welcher Seite er steht. Seine Lebensbejahung geht so weit, dass er sogar bei den griechischen Stoikern, wo der Freitod wenigstens eine gewisse Rolle spielte, diese verschweigt. Er stellt lediglich fest, einige Stoiker hätten sich umgebracht. Das Buch beweist aber gerade in der Bewertung der deutschen Philosophie die ganze Katastrophe. Die bereits angesprochenen deutschen Denker Kant, Nietzsche und Heidegger werden als große Philosophen hingestellt. Hier ist es nun an der Zeit, die ganze ungeheuerliche Katastrophe der Deutschen aufzuzeigen. Es sei allerdings nochmals erwähnt, dass ich gewisse Eigenheiten des deutschen Menschen beziehungsweise seines Charakters seit der Entstehung zur vereinigten Nation am Ende des 19. Jahrhunderts zwar als extrem lebensbejahend, hart und somit unmenschlich einstufe, der Rest der Welt aber keinen Grund hat, sich zu erheben. Die Deutschen können somit als besonders lebensbejahende Menschen unter lauter solchen gesehen werden. Natürlich ist das eine grobe Vereinfachung, denn viele Nationen verhalten sich heute schlechter als die deutsche und der einzelne deutsche Mensch kann ebenso anders, besser sein als irgendeiner aus einem anderen Land. Doch halte ich dies aufgrund meiner Gesellschafts-Theorie und meiner unzähligen Erfahrungen mit Deutschen für ausgesprochen schwierig in diesem Land. Es geht hier nicht darum, eine ganzheitliche Analyse über nationale Eigenheiten und ihre Ursachen zu erstellen, aber ich halte daran fest, dass unser nördlicher Nachbar eine absolut seltsame und dekadente Nation ist. Und meine folgende Herleitung aus denkerischer Sicht ist eine wirklich philosophische und daher nicht etwa von neuesten politischen Fakten beeinflusst, wie die, dass ein Scharlatan so lange Zeit Deutschland regieren konnte und der jetzige Führer sich wie ein pubertärer Wichtigtuer benimmt.

Das Buch von Störig veranschaulicht, wie die lebensbejahende Härte eine Konstante in der deutschen Philosophie darstellt, was aber wiederum auch für das Denken im Rest der Welt gilt. Das muss leider auch für die nichtphilosophische Literatur gesagt werden, wie wir noch sehen werden. Und der positive Ausnahme-Deutsche Karlheinz Deschner zeigt in seinen Werken ja gerade auf, wie seit dem Ende des Römischen Reiches die deutsche Geschichte auch ohne einheitliche Nation eine Geschichte der Kriege war, was aber ebenfalls für den Rest der Welt gilt. Der Boden für die Gewalt war also schon immer geebnet, vom Denken und konkreten Leben her, was eben zusammenhängt. Trotzdem können keine Zweifel darüber bestehen, dass die neuere deutsche Philosophie den Boden mit schuf, auf dem Nazi-Deutschland entstehen konnte. Nur wenige Ausnahmen wie Schopenhauer können nicht direkt oder indirekt als denkerische VorbereiterInnen des wilheminischen und nationalsozialistischen Deutschlands gesehen werden. Bei den anderen ist meist eine indirekte Vorbereitung vorhanden, die sich auf die klare Lebensbejahung bezieht. Bei einigen kann der direkte Bezug nachgewiesen werden, denn Hitler bezog sich auch auf Nietzsches Philosophie und Heidegger ließ sich von den Nazis vereinnahmen. Natürlich sind das nicht spezifisch deutsche Vorgänge, wie wir gesehen haben. Überall auf der Welt und zu allen Zeiten arbeiten alle Teile zusammen und bilden die Mafia. Nur wirkte es sich in Deutschland besonders schrecklich aus. Als unglaubliche Katastrophe mutet es an, dass diese Zusammenhänge nicht gesehen werden oder nicht gesehen werden wollen. Störig und die allermeisten GeisteswissenschafterInnen muss man als blinde AnfängerInnen bezeichnen, oder dann wollen sie einfach die Wahrheit hintertreiben, um der eigenen Angehörigkeit in der Mafia willen. Wenn sie mal auf die offensichtlichen Beziehungen zwischen den PhilosophInnen und der verbrecherischen Politik angesprochen werden, dann weichen sie aus, man müsse das jeweilige Denken einerseits und das konkrete Handeln der entsprechenden PhilosophInnen sowie die Taten der Politiker andererseits trennen. Dazu bringen sie oft den plötzlich sanften, aber unglaubwürdigen Spruch, das seien ja auch nur Menschen, oder eben den alten, man müsse alles aus der Zeit verstehen. Ja, ja, zuerst sollen sie große PhilosophInnen sein und nun auch nur Menschen. Das klingt alles widersprüchlich. Wer zum Beispiel ernsthaft glaubt, zwischen der Unterstützung von Heidegger für Hitler und seiner Philosophie bestehe kein Zusammenhang, nun, dem ist wirklich nicht mehr zu helfen! „Gute Nacht, liebe Welt, gute Nacht, liebes Deutschland, gute Nacht, liebe PhilosophInnen!!"

Im zweiten Teil kommt nun die erfreulichere Seite der Philosophie zum Zuge. Nur muss leider hier nochmals klar eingeschränkt werden. Viele Denker (Frauen sind da leider nicht zu finden, was sie wieder als Mittäterinnen in der Mafia entlarvt), die ich in diesem zweiten Teil anführe, könnten ebenso gut im ersten stehen, denn die Übergänge gestalten sich fließend. Eine totale, auch in meinem Sinne moralische Ablehnung des Lebens hat es bis heute nicht gegeben. So werde ich manche Denker anführen, welche nur gerade in Notfällen den Freitod guthießen. Ein paar wenige kamen meiner Sicht allerdings sehr nahe, was ich der Wahrheit zuliebe mit Freude sage. Nur blieben sie leider ohne große Wirkung.

In der Antike gab es sowohl bei den Griechen als auch bei den Römern einige Philosophen, welche für den Freitod als Freiheit des Menschen eintraten und ihn für gewisse Situationen des Leidens akzeptierten oder bei solchen gar als beste Lösung sahen. Die bekanntesten Griechen sind Diogenes (412–323 v. Chr.), Epikur (341–270 v. Chr.), Zenon der Jüngere (336–264 v. Chr.) und Hegesias (3. Jahrhundert v. Chr.), die bekanntesten Römer Lukrez (100–55 v. Chr.) und Seneca der Jüngere (4 v. Chr.–65 n. Chr.). Wie bereits angesprochen, spielte aber bei diesen Denkern der Freitod innerhalb ihrer gesamten Philosophie eine so geringe Rolle, dass sie in Büchern wie jenem von Störig oder in Lexika nicht erwähnt wird. Von einer grundsätzlichen Lebensverneinung kann also keine Rede sein, obwohl sich alle oben genannten Denker das Leben nahmen, meist jedoch wegen altersbedingter Krankheit und/oder konkreten Gründen. Interessant in diesem Zusammenhang ist noch, wie über diese Denker und ihren Freitod berichtet wird. Dass sie leider auch keine überzeugten Lebensverneiner waren, ist das eine, dass man aber ihre Bejahung des Freitodes für gewisse Fälle und gar ihren eigenen Freitod verschweigt, das andere. Wie gesagt, bin ich der Meinung, dass in ein Buch der Philosophiegeschichte ihr Denken über den Freitod gehört und nicht nur, dass sich einige das Leben genommen hätten (Störig). Noch schlimmer ist aber, wenn das „Große Bertelsmann-Lexikon" (1987) nicht einmal den Freitod vermerkt. Dies zeigt einmal mehr, wie der Freitod totgeschwiegen oder die Sache verzerrt wird. So steht in diesem sonst guten Lexikon bei Diogenes, Epikur und Hegesias überhaupt nichts von ihrem Freitod, bei Zenon heißt es lediglich, er solle sich umgebracht haben, bei Lukrez steht, er sei irre geworden und habe sich daher das Leben genommen, und bei Seneca, er sei zum Selbstmord genötigt worden. Diese Verdrehung der Wahrheit müsste eigentlich angeklagt werden, denn sie hat offensichtlich System. So gibt es für Zenons Freitod keine Zweifel, bei Lukrez ist in anderen Büchern nichts von Irresein zu lesen und bei Seneca nichts davon, er sei zum Freitod genötigt worden. Aber klar bleibt: Auch in der Antike wurde der Durchbruch zur totalen Lebensverneinung und der entsprechenden totalen Freitodbejahung nicht geschafft.

Im Mittelalter gab es keine freitodbejahende Philosophie. Durch das Freitodverbot der katholischen Kirche konnten höchstens für gewisse Ausnahmen Freitode gutgeheißen werden. So gab es immer wieder die Verteidigung des Freitodes aus Ehre oder Heldentum für die Herrschenden. Bei den einfachen Leuten wurde im besten Falle für Nachsicht plädiert, da sie durch den Teufel oder auch ohne wahnsinnig geworden seien. Von einer klaren denkerischen Bejahung des Freitodes konnte also im ganzen Mittelalter nicht die Rede sein. Im Kapitel Religion werde ich dann aufzeigen, wie nicht wenige Menschen, selbst viele Geistliche, sich den Freitod wünschten, ja ansatzweise gar bejahten, aber mehr oder weniger oft auch wegen des Verbots der Kirche beziehungsweise der verkündeten Strafe Gottes wieder verwarfen. So litten sie trotz der Zweifel an ihrem Glauben weiter, die verschiedenen Ängste waren stärker. Es gab allerdings mehr Freitode, auch unter Geistlichen, als allgemein vermutet wird.

In der Renaissance entstand also ein offeneres Denken, das auch zu einer gewissen Freitodbejahung führte. Als eine relativ klare Lebensverneinung darf ein Buch von Erasmus von Rotterdam (1466–1536) gesehen werden. So schreibt er 1511:

15. „Schmerzvoll und schmutzig ist ihre Geburt, nur mit vieler Mühe werden sie großgezogen, Not und Plagen haben sie in der Kindheit zu überstehen, die Jugend bringt ihnen unzählige Mühen, das Alter ist eine stete Quelle von Gebrechlichkeiten – und zum Schluss folgt unabwendbar der Tod! Und nun, während des ganzen Lebens, welche schreckliche Fülle von Krankheiten, welche Unzahl von Zufällen und Beschwerlichkeiten! Und endlich keine Freude, kein Genuss, der nicht durch Kummer und Sorgen getrübt wäre! Um der Leiden gar nicht zu gedenken, die ein Mensch dem anderen bereitet – Armut, Gefangenschaft, Schimpf, Schande, Not, Hinterlist, Verrat, Beleidigung, Anklage, Schurkerei! (…) Urteilet hiernach, was wohl geschehen würde, wenn der Durchschnittsmensch sich einfallen ließe, weise zu sein; man würde bald eine neue Schlammmasse und einen zweiten Prometheus nötig haben."

Das ist eigentlich eine klare Absage an das Leben und eine ansatzweise Aufforderung zum Freitod. Aber leider gilt für Erasmus wie für so viele andere DenkerInnen, dass er auch noch viele andere Schriften verfasste, die eben lebensbejahend waren. Er war sogar ein katholischer Geistlicher, wenn auch ein kritischer, und ging als Humanist in die Geschichte ein. Die Wechselwirkung zwischen der nicht klaren Lebensverneinung des Denkers im ganzen Werk und dem Verschweigenwollen der Lebensverneinung in einzelnen Texten zeigt sich auch bei Erasmus. Im Bertelsmann-Lexikon steht über ihn nur, er sei ein harter Zeitkritiker, und zum obigen Text, es sei eine Satire gewesen. Diesen Text als Satire zu bezeichnen, dies kann nur blinden LebensbejaherInnen einfallen. Es bleibt die Tatsache, dass Erasmus als Lebensbejaher in die Geschichte einging, was nach dem zitierten Text unverständlich wirkt. Aber leider konnte er sich auch nicht zur totalen Lebensverneinung, zur totalen Wahrheit durchringen.

In dieser Zeit lebte auch der historische Faust (1480–1540). Seine Lust auf den Freitod, die er bezeichnenderweise nicht in die Tat umsetzte, hatte aber mit einer wahren Freitodbejahung nichts zu tun. Sein Ansatz, durch Forschung Gott gleich zu werden, ist ein zutiefst lebensbejahender. Statt sofort das Nichts des Menschen festzustellen, kommt er erst nach dem Scheitern seines Zieles darauf. Verständlich an Faust kann nur sein, dass er wissen möchte, was das alles soll, was das Leben, die Welt und das Universum bedeuten. Doch dies kann allenfalls der Tod leisten und nicht menschliche Forschung. Faust dachte also in einem gewissen Maße wie ein größenwahnsinniger Verirrter und nicht wie ein wirklich philosophischer Mensch. Er sah die Wahrheit nicht oder wollte sie nicht sehen. Die Wahrheit eben, dass es sinnlos ist, einen grausamen Unsinn wie das Leben zu erforschen. Bezeichnend scheint mir auch, dass die Nachwelt sich vom größenwahnsinnigen Faust begeistern ließ und nicht etwa vom deprimierten.

Es gab in der Renaissance noch manche Denker, welche den Freitod nicht einfach als Sünde abtun wollten. Trotzdem lassen ihre Texte die übliche Spaltung spüren. So schrieb zum Beispiel der französische Philosoph Michel Montaigne (1533–1592) in seinen Texten ein Hin und Her von Freitodbejahung und dem Gegenteil, bis er schließlich den Freitod in gewissen Fällen (Krankheit) zuließ. Ähnliches muss vom englischen Autor John Donne (1572–1631) gesagt werden. Die Renaissance brachte also auch bei den fortschrittlichen Denkern keine grundsätzliche Lebensverneinung und nur eine Freitodbejahung bei schlimmem Leiden.

Die Feststellung des letzten Satzes des obigen Abschnittes gilt auch für die ganze Aufklärung. Es gab keine totale Lebensverneinung und bei der Freitodbejahung entpuppten sich die Argumente als die immer gleichen. Der Freitod wurde nebst der Akzeptanz bei Krankheit und Alter auch gegenüber den sturen religiösen Verboten verteidigt. Als Vertreter dieser teilweisen Verteidigung gelten der englische Philosoph David Hume (1711–1776), der französische Denker Baron d'Holbach (1723–1789) und der französische Moralist Chamfort (1741–1794), der auch den Freitod wählte. Wenn ich schon kritisierte, wie die so genannten einfachen Leute, die den Freitod wählten, als nicht denkende, affektive SelbstmörderInnen hingestellt werden, so zeigt das Beispiel von zwei Freitoden im Jahre 1773 in Frankreich, dass vielleicht die unbekannten, einfachen Leute oft die besseren DenkerInnen waren und sind als die offiziellen PhilosophInnen. Dies ist übrigens eine Feststellung, die ich auch auf andere Gebiete ausdehnen könnte, nachdem ich selbst oft die Unfähigkeit der anerkannten, studierten und anderen Größen erlebte. Natürlich kann dies nicht verallgemeinert werden, aber gerade bei den GeisteswissenschafterInnen scheint mir der unfähige Elfenbeinturm sehr verbreitet, was ja gerade ihre katastrophalen Aussagen beweisen. Ebenso klar ist, dass die meisten einfachen, eher praktisch begabten Leute auch nicht zur Wahrheit finden oder eben nicht finden wollen, wobei man ihnen das noch eher nachsehen kann. Als Beispiel für unverständliche Fehler von GeisteswissenschafterInnen dient gerade der Fall der beiden Franzosen. Ich entnehme ihn dem Buch von Georges Minois. Wie angesprochen, behauptet er im selben Buch, Soldaten würden eher den Freitodwunsch in die Tat umsetzen, da sie kaum denkend einfach abdrückten. Nun beweist aber gerade der Abschiedsbrief des einen Soldaten vor dem gemeinsamen Freitod klarstes Denken:

16. „… Ich glaube, ich habe Ihnen schon mehrfach gesagt, dass mein derzeitiger Stand mir missfällt. Seither habe ich mich ernsthaft geprüft, und ich habe erkannt, dass sich dieser Ekel auf alles erstreckt und dass ich auch aller Berufe, der Menschen, der ganzen Welt, meiner selbst überdrüssig bin; aus dieser Entdeckung musste ich eine Folgerung ziehen. Wenn man aller Dinge müde ist, muss man allen entsagen. Diese Rechnung ist nicht schwierig; ich habe sie ohne Hilfe der Mathematik angestellt; nun bin ich an dem Punkt, mich des Existenzzeugnisses zu entledigen, das ich seit nahezu 20 Jahren besitze und das mir 15 Jahre lang eine Last gewesen ist. Wenn man nach diesem harten Leben weiterexistiert und es gefährlich ist, es ohne Erlaubnis zu verlassen, so werde ich versuchen, noch eine Minute zu erhalten, um es Ihnen mitzuteilen. Wenn nicht, so rate ich allen Unglücklichen, das heißt allen Menschen, meinem Beispiel zu folgen. Ich brauche mich bei niemandem zu entschuldigen. Ich desertiere; das ist ein Verbrechen; aber ich werde mich bestrafen, und dem Gesetz ist Genüge getan. Adieu, lieber Leutnant. Flattern Sie nur von Blüte zu Blüte und schlürfen Sie weiterhin den Saft aller Bekanntschaften wie aller Vergnügungen. Wenn Sie diesen Brief erhalten, habe ich seit höchstens 24 Stunden aufgehört zu leben, mit der aufrichtigsten Hochachtung, Ihr ergebener Diener: Bourdeaux, einst Zögling der Schulmeister, dann Gehilfe der Rechtsverdreher, dann Mönch, dann Dragoner, dann nichts mehr."

In einem weiteren Text, der auch vom zweiten Soldaten namens Humain unterzeichnet wurde, wird das hohe Denken weitergeführt:

17. „Kein unabweisbarer Grund zwingt uns, unsere Lebensbahn zu unterbrechen, sondern der Kummer darüber, nur einen Augenblick zu existieren, um eine Ewigkeit nicht mehr zu sein, ist der Punkt, der uns bestimmt, gemeinsam diesem despotischen Spruch des Schicksals zuvorzukommen. Wir haben alle Freuden genossen, sogar die, anderen gefällig zu sein; wir können sie uns immer noch verschaffen, aber alle Vergnügen haben ein Ende, und das Ende ist das Gift. Wir sind angewidert vom Schauspiel der Welt; für uns ist der Vorhang gefallen, und wir überlassen unsere Rollen denen, die schwach genug sind, sie noch ein paar Stunden spielen zu wollen. Der Abscheu vor dem Leben ist das einzige Motiv, das uns bestimmt, es zu verlassen. Ein paar Pulverkörner haben die Triebfedern dieser Masse beweglichen Fleisches zerbrochen, das unsere hochmütigen Mitmenschen die Krone der Schöpfung nennen. Verehrte Gerichtsherren, unsere Körper sind Ihrem Ermessen anheimgestellt, wir verachten sie viel zu sehr, um uns über ihr Los Gedanken zu machen."

Man wäre wohl froh, hätten viele studierte oder selbst ernannte DenkerInnen so viel Klarheit über die Sinnlosigkeit des Lebens zu Papier gebracht wie diese gut 20-jährigen Soldaten. So viel Ehrlichkeit, fast totale Lebensverneinung und Freitodbejahung sucht man in der ganzen offiziellen Aufklärung vergeblich. So genannt einfache Soldaten waren also die wahren Philosophen, die wahren Aufklärer. Die Aufklärung ging zu Ende, ohne dass die in die Geschichte eingegangene Philosophie eine klare Lebensverneinung und Freitodbejahung zustande brachte. Man muss froh sein, dass die Freitode der beiden Soldaten aufgeschrieben wurden, was nicht selbstverständlich war, denn das kirchliche beziehungsweise gesellschaftliche Verbot des Freitodes herrschte immer noch grausam, sodass ihre Leichen geschändet und ihre Asche auf den Abfall geworfen wurde. Trotzdem stützte sich wohl noch so mancher der relativ vielen Freitode von normalen Leuten zu dieser Zeit auf lebensverneinendes Denken. Die Aufklärung war der Beginn eines ehrlicheren Denkens gerade auch des Volkes, ohne die Fesseln des Christentums.

Das 20. Jahrhundert brachte nun zum Glück doch noch ein paar wenige Ausnahmen. Ich möchte sie hier anführen, obwohl sie nicht alle in die eigentliche Philosophie eingegangen sind. Doch erweisen sich die Autoren als wahre Denker, die man aber auch unter späteren Kapiteln anführen könnte, wo ich sie teilweise nochmals erwähnen werde. Ich zeige hier sozusagen den philosophischen Aspekt auf. Als Erstes möchte ich den französischen Schriftsteller René Crevel (1900–1935) erwähnen. Obwohl er nicht in die Philosophie einging, ist er wohl neben Améry der wahrste Denker aller Zeiten. Seine Antwort zu der Frage, ob Selbstmord eine Lösung sei, hört sich so wahr wie ehrlich an:

18. „Eine Lösung? … Ja. Das Mosaik der Trugbilder zerfällt. Ich meine, der ganze soziale Schwindel kann nicht aufkommen gegen die Angst, die unser Fleisch durchdringt. Es heißt, man töte sich aus Liebe, aus Angst, wegen der Syphilis. Das stimmt nicht. Alle Welt liebt oder glaubt zu lieben, alle Welt hat Angst, alle Welt ist mehr oder weniger syphilitisch. Der Selbstmord ist ein Mittel der Auslese. Es bringen sich jene um, die nicht die nahezu universelle Feigheit haben, gegen eine bestimmte Empfindung der Seele anzukämpfen, die so intensiv ist, dass man sie bis auf Weiteres als eine Empfindung der Wahrheit ansehen muss. Nur diese Empfindung erlaubt es, die wahrscheinlich richtigste und definitivste aller Lösungen zu akzeptieren, den Selbstmord. Jeder Tag lässt mich diejenigen immer mehr beneiden, deren Angst (eine Anmerkung von mir: Crevel meinte wohl hier wie im dritten Satz eine allgemeine Angst vor dem Leben, im Gegensatz zur obigen spezifischen Angst) so stark war, dass sie episodische Vergnügungen nicht länger hinnehmen konnten. Die Erfolge der Menschheit sind läppisch und verlogen. Wenn das affektive Glück Geduld zu üben erlaubt, dann nur negativ, wie ein Schlafmittel. Das Leben, das ich akzeptiere, ist das schrecklichste Argument gegen mich selbst. Da ich trotz meiner verbissenen Suche im Leben keine Lösung finde, würde ich dann die Kraft haben, noch einige Versuche zu wagen, wenn ich nicht in der letzten, endgültigen Tat die Lösung erblickte?"

Dies ist an Wahrheit kaum mehr zu überbieten und eine brillante Streitschrift gegen die Verlogenheit des Lebens. Besonders gefällt mir seine Umkehrung der Feigheit und die absolut richtige Feststellung, dass die Lebensbejahung die schlimmste Selbstdisqualifikation des Menschen bedeutet. Üblicherweise tut man in unserer heutigen Gesellschaft, wo nicht mehr dem Teufel die Schuld gegeben werden kann und wenn die Psychiatrie keine angebliche Krankheit diagnostiziert, den Freitod als Feigheit ab. Crevel nun bezeichnet das Weiterleben als Feigheit, was zwar angesichts der angesprochenen Hinderungsgründe für einen Freitod zu hart klingt, aber eben doch die Wahrheit ist. Crevel wählte den Freitod mit 35 Jahren und vollzog somit konsequent sein Denken. Er darf als wahrer Lichtblick am DenkerInnenhimmel gesehen werden, obschon er, wie wir auch bei Améry sehen werden, die grundsätzliche und auch moralische Verurteilung des Lebens nicht vertrat.

Als teilweiser Lebensverneiner und Freitodbejaher kann der rumänische Philosoph E. M. Cioran (1911–1995) bezeichnet werden. Er ging auch als Denker in die Geschichte ein. Cioran verbrachte die meiste Zeit seines Lebens in Paris, wo er auch nach längerer schwerer Krankheit starb. Er kann ebenfalls nicht als totaler Lebensverneiner und Freitodbejaher gelten. Wie so manch anderer fühlte er sich hin- und hergerissen und machte mit Ironie und Zynismus bewaffnet immer wieder Zugeständnisse ans Leben. Cioran verteidigte den Freitod theoretisch, lebte aber selbst weiter. Dieser Widerspruch wurde oft an ihn herangetragen, und seine Antwort beweist seine Spaltung:

19.   „Wüsste ich genau, was mich daran (an der Selbsttötung) hindert, so müsste ich mir keine weiteren Fragen stellen, da ich auf alle geantwortet hätte."

Diese Antwort klingt zwar nicht gerade unehrlich, doch scheint sie mir ausweichend zu sein. Die Todesangst hätte er wohl zugeben müssen, doch offensichtlich behielt Cioran trotz aller Erkenntnisse noch zu viel Lebensbejahung. Dies ist eine Haltung, die mich nicht befriedigt, doch kann ich sie akzeptieren. Cioran darf jedenfalls als einer der wenigen wirklichen Denker der Geschichte betrachtet werden.

Als höchste Stufe menschlichen Denkens aber darf das bekannte Buch „Hand an sich legen" des österreichischen Schriftstellers Jean Améry (1912–1978) gelobt werden. Ich erwähnte das Buch schon einige Male und darf zugeben, dass es mich schon seit Jahren beeindruckt. Dass Jean Améry von 1943 bis 1945 in deutschen Konzentrationslagern interniert war, mit 64 Jahren das genannte Buch schrieb und dann zwei Jahre später selbst den Freitod wählte, veranschaulicht das tragische Leben dieses Mannes. Beeindruckt bin ich ja zuerst einmal von der Wahrheit seines Buches und nicht von seiner schlimmen Existenz und seinem Freitod. Selbst ich habe nicht einfach Freude, wenn sich ein Mensch das Leben nimmt, da es immer einen schweren Akt bedeutet. Deshalb werde ich im letzten Kapitel eine wahre Streitschrift gegen die Geburt einfügen, damit es eben gar nicht erst so weit kommen muss. Auch Améry bezeichnet den Freitod als absurden Akt, da aber das Leben noch absurder sei, wäre er das kleinere Übel. Da ist dann meine Faszination für Améry auch die, wie er seiner Wahrheit folgte und Hand an sich legte. Das hat nichts mit Zynismus zu tun, sondern mit totaler Liebe zur Wahrheit und dem Bewusstsein, dass er den am wenigsten schlechten Weg wählte. Neben Améry verblasst fast alles, was je geschrieben wurde. Manchmal fragte ich mich, ob es notwendig sei, mein Buch zu schreiben, da Améry fast alles sagte. Doch eben nur fast alles. Er befasste sich mehr mit den seelischen Aspekten des Freitodes, und die Philosophie kam zu kurz. Dies ist die einzige Kritik, die dieses Buch verdient, sonst muss es wohl als das einzig wirklich wahre und nötige Buch bezeichnet werden, das je geschrieben wurde. Fast alles andere kann man vergessen, das Papier war es nicht wert. Hier soll nun also der auch philosophische Aspekt im Buch von Jean Améry erwähnt werden, während ich dann im Kapitel Psychologie seine eindeutige Absage an die Psychiatrie beziehungsweise Suizidologie rühmen darf. Schon auf dem Buchumschlag beweist er, wie klar und richtig er den Freitod sieht: „Wer abspringt, ist nicht notwendigerweise dem Wahnsinn verfallen, ist nicht einmal unter allen Umständen ‚gestört‘ oder ‚verstört‘. Der Hang zum Freitod ist keine Krankheit, von der man geheilt werden muss wie von den Masern … Der Freitod ist ein Privileg des Humanen.“ Diese drei Sätze offenbaren wahre Psychologie und Philosophie zugleich. Sie treten vehement der bis heute behaupteten Krankhaftigkeit des Freitodes entgegen. Der letzte Satz aber lässt bereits erahnen, dass Améry den Freitod als die am wenigsten schlechte Lösung erkennt, die wahrste denkerische Erkenntnis überhaupt, welche allen anderen ihre Widersinnigkeit nachweist. Die reinste Wahrheit aber schreibt er im folgenden Text:

20. „Geschichte: Sinngebung des Sinnlosen, sofern man mit dem Sinngeben sich abmühen will, was man aber vermeiden wird, wenn erst die Sinnlosigkeit erkannt ist. Die Erkenntnis der Absurdität des Lebens, dass auch dort échec (Misserfolg, meine Anmerkung) ist, wo ein Lebensträger im Lorbeer prangt und sich spreizt, führt auf geradem Wege zum Gedanken an den Freitod, da muss nicht erst eine spezifische Konfliktsituation sich herstellen. Fügt sie sich aber der halb und halb gelebten, halb und halb aus dem Bewusstsein gedrängten absurden Grundkondition hinzu, verdeutlicht sie diese auf schreckhafte Weise. Dann wird die Last, die wir herumzutragen haben, unerträglich, tritt die Existenz uns als eine Prüfung entgegen, die zu bestehen unmöglich ist.“

Dies ist eine der wenigen Stellen, wo er seine Lebensverneinung offenbart, allerdings in einer unantastbaren Weise. Seine kompromisslose Behauptung der Sinnlosigkeit, seine Absage an den vermeintlichen Erfolg und seine Kombination von Grundabsurdität und konkretem Unheil, welche die Unerträglichkeit des Lebens ausmachten, beweisen den absoluten Denker. Wie gesagt kommt solch grundsätzliches Denken für mich etwas zu kurz, bezieht er sich zu sehr auf das Empfinden vor dem Absprung, was aber sein Recht und wahrscheinlich seine Absicht war. Aber leider fehlt die moralische Verurteilung des unveränderbar grausamen Lebens, also meine grundsätzliche Verurteilung des Lebens, weil man etwas Grausames nicht als etwas Sinnvolles hinstellen darf, und nicht nur, weil es im Konkreten grausam ist. Dies kann man jetzt als Detail abtun, doch führt meine Sicht zur absoluten Lebensverneinung, jene von Améry wird durch seine zwar richtige Verbindung der Sinnlosigkeit mit einem spezifischen Konflikt aber nur zu einer relativen Lebensverneinung. Dies mag etwas kompliziert tönen, doch wird ein Mensch, der sieht und zugibt, wie er sich in dieser Welt unweigerlich zum Unmenschen entwickelt, lebensverneinender denken als jener, der sein Denken mehr vom konkreten Unglück beeinflussen lässt. Dies soll aber nicht als Anklage gegen Améry verstanden werden, die man aus seinem späten Freitod ableiten könnte. Ich gebe auch zu, dass man den Unterschied zwischen ihm und mir als klein bezeichnen kann, oder dass er ihn nicht erwähnte, weil er es im anderen enthalten sah. Aber es bleibt klar: Jean Améry war ein großer Mann, weil ein sensibler und ehrlicher bis zur letzten Konsequenz. Wenn ich ihn mit zwei weiteren relativen Freitodbejahern vergleiche, wird seine Größe besonders offensichtlich. Er kommt unter anderem mit weniger Sarkasmus aus, was ich angesichts der Tragik als notwendig erachte.

Als Erstes möchte ich das Buch „Das Untier" des deutschen Autors Ulrich Horstmann erwähnen. Mit Ironie und Sarkasmus behauptet er, der Mensch sei durch Veranlagung zur globalen Selbstzerstörung bestimmt, und eine aufgeklärte Elite werde dies nun mit modernen Waffen herbeiführen. Nun dient solcher Zynismus der Sache nicht, aber es bleibt die Leistung von Horstmann, dass er doch klar der Meinung ist, wie sehr es das Beste für die Menschheit, ja selbst für die Tiere und Pflanzen, die sich auch gegenseitig zerstören, wäre, wenn es zu einem Ende mit Schrecken statt dem Schrecken ohne Ende käme. Auch wendet er sich klar gegen jeden Positivismus, den er zu Recht als unverständliche Uneinsichtigkeit sieht, angesichts des jahrtausendealten Schreckens von ununterbrochenen Kriegen, Hungersnöten, Seuchen usw. … Das Buch kann, obwohl nie ganz ersichtlich wird, was satirisch und was ernst gemeint ist, als klare Lebensverneinung und damit als wichtiges Buch bezeichnet werden. Horstmann erbringt den Beweis von wahrstem Denken, obwohl er wie Améry bezeichnenderweise nie in der Geschichte der Philosophie Platz finden wird.

Ähnliches wie über Horstmann und sein Buch kann über den schweizerischen Autor Hermann Burger (1942–1989) und sein Buch „Tractatus logico-suicidalis" gesagt werden. Was bei dem Buch besonders auffällt, ist sein eigenartiger Text auf dem Buchumschlag. Da heißt es zuerst, es sei ein Plädoyer für den Suizid, um dann zu behaupten, Hermann Burger schreibe nur über ihn, würde ihn aber nie begehen, es sei eine Negativutopie und daher schließlich ein Plädoyer für das Leben und die Kunst. Mit Kunst dürfte wohl die oft ironische Wortakrobatik des Buches gemeint sein. Tatsächlich bedient sich Burger vielfach des Sarkasmus. Daneben schreibt er aber unmissverständliche Lebensverneinung, was den Buchumschlagstext widersprüchlich erscheinen lässt. Da scheint das typische Nicht-wahrhaben-Wollen zugeschlagen zu haben. Die Tatsache, dass Hermann Burger sich ca. ein Jahr nach der Veröffentlichung des Buches das Leben nahm, offenbart einmal mehr, wie bis zuletzt versucht wird zu verdrängen. Bei Burger muss dazu gesagt werden, dass er sich fast das ganze Leben in psychiatrischer Behandlung befand und vermutlich von dorther an die veranlagte Depression glaubte, was ich nicht tue. Dies kommt im Buch auch zur Sprache, aber eigentlich ist es ein philosophisches Buch, das unabhängig von angeblich körperlich bedingten Depressionen das Leben als sinnlos bezeichnet. Burger ist ein Beispiel für einen Denker, der theoretisch keine totale Lebensverneinung und Freitodbejahung vertrat, aber in der Realität den Freitod wählte. Dass er von Denken und der Seele eine Ahnung hatte, zeigt der folgende Text:

21.   „Kontraproduktiv erweisen sich alle Bemühungen, einem Suizidanten die Tat ausreden zu wollen. Zu den Fremdbestimmungen, die sein Dasein unerträglich machen, kommt die rhetorische Erpressung hinzu, weiterleben zu müssen. Er hat das Gefühl, seine Freunde wollten ihm den letzten Schritt, zu dem er sich imstande fühlt, vergällen. Seine Reaktion kann nur sein: jetzt erst recht."

Da wird ein Denken klar, welches das Leben als ungewollten Zwang erkennt. Sowohl Burger, der natürlich auch nicht in die Philosophiegeschichte eingehen wird, wie auch Horstmann hätten also, trotz guter Ansätze, mit weniger Zynismus etwas mehr Klarheit schaffen dürfen, was aber vielleicht die eigene Angst vor dem Freitod verhinderte. Mehr als das Aufgezeigte kann man leider auch im 20. Jahrhundert nicht an Positivem vermelden. Aber immerhin war es so viel, und dank Jean Améry gab es die Krönung der ganzen Philosophie, viel zu spät zwar, für sehr viele Menschen zu spät, aber doch noch.

Ich möchte zum zweiten Teil einer Hoffnung Ausdruck geben. Gerade das Buch von Jean Améry hat sicher dazu beigetragen, die Tabuisierung des Freitodes am Ende des 20. Jahrhunderts etwas zu lockern. Allgemein kann zwar überhaupt nicht von einem entkrampfteren Denken gesprochen werden, aber die so genannte postmoderne Beliebigkeit hat insofern ihr Gutes, als sie den Freitod nicht mehr aufgrund der Religion verteufelt. Zwar trat die weltliche Gesellschaft an die Stelle des Christentums, aber immerhin ist es möglich, über den Freitod offener zu reden, und zum Glück ist er zumindest in der westlichen Welt strafrechtlich nicht mehr verboten. Und es darf als Fortschritt gewertet werden, wenn es heute in einigen Staaten Vereinigungen für humanes Sterben gibt und in der Schweiz gar über die aktive Sterbehilfe diskutiert wird, auch wenn sich das alles nur auf todkranke Menschen bezieht. Die Hoffnung aber, dass im neuen Jahrtausend auch die weltliche Verteufelung des Freitodes aufhört, muss leider unsicher bleiben. Auch von einer weitergehenden Akzeptanz ist nichts zu sehen, denn alle Zeichen der Mafia deuten auf die weitere Verhinderung des Freitodes hin. Trotz ein wenig Hoffnung, besonders auf mehr ehrlich denkende Menschen, zeigt sich im Allgemeinen aber nach wie vor ein bedenkliches Niveau des Denkens. Natürlich kann in meinem Sinne nicht gehofft werden, wenn selbst eine Abgabe von tödlich wirkenden Mitteln an nicht körperlich Todkranke bis auf Weiteres sogar in der in dieser Sache fortschrittlichen Schweiz verboten bleibt. In absehbarer Zeit wird sich also die Menschheit nicht selbst abschaffen. Aber was Améry anfing, muss weitergeführt werden, vielleicht darf ich mit diesem Buch auch einen Beitrag dazu leisten. Als Nächstes kann das nur heißen, dass wir versuchen die eben genannte Abgabe an alle Freitodwilligen möglichst bald zu erreichen. Selbst das wird noch ein weiter Weg und nur durch Aufklärung zu erreichen sein.

In diesem Sinne möchte ich hier noch ein Buch anführen. Es handelt sich um das Buch „Der Selbstmord" vom deutschen Autor Roger Willemsen. Nach seiner Einleitung versammelt er Texte zum Freitod von verschiedenen SchriftstellerInnen und DenkerInnen aus allen Zeiten. Es kann also nur durch weitere Diskussionen für die Wahrheit geworben werden.

4. Der Freitod in der Religion

Ich habe bisher schon einige Male auf die Religion, meistens auf das Christentum, hingewiesen. Grundsätzlich wurde offensichtlich, wie jede Religion eine lebensbejahende Lüge darstellt, die angesichts des grausamen Lebens unweigerlich in Gewalt ausartet und oft die eigenen Grundsätze missachtet, welche auf der lebensbejahenden Ebene vielfach positiv klingen. Die Lügen aller Religionen haben den Zweck, Leben und Tod einen höheren Sinn zu geben, da man die Sinnlosigkeit des konkreten Lebens spürt. Die Grundmotivation heißt aber Weiterlebenkönnen, und so ist allen Religionen gemeinsam, dass sie, trotz aller Widersprüche innerhalb der jeweiligen Religion und der Gegensätze zwischen den vielen Glaubensrichtungen, dem Leben einen Sinn geben wollen. Somit kann man alle Religionen als eine große lebensbejahende Sekte bezeichnen. Und wenn wir sahen, wie alle anderen Denkmodelle, welche nicht an eine höhere Macht glauben, ebenfalls in erster Linie lebensbejahend argumentieren, so haben wir wieder die große Welt, die ganze Menschheit als eine große Mafia. Der Zwang zum Leben und die Angst vor dem Tod, vor dem offensichtlichen Nichts führen dann eben zu dieser unehrlichen Sinngebung von Leben und Tod, wie sie alle Religionen kennen. Aber da das Leben das momentan Sichere ist und der Glaube eben ein Wunschdenken, kommt jede Religion und damit jeglicher angebliche Glaube an ein Leben nach dem Tode aus der Position des Lebens und damit zwangsläufig der Lebensbejahung. So muss doch gefragt werden, weshalb noch keine Religion auf die Idee kam, das Leben als eine kurze Aufgabe des guten und allmächtigen Gottes zu interpretieren, der als humaner Gott für alle Menschen hoffe, dass sie möglichst schnell merkten, wie er das Leben so sicher nicht gemeint habe und sie sich daher möglichst schnell zu ihm in das Paradies befördern sollten. Die Idee also, man müsse für das Paradies doch eine gewisse Leistung erbringen, aber sicher nicht so leiden. Natürlich wäre diese Religion ebenso dumm wie alle anderen auch, denn dieser Gott hätte sein Experiment längst abbrechen müssen, da er sehen würde, wie es die Menschen nicht begreifen. Aber die Zweifel am eigenen Glauben sind eben so groß, dass man wegen der Angst vor dem Nichts und des eigenen und gesellschaftlichen Druckes, das Leben zu loben, das sichere Leben nicht wegwirft. Gerade heute gelten diese Zweifel, denn wenn nun der Glaube an die ewige grausame Hölle nicht mehr gilt, so müssten jene, wenn sie wirklich an ein Leben nach dem Tode glauben würden, dieses Leben verlassen. (Zum Thema Zweifel: Bei genauem Blick schon früher, aber besonders heute beweist das Faktum Lebensbejahung die Todesverdrängung und entlarvt den angeblichen Glauben an ein Leben nach dem Tode als reine Behauptung. Entsprechend wird der Tod als nichtexistent behandelt, da man ihn als LebensbejaherIn als totale Niederlage sehen muss und er allein schon das Leben sinnlos macht. Doch da der Tod sicher ist, betreibt man eine Flucht vor dem Sicheren, wozu auch das Freitodverbot gehört, da die Freitodwilligen die Lügen der Flucht aufzeigen und man sie dazu beneidet, weil man im Innersten auch lieber sterben möchte, aber es nicht schafft. Weitere Fakten beweisen die Glaubenszweifel: 1. Alle angeblichen Anzeichen für Übersinnliches und Wunder sind bei näherem Hinsehen Erfindungen. 2. Alle Menschen wollen berühmt und mächtig werden, daher kennt jede Religion, die ganze Mafia Hierarchien auf allen Stufen. Damit hofft jeder Mensch fälschlicherweise, besser leben zu können, und er will sich im Andenken der Überlebenden sozusagen möglichst unsterblich machen, weil man eben nicht an das Jenseits glaubt. Der lebensverneinende Freitodwillige will auch bekannt und nicht vergessen werden, aber er tritt ohne Kampf dafür ab. 3. Ein immer wieder gehörtes Argument für Gott: Von nichts könne nichts kommen, also müsse es einen Gott geben. Dieses Argument ist so unüberlegt, dass es geradezu an Panik erinnert, denn die guten Leute vergessen die nächste Frage, welche lautet: Woher kommt denn Gott?) Die Behauptung, Gott wolle, dass der Mensch lebe, und der Freitod sei verboten, könnten für die leidenden Menschen keine Bedeutung mehr haben. Früher, vor der Aufklärung und Darwin (1809–1882), glaubten sicher noch mehr Leute an den strafenden Gott, der auch die SelbstmörderInnen in die Hölle werfe. Die Kirchenoberen, welche als die Mächtigen die Menschen als Diener brauchten, mussten natürlich die Leute in das Leben zwingen und deshalb den Freitod verbieten. (Zum Diener kommt noch ein weiterer Aspekt: Das einfache Kirchenvolk sollte natürlich die Glaubenslügen mit tragen, so die Macht stützen und die Oberen als Heilige preisen. Dazu ist es immer einfacher, an eine Lüge zu glauben, wenn es andere auch noch tun.) Leider ging die Rechnung meistens auf. Doch habe ich in einigen Gesprächen mit HistorikerInnen ihre Theorie angezweifelt, dass vor Darwin alle Menschen an die Drohungen der Theologen glaubten. Die Bezeugungen des Glaubens seien eindeutig, sagen sie, doch damit beweisen sie einmal mehr, wie sie keine DenkerInnen und schon gar keine PsychologInnen sind. Sicher gab es alle Varianten, aber auch früher spürten nicht wenige Menschen, dass wegen der Schrecken des Lebens etwas an diesem Glauben, an diesem vermeintlichen Gott nicht stimmen kann. So waren die Gründe für das Weiterleben auch damals nicht selten dieselben wie heute und nicht der angebliche Glaube beziehungsweise nicht die ebenso angebliche Angst vor dem behaupteten strafenden Gott. Und wie schon gesagt, gab es während der ganzen Schreckensherrschaft der katholischen Kirche Freitode. Ich glaube dazu an die Theorie eines ehrlichen Berges und seine Spitze. Das heißt also, dass der erwiesene Zweifel einiger Leute der Beweis ist, dass er für viele bestand. Denn das Zentrum des Zweifels waren und sind nicht naturwissenschaftliche Erkenntnisse, sondern die Frage, ob es einen guten und allmächtigen Gott geben könne, trotz einer Welt des Schreckens (Theodizee-Frage). Diese Frage aber entlarvt jede Religion als Lügengebäude, denn alle Rechtfertigungen Gottes und seiner Schrecken offenbaren reinen Unsinn. Das Hauptargument ist unglaublicherweise bis heute die so genannte Ursünde des Menschen gegenüber Gott geblieben, auch wenn nicht mehr Adam und Eva die Schuld trifft, sondern eine undefinierbare und unvorstellbare angebliche Un-folgsamkeit des Menschen trotz des ebenso angeblich großen und lieben Gottes. Der Mensch kommt ungefragt in diese Welt, und nun soll er für etwas schuld sein, das man ihm aufzwingt. Das heißt, man hat ihn nie fragen können, ob er das Leben wolle und ob er mit den Gesetzen Gottes einverstanden sei. Das widerspricht unserer sons-tigen und richtigen Regel, dass man nie jemand für etwas verantwortlich machen darf, das sie oder er nicht selbst bestimmte. Dass man nie jemand etwas aufzwingen darf, das so viele Mängel hat wie das Leben. Dieses Argument der Ursünde ist also so offen-sichtlich unmenschlich und dumm, dass es das bedenkliche Niveau der Religionen aufzeigt. Heute ist es Mode geworden, diesen Fragen auszuweichen, indem man einfach behauptet, der Mensch könne Gott und seine Taten nicht begreifen. (Übrigens: Wo bleibt da eigentlich der so gern gerühmte Gleichheitsgedanke?! Der würde eigentlich das Einteilen in einen großen Gott und viele kleine Menschen verbieten.) Das klingt aber ebenso schwachsinnig, denn es missachtet die Fakten des Grauens und dass es keine Anzeichen für diesen Gott gibt. Die täglichen, konkreten Sünden der Menschen gegenüber anderen Menschen und Tieren kann man schon eher als Argument für Gottes Strafen gelten lassen. Doch es wird auch hier wieder einiges verdreht. Alle Menschen sind den unveränderlichen Grausamkeiten des Lebens ausgeliefert und diese machen die Menschen zu einem großen Teil zu Sündern, zu Kämpfern gegen die an-deren, wie es die angeblich von Gott geschaffene Natur ja vorsieht. Also erfolgt dieses Argument auf dem Verkennen der Ursachen. Der Mensch kam in eine Welt, die bereits schlecht war, und musste demzufolge auch schlecht werden, oder zumindest schlechter als durch seine ebenfalls unfreiwillige Veranlagung. Natürlich gibt es Verbrechen, die man trotz dieser Tatsachen nicht verzeihen darf, aber selbst sie müssen im ganzen

System gesehen werden. Und ebenso klar ist, dass viele Leute, denen es vermeintlich gut geht, zu Größenwahn neigen. Mit vermeintlich meine ich, wie dieser Größenwahn letztlich eine Flucht nach vorne bedeutet, als Folge des Wissens des Menschen um seine Bedeutungslosigkeit und Sterblichkeit. Man könnte spekulieren, ob der Mensch, wäre alles gut, menschlich handeln würde, doch dient dies keinem Denken. Aber ich stelle hier klar, dass ich der Letzte bin, welcher die Schlechtigkeit der Menschen entschuldigt. Denn ich verlange ja gerade die Anerkennung der Unmöglichkeit des umfassend Guten in dieser Welt und daher auch aus moralischen Gründen den Freitod und das Ende der Geburt. Weil also alles gegen einen Gott spricht, kann ein ehrlicher Mensch nur Atheist sein. Alle Zwischenformen sind, wie angesprochen, Ausweichmanöver und daher nicht zugegebener Atheismus. Der Atheismus des 19. und 20. Jahrhunderts hat zu der rein konkreten, materiellen Lebens-Bejahung geführt. Vergleicht man die Religionen mit dem Atheismus, so sind ihnen die Lüge des Lebenssinns, der Zwang zur Lebensbejahung und die Akzeptanz der Schrecken gemeinsam. Also wie gesagt, alle gehören zur großen Sekte der Lebensbejahung. Somit wird auch klar, dass, wenn eine Richtung durch eine andere ersetzt wird, nichts oder wenig gewonnen ist, weil die falsche Lebensbejahung ihnen allen als Basis dient. Etwas Falsches wird durch etwas anderes, ebenso Falsches abgelöst. Dass sich alles im Grundsatz so gleicht, gleich falsch und genau genommen zum Schaden der Menschen ist, und keine/r merkt es, offensichtlich oder angeblich, beweist auf unglaubliche Weise, wie die Menschen das Denken nicht gerade erfunden haben. Damit distanziere ich mich von jenen Leuten, die mir in den letzten Jahren auf die Schulter klopften, weil ich mich negativ über Religionen äußerte und sie in mir einen Verbündeten erhofften, der auch den Menschen als Gott und damit eine angeblich bessere Welt postulieren würde. Man kann für alle Verirrungen Verständnis aufbringen und dem/der leidenden Anständigen soll man seinen/ihren Glauben auch nicht ausreden. In diesem Buche geht es aber um die totale Wahrheit und dass sie auch ein(e) ehemalige(r) Gläubige(r) ohne Schande annehmen darf. Vor allem aber verlange ich, dass auch die VerdreherInnen der Wahrheit diese wenigstens kurz zugeben, denn das wird ihre Lebensbejahung noch nicht in Frage stellen und höchstens humanere Taten bringen. Ich erlebe aber fast immer, dass die Leute mit einer Flucht nach vorne für sich noch Wahrheit reklamieren und mich beschimpfen. Dabei spüre ich immer ihre Unsicherheit, obwohl sie so tun, als würden sie es wirklich glauben. Dafür bringe ich kein Verständnis mehr auf. Ich möchte diese Einführung zur Religion mit drei Sätzen von Jean Améry abschließen, die aufzeigen, wie wohl viele so genannte Gläubige etwas zu glauben angeben, nur um weiterleben zu können, da sie dank oder gar trotz des Scheins es schaffen, sich weiter zu belügen und zu quälen:

22. „Doch ruft er diesen Gott auch dann nicht ernsthaft an, wenn er sich gläubig nennt und religiöse Vorschriften beachtet. Der natürliche-unnatürliche Tod ist größer als Gott. Tote sah ein jeder schon einmal, der Gott bleibt stets in Verborgenheit, das ist der Trick, von dem er lebt." (Einige Gedanken dazu: Es gibt alle möglichen und unmöglichen Theorien zum Leben, zum Tod und über ihre Verbindung. Fast alle in der Mafia sind reine Lügen und dienen letztlich der Sinngebung von Leben und Tod. So ist es unwahr, wenn immer wieder behauptet wird, nach einem so genannten erfüllten Leben falle der Tod leichter; ebenso unwahr ist die Behauptung, das Leben sei ja zum Glück nicht schön, denn so könne man leichter sterben usw. ... Wie wahr Amérys Sätze sind, zeigt zum Beispiel das wirre Treiben der US-amerikanisch-schweizerischen Sterbeforscherin Elisabeth Kübler-Ross, die behauptet, sie wisse, dass es ein Leben nach dem Tod gebe, und sie freue sich deshalb auf ihn, dann aber im Angesicht des Todes durch ganz Amerika reiste, um Hilfe gegen ihre Krankheit zu suchen. Die Wahrheit ist: Das Leben ist ein Skandal, der Tod ist ein Skandal, und durch ihre Verbindung ist es ein doppelter Skandal!!)

Ich möchte nun im Folgenden die heute noch bestehenden großen Religionen beleuchten. Dabei werde ich sie philosophisch beurteilen und aufzeigen, wie alle Religionen reine Menschenwerke sind, welche die Lebensbewältigung zum Ziel haben und dadurch automatisch zur Katastrophe führen müssen. Die im weltliche Sinne humanen Aspekte gehen in der realen Welt unter, und die Religionen werden daher zu lebensbejahenden Macht- und Gewaltsystemen, was die Geschichte beweist. Ich möchte aber auch erklären, weshalb die Gründer nicht einfach als jene hingestellt werden dürfen, welche von den Gläubigen, falschen ProphetInnen und ExtremistInnen missbraucht worden seien. Natürlich gibt es Unterschiede, aber alle Religionsgründer haben durch ihre Lebensbejahung den Grundstein zur Katastrophe selbst gelegt. Der Mensch der Religion, vom Gründer bis zum heutigen Gläubigen, ist ein Mensch, der seine Nichtigkeit, seine Bedeutungslosigkeit und schließlich seine Sterblichkeit nicht zugeben will und sich daher ein (angebliches) Gedankengebäude zur Selbsterhöhung hier im Leben als auch im angeblichen Leben nach dem Tode bastelt. Dies kann man wohl wieder als verständliche Schwäche entschuldigen, doch die grauenhaften Auswirkungen lassen diese Nachsicht nicht zu, und wie gesagt: Hier geht es um die Wahrheit, ohne falsche

Rücksicht, im Wissen, dass die reine Wahrheit für alle das Beste wäre. Denn wie ich klarstellen werde, erweisen sich alle Religionen als mehrfache Lügengebäude, die selbst beim perfekten Schein das Leben nicht wirklich erträglicher machen, auch dann nicht, wenn die Gläubigen von unmittelbaren negativen Folgen der Religion (Kriege, Strafen usw.) verschont bleiben.

Auf die östlichen Religionen möchte ich nur kurz eingehen, da sie eigentlich nicht einmal diskussionswürdig sind. Die grauenhaften Zustände im ganzen asiatischen Raum beweisen, wie die reale Welt mit dem Gedankengut der Religionen kaum übereinstimmt. Aber eben ist dieses Gedankengut nur vermeintlich gut und folglich mit verantwortlich für die realen Zustände. Sowohl der japanische Shintoismus als auch die chinesischen Religionen Konfuzianismus und Taoismus sind Mischungen von Naturreligion und Ahnenkult. Wie ich schon erwähnte, muss man eine Religion, welche diese grausame Natur noch göttlich spricht, als denkerische Katastrophe bezeichnen. Die harte Lebensbejahung, die bei den Menschen dieser beiden Völker schon immer herrschte, führte und führt bis heute zu den furchtbaren Zuständen und Taten dieser Länder.

Japan, das mit der Kaiserverehrung des Shintoismus und dem Buddhismus zwei Religionen kennt, wobei das Denken von Letzterem auf die japanische Gesellschaft kaum Auswirkungen hat, fiel in der jüngeren Geschichte durch die Verbrechen im Zweiten Weltkrieg auf. Bis heute werden diese ungeheuerlichen Verbrechen verharmlost oder gar als Nichtverbrechen deklariert, und die heutige extrem hierarchische Leistungsgesellschaft offenbart eine furchtbare Nation. Der Shintoismus ist eine absolut schlimme Religion, welche die Verbrechensnation Japan geradezu mit trägt, während der Buddhismus durch seine grundsätzliche Lebensbejahung eben auch kein wirkliches Gegengewicht bildet und seine positiven Aspekte vergessen werden, denn Japan huldigt heute dem totalen Materialismus. Auch die bekannt hohe Freitodrate in Japan muss man genauer anschauen. Natürlich gibt es auch hier Menschen, die aus grundsätzlicher Lebensverneinung den Freitod wählen, doch bestimmt gibt es in dieser extremen Gesellschaft auch viele, die vor ihr flüchten, doch auch dies ist eine Form von Lebensverneinung, denn wirklich bessere Lösungen gibt es nicht, und die Heimat zu verlassen ist ein schwerer Schritt. Mit einem lebensverneinenden Freitod nichts zu tun hat allerdings das bekannte und brutale Harakiri, das meist aus einem unsinnigen Standesdenken heraus begangen wird.

In China sieht die Sache wieder anders aus, gehen doch die Verbrechen der jüngeren Geschichte auf das Konto der kommunistischen Diktatur. Doch Japan wie China erlebten eine Geschichte der Gewalt, die sehr wohl auch religionsbedingt war und sich nun in China mit dem ebenso gewaltbereiten Atheismus des Kommunismus verband. Gerade auf dem Lande sind bis heute viele ChinesInnen vom Konfuzianismus und Taoismus geprägt. Die harte Lebenssicht dieser Religionen zeigt sich in vielen Bereichen, so kann man zum Beispiel immer wieder lesen, wie die ChinesInnen so ziemlich alle Tiere essen. Für mich als Vegetarier reicht das eigentlich schon, einem solchen Volke mit Ablehnung zu begegnen. Aber natürlich verhalten sich auch diese beiden Nationen nur mehr oder weniger schlecht wie alle anderen auch, und ihre Religionen (auch den Kommunismus und den Kapitalismus beziehungsweise den lebensbejahenden Atheismus und den ebensolchen Materialismus müsste man gerade an den Beispielen von China und Japan endlich als ebenso unsinnige Formen von Religion verurteilen) haben sehr wohl etwas damit zu tun. Die Brutalität dieser beiden Nationen entwickelte sich bezeichnenderweise zu einem grausamen Krieg zwischen ihnen im 20. Jahrhundert, der zwar auf das Konto der JapanerInnen ging. Aber die ChinesInnen wussten wenig später nichts Besseres, als die TibeterInnen zu unterjochen.

Die bei uns bekanntesten östlichen Religionen heißen Hinduismus und Buddhismus. Beide beinhalten positive Aspekte, indem sie nicht einfach einer blinden Lebensfreude nachrennen und den Vegetarismus vertreten. Doch sozusagen der Motor dieser beiden Religionen ist die Seelenwanderung (Reinkarnation). Und da beginnt dann die ganze denkerische Katastrophe dieser beiden Irrlehren. Für aufgeklärte DenkerInnen des Jahres 2000 n. Chr. muss es schlicht unglaublich anmuten, dass ein solcher Schwachsinn angeblich noch geglaubt wird. Gegen die Seelenwanderungslehre gibt es vieles vorzubringen. Angefangen bei der banalen Frage, woher denn all die vielen Seelen herkommen sollten, da heute viel mehr Menschen leben als in Urzeiten, und aufgehört bei jener, weshalb denn die Menschen ungefragt in diesen schrecklichen angeblichen Kreislauf geworfen worden seien. Für die ganze Lehre gibt es also keine einsehbaren Argumente oder übersinnliche Anzeichen, ja sie klingt gar offensichtlich widersprüchlich und falsch. Aber das Schlimmste bleibt auch hier das Faktum, dass sie ebenso lebensbejahend argumentiert wie alle anderen Religionen und auf das Leiden eine absolut menschenverachtende und billige Antwort gibt. Die obige Frage, weshalb denn dieser sinnlose behauptete Kreislauf überhaupt inszeniert worden sei, weshalb der Mensch da einfach ungefragt mitmachen und Probleme lösen müsse, für die er ja gar nichts kann, zeigt die totale Unmenschlichkeit und Dummheit dieser Lehre auf. Und selbst dann, wenn man trotz Widersprüchen an dieses Konstrukt glauben könnte, müsste man doch aus humanitären Gründen erkennen, dass es unfair wäre, die Menschen immer wieder leiden zu lassen und zu bestrafen, da sie ihre Probleme offenbar nicht lösen können. Wer auch immer der/die OrganisatorIn dieser Veranstaltung sein sollte, der müsste doch längst die grauenhafte Übung abbrechen. Man sieht also, wie sich Hinduismus und Buddhismus als offensichtliche Lügen erweisen, da alles dagegen spricht. Aber vor allem sind es unmenschliche Lehren. Und entsprechend grausam sehen die Verhältnisse in allen Ländern aus, wo die meisten Menschen angeblich an diese Religionen glauben. Zum Beispiel in Indien sieht man ganz schlimm die Auswirkungen des Hinduismus. Das so genannte Kastenwesen verursacht mit die unglaublichen Katastrophen dieses Landes. Dieses Kastenwesen hängt direkt mit der Seelenwanderungslehre zusammen. Irgendwie soll ja in der Realität der Entwicklungsstand der Menschen gemessen werden, und so ist es kein Wunder, dass die Privilegierten sich als die Guten und Fortgeschrittenen rühmen, denen es materiell deshalb gut gehen dürfe. Die Ungeheuerlichkeit wird dann klar, wenn in der Lehre gerade der/die materiell Arme und Selbstlose eigentlich der/die Gute wäre. Somit herrscht also durch die Kastenordnung das Gegenteil der ursprünglichen Lehre. Durch das konkrete Leiden werden eben die zwar auch nur vermeintlich guten Teile der Lehre vergessen, und alle, aber gerade die Mächtigen verbiegen die Lehre zu ihren Gunsten. Und die Höchsten, die Yogis, Mönche usw., lassen sich in ihrer angeblichen Bescheidenheit bedienen und verehren. Da wird dann klar, dass auch die eigentliche Lehre durch die Theorie der Seelenwanderung, entgegen ihrer Behauptung, im höchsten Masse egoistisch und hierarchisch ist. Die Selbstlosigkeit bleibt reiner Schein, Hinduismus und Buddhismus erweisen sich also bei näherem Hinsehen als verlogene Irrlehren. Die Folgen in der Realität sehen somit noch grausamer aus, als es die Religionen schon eingeleitet haben. Im ganzen asiatischen Raum herrschen Zustände, die so grauenhaft sind, dass es an Unmenschlichkeit kaum zu überbieten ist, so was positiv zu bewerten. Es kann nur als Anzeichen für die menschlichen Verirrungen gewertet werden, wenn unser ebenso falscher Materialismus durch diese angeblich befriedigende Armut ersetzt werden soll. In den letzten Jahren ist es im Westen mit der Esoterikwelle geradezu Mode geworden, östliches Denken und Leben zu rühmen. Zumindest bei Menschen in gewissen Kreisen (ErzieherInnen, LehrerInnen, Linken, Grünen usw), die ich leider kennen lernen musste, geht diese heuchlerische Schwärmerei teilweise so weit, dass sie hier alles verdammen, dort alles loben, aber am Schluss, komischerweise, doch hier bleiben. Und die vielen Unruhen im Osten zeigen, wie nicht wenige Menschen auch dort nicht einfach alles glauben und hinnehmen, denn Armut ist kein menschliches Glücksgefühl. Die beiden Religionen beinhalten dazu einen schlimmen patriarchalischen Charakter, der zum Beispiel in Indien zum täglichen millionenfachen Missbrauch, ja gar zum Tod von jährlich mehreren tausend Frauen führt. Aber leider verharren doch die meisten Armen in ihrem Glauben und an einen Weg zur Lebensverneinung ist nicht zu denken, obwohl die beiden Religionen den Freitod nicht so vehement ablehnen. So bleibt das Zentrum der Katastrophe die Lebensbejahung, in der Lehre und in der Realität. Selbst ein angeblich fortschrittlicher Mann wie Mahatma Gandhi, der das Kastenwesen in Frage stellte, war ein harter Lebensbejaher und absolut kein Heiliger. Man kann seine Lehre der Gewaltlosigkeit bewundern, die aber gegen andere VerbrecherInnen nicht zum Ziel geführt hätte und auch gegen die EngländerInnen zu schlimmen Opfern führte. Beim Lesen seiner Biographie (Pandit Shri S. Nehru: Mahatma Gandhi) schockierte mich seine unmenschliche Härte, die er einfach von seinen Landsleuten verlangte. Auch er war ein blindes Sektenmitglied, das, von den unbarmherzigen Ideologien des Hinduismus und Buddhismus beeinflusst, sinnlos weiterkämpfte. Wir müssen all die östlichen Religionen als lebensbejahende Katastrophen bezeichnen, in denen der lebensverneinende Freitod keine Chance hat. Wenn man sich die Folgen gerade angesichts der unglaublichen Menschenmassen anschaut, dann muss das nun wirklich ein Grund sein, die Menschheit zum Abdanken aufzurufen. „Gute Nacht, all ihr Gläubigen!"

Als nächste Religion möchte ich den Islam kurz beleuchten. Er ist sowohl in Asien wie auch in Afrika anzutreffen, und durch die GastarbeiterInnen kennt man ihn heute auch im Westen. Für ihn gilt es noch mehr wie schon für die östlichen Religionen: Eine totale Katastrophe! Der Islam manifestiert nun eine solche Falschheit, dass man sich eigentlich mit ihm gar nicht auseinander setzen müsste. Ich möchte also nur der Vollständigkeit halber kurz auf ihn eingehen. Gerade in den letzten Jahren ist es vor allem in Europa Mode geworden, den Islam angesichts des Fundamentalismus in den arabischen Ländern zu rehabilitieren. Da wird dann behauptet, der Fundamentalismus sei eine Verzerrung von Mohammeds (570–632) Lehre und diese sei eine gute. Wie weit Ersteres stimmt, bleibe dahingestellt. Aber ich trete hier der Behauptung, der unverfälschte Islam des Mohammed sei eine gute Lehre, entschieden entgegen. Im Koran steht nicht nur eine brutale Lebensbejahung, sondern in jeder Beziehung eine schlimme Verirrung. Wenn es auch ein paar positive Aspekte (zum Beispiel das Spenden für Arme) gibt, so wirkt das im hierarchischen, brutalen Ganzen als Schein, und vor allem sind sie in der Realität nicht wirklich durchsetzbar. Wenn ich als überzeugter Atheist diese ganze Erleuchtungsgeschichte des Mohammed als sichere Lüge abtue, dann wird klar, dass er ein machtbesessener Lügner sein musste, der bezeichnenderweise manche Kriege führte. Aus so was kann logischerweise nichts Gutes entstehen. Viele Grundsätze des Islam sind überdies geradezu ideal, um extrem ausgelegt zu werden. Der Fatalismus, der (angebliche) Glaube an das sichere Paradies beim Tod im so genannten Heiligen Krieg zur Ausbreitung des Islam, dieser angeblich große Allah, der ebenso angeblich über die Schrecken der Welt unerfindlich herrsche, und die untergeordnete Stellung der Frau kennzeichnen diese furchtbare Religion. Es wird auch behauptet, die Lehren des Islam seien fortschrittlich und menschlich. Ob das für die Zeit Mohammeds stimmte, bleibe dahingestellt, aber im Jahre 2000 n. Chr. müsste man eine solche Religion schlicht auslachen, wäre sie nicht zum Weinen, wenn man ihre grauenhaften Folgen kennt. Und noch einmal: Die Grundsätze des Islam offenbaren unmenschliches Denken, er ist eine Irrlehre der schlimmsten Sorte, die sehr wohl für die konkreten Katastrophen verantwortlich gemacht werden kann, und nicht nur die extremen FundamentalistInnen. Dass der Vegetarismus im Islam kein Thema ist und der Freitod eine Todsünde, versteht sich von selbst. „Gute Nacht, ihr armseligen Muslime und Moslems!"

Etwas ausführlicher möchte ich mich nun mit dem Judentum beschäftigen, da es für unsere westliche Welt große Bedeutung hat. Nach der Judenvernichtung im Zweiten Weltkrieg, aber auch aufgrund der Judenverfolgung während der letzten 2000 Jahre durch die christliche Welt ist es gerade in den letzten Jahren immer schwieriger geworden, über die Jüdinnen und Juden und ihre Religion offen zu diskutieren. Ich bin aber nicht bereit, mich dem herrschenden Zwang zu beugen, der jegliche grundsätzliche Kritik am Judentum verbietet. Leider hat dieser Zwang so weit geführt, dass man bei jeder Kritik am Judentum als Antisemit oder gar als Nazi bezeichnet wird. Im schlimmsten Falle droht einem sogar ein gerichtliches Verfahren wegen angeblichem Rassismus. Bei meinem Denken versteht es sich ja ohne Erklärungen, dass ich alle Verbrechen an den Jüdinnen und Juden verurteile. Das heißt aber nicht, sie wegen des erlittenen Leides heilig zu sprechen. Es geht hier ebenso wenig darum, das Judentum aus angeblicher Schuld am Tode von Jesus (ca. 4 v. Chr.–30 n. Chr.) zu verurteilen. Solch sinnlose religiöse Diskussionen gehören für mich einer längst vergangenen Zeit an. Man soll die jüdische Religion an ihren Grundsätzen messen. Natürlich kommt es dabei zu Konflikten mit dem Christentum. So stelle ich klar, dass ich das Festhalten des Judentums an ihrer Gottesvolkreligion als unverzeihlich erachte, dies aber, weil es grundsätzlich falsch ist, und nicht wegen der Nichtanerkennung von Jesus. Natürlich ist der Weg dann nicht mehr weit, die Jüdinnen und Juden zu verurteilen, weil sie die Lehre von Jesus für alle Menschen ablehnen. Man soll das von der Sache her kritisieren, was aber nicht heißen darf, deswegen die jüdischen Menschen zu hassen oder gar zu verfolgen, denn schließlich haben wir zum Glück Meinungs- und Religionsfreiheit. Fast alle dieser Welt hängen einer Irrlehre nach, so sollen das auch die Jüdinnen und Juden ungestraft tun dürfen. Hier geht es aber darum, die Gottesvolkreligion des Judentums entschieden abzulehnen. Dass es daran festhält, muss aber tatsächlich als besondere Fehlleistung taxiert werden, die automatisch zu Aggressionen führt. Dies soll wiederum keine Gutheißung der Aggressionen sein, es ist aber ganz einfach ein Faktum. Und natürlich sind die Jüdinnen und Juden in diesem Punkt selbst schuld. Zwar kennen die anderen Religionen auch diesen Anspruch auf absolute Wahrheit, aber nicht diese Begrenzung auf ein Volk. Sonst sieht die Lehre des Judentums nicht mehr und nicht weniger falsch aus als die anderen Religionen auch. Die jüdische Religion sollte endlich als Teil der unmenschlichen Welt begriffen werden. Dann muss sie aber auch für alles mit verantwortlich gemacht werden, da alles zusammenhängt, weil alles eine Mafia ist. Wenn man dies einmal begriffen hat, dann kann die grausame Vergangenheit des jüdischen Volkes nicht mehr als etwas Besonderes gewertet werden, sondern man muss sie eben als Teil dieser unveränderlich grausamen Welt, als Teil dieses „Alle gegen alle" sehen. Wenn ich also alle lebensbejahenden Lehren ablehne, so muss ich auch das Judentum ablehnen. Das Alte Testament als Fundament dieser Religion muss als bare Katastrophe gewertet werden, da es nur so wimmelt von Kriegsverherrlichungen und akzeptierter Gewalt gegen Tiere. Dies allein reicht aus, um auch die Jüdinnen und Juden als ein unbelehrbares und brutales Volk zu entlarven. Die Jüdinnen und Juden akzeptieren den Lebenskampf und dürften sich daher nicht über andere Kämpf-ferInnen beklagen. Und weil die Juden intelligente Menschen sind, ist der Widerstand vorprogammiert, ja eine Logik dieses unbarmherzigen Kampfes. Und so erlaube ich mir, selbst die Wahrheit über die Judenvernichtung durch Nazi-Deutschland offen zu legen. Dieses furchtbare Ausmaß kann durch nichts gerechtfertigt werden, selbst wenn man sich überzeugte(r) LebensbejaherIn schimpft. Aber der so genannte Holo-caust war eben die Folge dieses Lebenskampfes, den die Juden auch nicht bereit sind abzulehnen. Somit kann man nicht bestreiten, dass die Jüdinnen und Juden durch ihre harte Lebensbejahung die eigene Vernichtung mit zu verantworten haben. Zumindest dürften sie sich als Sektenmitglieder nicht über die anderen, stärkeren beklagen. Das dekadente Mitmachen der Jüdinnen und Juden vor dem Zweiten Weltkrieg erbringt den endgültigen Beweis für diese Mechanismen, da sie sowohl in Deutschland selbst als auch in vielen anderen Ländern (vor allem auch in den USA) oft deutscher waren als die Deutschen. Wer das nicht zugibt, der lügt ganz einfach. Der schon erwähnte Philosoph E. M. Cioran sah die Sache folgendermaßen:

23. „Diese beiden Völker, die sich heimlich voneinander angezogen fühlten, konnten einander nicht verstehen: Wie hätten die Deutschen, diese Streber des Fatums, den Juden verzeihen können, ein höheres Schicksal als das ihre zu haben? Verfolgungen entstehen aus Hass, nicht aus Verachtung. Die Deutschen verabscheuten im Juden ihren realisierten Traum, die Universalität, die sie nicht erreichen konnten. Auch sie wollten Erwählte sein, aber nichts prädestinierte sie für diese Eigenschaft."

Auch wenn Cioran nicht die ganze Wahrheit abdeckte, er sah die konkreten Zusammenhänge richtig. Die Deutschen vernichteten die Jüdinnen und Juden überwiegend aus Neid auf die jüdische Intelligenz und weniger aus den immer behaupteten religiösen Gründen. Es bleibt eine Tatsache der Geschichte, dass die Menschen aus Neid blind reagieren. Die Schuld des Judentums liegt aber eben in dieser falschen Faszination des unmenschlichen, deutschen Charakters, welche ihnen zum Verhängnis wurde. Von gerechter Strafe zu sprechen, weise ich von mir, aber die Zusammenhänge sind offensichtlich. Das zwar nicht einzigartige, aber an Grausamkeit doch kaum überbotene Ausmaß des jüdischen Leides verdient eigentlich keine Schuldzuweisung an das Judentum. Hier geht es aber um die Wahrheit, ohne falsche Kompromisse. Die Jüdinnen und Juden wären ein wirklich großes Volk geworden, wenn sie auf Hitler mit kollektivem Freitod, mit einer totalen Absage an eine solch schreckliche Welt reagiert hätten. Doch stattdessen wurden sie, der Logik ihrer Religion gehorchend, in Palästina vor, während und nach dem Zweiten Weltkrieg selbst zu VerbrecherInnen. Die bisherige Argumentation führte ich übrigens grundsätzlich, also unabhängig von der Entstehung des Staates Israel. Aber es manifestiert sich eindeutig, dass die ganze Geschichte des Staates Israel meiner Argumentation endgültig Recht gibt. Es gehört ebenfalls zur Katastrophe, dass es in der westlichen Welt verboten ist, dem Staate Israel das Existenzrecht abzusprechen. Doch dieser Staat entstand eindeutig unrechtmäßig, war und ist bis heute ein klares Verbrechen. Dies könnte nur durch seine Auflösung wiedergutgemacht werden. Ein Unrecht muss vollständig beseitigt werden. Die scheinheilige Kritik an der jeweils aktuellen Politik sieht an den Tatsachen der Entstehung des Staates vorbei. Wie gesagt bin ich kein Freund des Islam, aber hier geht es um höheres Recht. Es wird im Nahen Osten keinen umfassenden Frieden geben, solange der Staat Israel besteht. Und das Ausmaß der Dekadenz zeigt sich auch da, wo selbst angeblich fortschrittliche und nichtreligiöse jüdische Intellektuelle den Staat Israel bejahen. Ich bin übrigens der Erste, der die Zahlungen der Schweiz, Deutschlands usw. an die Jüdinnen und Juden befürwortet. Es wirkt aber absolut unverständlich, wenn dieselben, welche die Schweiz und Deutschland zu Recht für ihre Verbrechen während des Zweiten Weltkrieges anklagen, das Verbrechen namens Israel stützen. Das ist ja der Beweis für die sichere Ewigkeit der Schrecken dieser Welt, dass Gewalt immer dann als erlaubt erklärt wird, wenn sie einem selbst nützt. (Oder noch genauer: Man ist gegen den Freitod als einzig humane Lösung, auch im Krieg, man ist für den Kampf, für Verbrechen, solche Leute, auch die Juden, dürfen dann aber nicht andere VerbrecherInnen anklagen, schon gar nicht die SchweizerInnen, die sich nur mit Hitler sozusagen arrangierten, wenn auch nicht aus Menschlichkeit, sondern dank und zum eigenen Glück.) Was man in den letzten Jahren zu diesen Themen alles lesen konnte, muss als der Untergang der Wahrheit bezeichnet werden. In dieses Bild passt zum Beispiel die Hetzjagd mancher Medien gegen den Schweizer Tierschützer Erwin Kessler, der sich getraut, das in der jüdischen Religion praktizierte grauenhafte (ohne Betäubung) Töten von Tieren (Schächten) zu verurteilen. Er wurde auf verlogene Art des Antisemitismus bezichtigt und gar vor das so genannte Anti-Rassismus-Gesetz gezerrt. Es ist halt in Mode gekommen, ein Verbrechen als weniger schlimm zu beurteilen, als die Jüdinnen und Juden zu kritisieren (Kritik am Judentum = Antisemitismus = größte Sünde am Ende des 20. Jahrhunderts). Eine Journalistin der Schaffhauser AZ zeigte auf, wie verlogen gerade auch die Linken in dieser Frage schreiben. Sie stellte Kessler wegen seiner Verurteilung des Schächtens in die Ecke der antisemitischen Rassisten. Gerade die Diskussionen der letzten Jahre zur Judenfrage beweisen das totale Chaos des Denkens. Schließlich ist alles eine Mafia, die Jüdinnen und Juden erlauben sich den Raub des Landes Palästina, das Schächten und verurteilen natürlich den Freitod; die restliche Welt, außer den gerade darunter leidenden AraberInnen, welche auch wieder VerbrecherInnen und Mafiosi sind, segnet die Verbrechen ab. „Gute Nacht, grausame Welt, gute Nacht, ihr armseligen Jüdinnen und Juden!"

Als letzte Religion beschäftige ich mich natürlich noch mit dem Christentum, das in unserer westlichen Welt als Hauptreligion noch immer eine gewisse Wirkung genießt. Meine eigene Vergangenheit als gläubiger Christ kann ich heute nicht einmal mehr nachvollziehen. Unabhängig davon finde ich das Christentum noch die am wenigsten schlechte Religion. Jedenfalls dürfen die wenigen mehr oder weniger sicheren Aussagen von Jesus als human gewürdigt werden. Auf „Liebe deinen Nächsten wie dich selbst" gekürzt, fordert seine Lehre einen unbedingten Einsatz für die anderen, für die Kranken und Armen. Viel mehr kann die Forschung heute auch nicht beweisen. Der ganze Rest, die Wunder, die göttliche Sendung, das Opfer am Kreuz für die Sünden der Menschen und natürlich die Auferstehung erweisen sich als menschengemachte Märchen. Gerade der grausame Tod am Kreuz für die Sünden anderer muss als völlig unsinnige Idee verworfen werden. Heute kann man davon ausgehen, dass Jesus den indirekten Freitod wählte, da er von der jüdisch-römischen Welt genug hatte. Er hätte flüchten können, und er sah sich auch nicht als Gottes Sohn, der für die Sünden aller Menschen sterben müsse. Die jüdischen Rabbiner fühlten sich durch die Lehren von Jesus herausgefordert und klagten ihn deshalb an. Man muss den indirekten Freitod von Jesus aber auch im Zusammenhang mit seinem Endzeitglauben sehen. Er glaubte, die Welt werde bald untergehen. Er sah also die schreckliche Welt, doch statt dem Leben eine totale Absage zu erteilen, schaffte er es nicht, sich von der jüdischen Lebensbejahung zu befreien, hielt am Gottesglauben fest und verstieg sich mit seinem Endzeitglauben in Eventualitäten. Das ist falsch und zumindest nicht ganz ehrlich. Er hätte angesichts der unglaublichen Schrecken zu seiner Zeit eine ganzheitliche Lehre entwickeln müssen, bei der Lebensbejahung, Gottesglauben und folglich auch der Endzeitglauben unmöglich geworden wären. Das Versagen von Jesus ist schließlich das aller LebensbejaherInnen, da alle die Unveränderlichkeit der Schrecken nicht zugeben wollen, indem sie irgendetwas Positives erfinden. So hätte Jesus sehen müssen, dass seine gut gemeinten Grundsätze (nebst „Liebe deinen Nächsten wie dich selbst" auch besonders „Liebet eure Feinde") in dieser Welt des unweigerlichen Konkurrenzkampfes nicht zu verwirklichen sind. Jesus darf im Ganzen als ein Mensch mit positiven Ansätzen bezeichnet werden, der aber den letzten großen Schritt zur Wahrheit auch nicht schaffte. Und da er schlussendlich auch ein Lebensbejaher war, kann er von einer gewissen Schuld für die Verbrechen des realen Christentums nicht freigesprochen werden. Wäre er ein großer Denker gewesen, dann hätte er voraussehen müssen, dass seine Lehren im konkreten Leben missbraucht werden würden. Aber sicher darf Jesus als einer der besseren Menschen der Geschichte betrachtet werden. Die Folgen in seinem Namen sprach ich schon an. Das Ausmaß der Verbrechen im Namen Jesu muss aber unbegreiflich bleiben. Der unauflösbare Widerspruch zwischen den brutalen Gesetzmäßigkeiten der angeblich göttlichen Natur und dem christlichen Grundsatz der Nächstenliebe hat sich, wie die Realität zeigt, bis heute gehalten. Der Zwang zur Lebensbejahung, der natürlich auch mit dem angegebenen Glauben an den allmächtigen Schöpfer zu tun hatte, führte offensichtlich zur Ablehnung des Freitodes. So blieb der Weg zur Wahrheit verbaut. Die große Masse ließ sich sicher auch durch das Verbot der Kirche vom Freitod abhalten. Je nach Glaubenszweifel wirkten mal eher die versprochenen Strafen für das Jenseits oder aber die grundsätzliche Ächtung sowie die Strafen im Diesseits. So drohte die Kirche mit der Hölle und die durch Freitod gestorbenen Menschen wurden in verschiedenster Weise bestraft. Die Leichen wurden meistens durch den Ort geschleift und anschließend an einem zentralen Punkt an einem Pfahl aufgehängt. Nach einer gewissen Zeit verscharrte man sie irgendwo. Dazu ging ihr Nachlass an die Kirche oder den Staat, er wurde also den meist armen Angehörigen einfach weggenommen. Je nach Zeit und Ort wurden die Strafen unterschiedlich hart vollzogen, so konnten die Richter Kompromisse für die vor dem Freitod beichtenden Gläubigen machen. Die Kirche behauptete, die Freitodwilligen seien durch den Teufel verrückt geworden, nun konnten sie durch die Beichte den Teufel sozusagen loswerden. Wenn sie nun den Freitod doch noch wählten, waren sie nur noch Wahnsinnige, denen man das Schleifen, Aufhängen und Einziehen des Nachlasses erlassen konnte. Doch die kirchliche Abdankung und die Bestattung auf dem Friedhof blieb für alle bis ins 19. Jahrhundert verboten. Für die Gläubigen ohne Nachsicht und alle Ungläubigen bestanden aber die Strafen der Leiche und das Einziehen des Erbes bis ins 18. oder gar bis ins 19. Jahrhundert. Die Kirche und der Staat schüchterten also gemeinsam die Menschen systematisch ein, da sie diese als Mitträger der Lügen, als Arbeits- und Kriegsmaterial brauchten, und wohl weniger, weil sie selbst an ihren Hokuspokus glaubten. Es kann daher nicht verwundern, dass der Freitod bis heute, besonders in den katholischen Ländern, selten blieb. Als Folge dieser katastrophalen katholischen Lehre ist der Freitod selbst im 20. Jahrhundert noch strafrechtlich verboten gewesen, wenn auch ohne große Auswirkungen. In den reformierten Ländern blieb er ebenfalls trotz weniger Strafen bis ins 20. Jahrhundert verboten, da auch alle Reformatoren den Freitod als Sünde verurteilten. Die moralische Verurteilung besteht aber bis heute überall. In den reformierten Ländern fällt sie etwas weniger hart aus als in den katholischen, was sicher auch ein Grund für die höheren Freitodraten in den überwiegend reformierten Ländern ist. Es mutet traurig und unglaublich zugleich an, dass bis heute sich Menschen von diesem Irrglauben beeinflussen lassen. Ebenso unglaublich wirkt es, dass sich beide Kirchen noch heute auf die Freitodverbote und sonstigen Lügen der alten Kirchenväter berufen. Wenn man den heutigen schwachsinnigen Papst und die immer noch weitgehend konservativen Pfarrer und Theologen beider Kirchen hört, dann erstaunt es nicht, dass sie sich immer noch auf derart schlimme Lügner wie Augustinus (354–430) und Thomas von Aquin (1225–1274) oder die Reformatoren Luther (1483–1546), Zwingli (1484–1531) und Calvin (1509–1564) berufen. Alle fünf lehnten den Freitod mit den üblich falschen Sprüchen ab: Der Freitod sei ein Verbrechen gegen Gott, gegen die Natur und ein Ausweichen vor nötigen Leiden. Wer es sich antun möchte, Weiteres über diese katastrophalen Herren zu erfahren, der wird bald feststellen, dass da die Wahrheit kein Platz hat. Wer an solch unsinnige Dinge wie allmächtiger und allgütiger Gott, Hölle, Paradies, Gnade, Opfertod, Erlösung, Vorbestimmung usw. (angeblich) glaubt, dem kann wirklich nicht mehr geholfen werden. Die Verharmlosung des Leidens und die völlig absurden Rechtfertigungen Gottes und seiner angeblich gerechten Strafen vervollständigen das katastrophale Bild. Leider ließen und lassen sich bis heute Menschen davon beeinflussen, auch wenn es immer weniger werden. Aber die Fakten, dass die offensichtlichen Lügen auch nach Darwin noch angeblich geglaubt werden und aufgrund der Leidfrage schon lange vor Darwin immer Zweifel bestanden, beweisen, dass man diesen Verbrechen des Denkens nicht einfach ausgeliefert war und ist. So lebten zu allen Zeiten Menschen und davon auch manche Geistliche, die nur noch den letzten Schritt nicht schafften. Aber ihre Aussagen lassen die Zweifel spüren, denn sie bezeichneten das Leben als totalen Schrecken und wünschten sich den Tod. Und einige wählten auch den Freitod, ihre Zweifel waren stärker, sie glaubten an die Wahrheit und verloren die Angst vor der prophezeiten Hölle. Aber leider zeigte und zeigt es sich bis heute in der Mehrzahl, wie schwer sich die Menschen, die sich einmal in ihre Religion verirrt haben, damit tun, sich davon zu lösen. Natürlich bedeutet der Zusammenbruch des Lügengebäudes auch einen Zusammenbruch der Hoffnungen, und ein anderes, besseres Denken zum Weiterleben sehen sie zu Recht nicht. Und da sie, aus welchen Gründen (sicher immer die eigene angebliche Lebensbejahung) auch immer, den Freitod nicht wählen, bleiben sie dann doch bei ihrer Religion, obwohl sie diese längst als Lüge erkannt haben. Wie selbst so genannte KirchenkritikerInnen an den unsinnigsten Dingen noch festhalten oder sie mit ebenso unsinnigen Anleihen aus anderen Religionen und Denkarten verbinden, veranschaulicht die ganze Katastrophe. Auf der einen Seite steht die unglaubliche Dogmatik der christlichen Staatskirchen unverrückbar da, bei der katholischen gar in einer Dimension, die einem wie ein Albtraum vorkommt, auf der anderen die so genannten ReformerInnen, die effektiv keine sind. Denn es ist ja eindeutig, dass mit der Anerkennung des Lebenssinns und damit zumindest der Akzeptanz des Lebenskampfes wieder alle im selben Boot sitzen, eben eine Mafia. So macht jede Kritik an der Kirche sowohl von außen als auch von innen keinen Sinn, da das Fundament fast aller Menschen, die weitermachen, Lebensbejahung heißt und somit auch alle Nichtgläubigen zur Sekte gehören. Von dieser Seite betrachtet, müssen die Unterschiede innerhalb der Mafia und somit auch innerhalb der christlichen Kirchen als Bagatellen erscheinen. Und tatsächlich beweisen zum Beispiel gerade katholische Theologen, welche Kirchenkritiker genannt werden, wie als eigentliches Dogma die Lebensbejahung starr dasteht, das Weiterlebenmüssen über allem thront und daher auch alle Variationen des Glaubens erlaubt sind, wenn sie nur diesem Ziele dienen. Meine Behauptung tönt nur scheinbar nach Widerspruch, denn selbst wenn ein Kritiker aus der Kirche ausgeschlossen wird, so sind das effektiv Kämpfe um Eitelkeiten und Macht. Natürlich bestehen streng genommen große Unterschiede, aber in der absoluten Falschheit, das Leben sei sinnvoll, treffen sich alle wieder. Nur über die Art der Lügen, mit denen man den Menschen das Leben schmackhaft machen will, bestehen Unterschiede. Ich las in den letzten Jahren, wie katholische Theologen, die sich von gewissen kirchlichen Dogmen lösen, neuen Unsinn verbreiten, der je nach Kritiker von noch angeblich überzeugtem Gottesglauben bis zu atheistischen Positionen reicht.

Als ganz schlimmes Beispiel musste ich den Jesuiten Teilhard de Chardin (1881–1955) kennen lernen. Ein Bekannter von mir meinte, dieser Denker könnte eine Antwort auf meine Fragen sein, und gab mir ein Buch über die Lehren von Teilhard de Chardin. Nachdem ich die Hälfte des Buches gelesen hatte, warf ich es wütend in eine Ecke und gab es ebenso zurück. Wie dieser Mann glauben konnte, dass mich solcher Unsinn ansprechen wird, obschon er mein Denken kannte, bleibt mir bis heute ein Rätsel. Dieser katastrophale Jesuit vertrat schlimmste Lebensbejahung und verband das Christentum mit einer unmenschlichen Naturlehre. Da erscheint dann das Leben schon als sinnvoll, weil man ja ein Teil des Kosmos sei, das Leiden gehöre halt dazu oder forme gar den Charakter. Diese Art von Lebensbejahung ist vergleichbar hart wie jene des dogmatischen Christentums. Und der Beweis für die Lebensverherrlichung als Fundament aller Denkarten in der Mafia ist, dass der Mann, der mir das Buch gab, weil er es gut findet, atheistisch denkt. Einen ähnlichen Fall stellt der katholische

Theologe und Autor Eugen Drewermann dar. Dieser verbindet sein katholisches Erbe mit Psychologie, und am Schluss entsteht ein undefinierbarer Mix, wo es Gott zwar noch gibt, aber irgendwie doch nicht mehr so recht, und schließlich hilft ja dann noch die Psychoanalyse etwas weiter. Auch da, der lebensbejahende Zwang als Basis erlaubt alle Wendungen. Ein etwas anderer Fall ist der bekannte schweizerische Theologe Hans Küng. An ihm kann man auch die schlimme Lage des Denkens festmachen. Dass ein solcher Mann eine solche Achtung und Bekanntheit genießt, mutet schlicht unglaublich an. Da fragt man sich dann, weshalb ihm überhaupt die Lehrerlaubnis von der katholischen Kirche entzogen wurde. Oder anders gesagt, erscheint diese erst recht als gigantisches Lügengebäude, denn Küng selbst produziert lauter Lügen. In seinen Büchern hält er an den herkömmlichen Sprüchen fest. Da ist einer, der sich stur nicht von seinem Irrglauben lösen will. Abgesehen davon, dass heute selbst theologisch eine Göttlichkeit von Jesus nicht mehr haltbar ist, beweist aber Küng vor allem durch seine furchtbaren Argumente, wie er ein denkerischer Lügner ist. Seine These, Gott müsse das Böse in die Welt senden, um die Menschen zu erziehen und zu strafen, erinnert an mittelalterlichen Unsinn, den er allerdings philosophisch zu begründen versucht, natürlich erfolglos und absolut anfängerhaft. Zum Schluss bleibt nur noch zu sagen: Auch das Christentum ist in seiner ganzen Breite eine fürchterliche Zelle der Mafia, wo der Freitod natürlich keinen Platz hat. „Gute Nacht, ihr armseligen ChristInnen!"

Der Vollständigkeit halber möchte ich hier noch einige andere Religionen anführen, obwohl sie nicht alle zu den Religionen gezählt werden. Meist sind es Abänderungen oder Verbindungen der eigentlichen Religionen. Ich bezeichne hier aber bewusst auch alle Welterklärungsmodelle, welche ohne einen Gott auskommen, als Religionen. Denn alle haben das typische Kennzeichen einer Religion: Es sind lebensbejahende, wider besseres Wissen erstellte Konstrukte. Wie im obigen Abschnitt bereits eingeleitet, möchte ich darlegen, wie nah sich alle Religionen trotz aller Unterschiede sind, wie schließlich alle zur weltweiten Mafia, zur lebensbejahenden Sekte gehören. Als Erstes möchte ich den tibetischen Buddhismus (auch Lamaismus genannt) vorstellen, der als eigentliche Religion bezeichnet werden kann. Gerade in den letzten Jahren ist es im Westen Mode geworden, sich für diese spezielle Variante des Buddhismus zu begeistern. Das Oberhaupt, der Dalai Lama, wird schon seit Jahren im Westen als weiser Mann herumgereicht. Er kämpft mit gewaltfreien Mitteln für eine Befreiung Tibets von den Chinesen. Dies kann ich wieder wie bei Gandhi loben, doch den unterjochten TibeterInnen, die nicht wie ihr Oberhaupt im Exil leben können, bringt der erfolglose Kampf nichts. Es manifestiert sich auch hier wieder eine brutale Härte, die ebenfalls diese Religion bestimmt. Die Seelenwanderungslehre in ihrer ganzen Dummheit wird gerade beim tibetischen Buddhismus offenkundig. Auch der Dalai Lama und andere Führer würden sich innerhalb einer gewissen Zeit nach ihrem Tode wieder verkörpern, ja, tatsächlich, so was wird auch heute noch angeblich im Ernst behauptet. Es wird dann nach dem Tod eines Führers doch tatsächlich durch ganz Tibet gereist, um aufgrund undurchsichtiger Zeichen den neuen Führer zu finden. Die Wahl fällt entsprechend der nahtlosen Nachfolge auf noch kleine Kinder, die dann ungefragt aus ihrer Umgebung gerissen und ins Kloster gesteckt werden, wo sie ihr ganzes Leben als Heiliger verbringen sollen. Und immer wieder streiten sich die guten Leute, wer denn nun der Richtige sei. Dies nenne ich nicht nur Schwachsinn, sondern vor allem auch Kindesmissbrauch. Aber trotzdem gefallen sich die wohlstandsgesättigten WestlerInnen darin, sich vom Dalai Lama die vermeintlich große Weisheit erklären zu lassen. Als Gegenleistung sozusagen setzen sie sich ein wenig für die Befreiung Tibets ein, denn man muss ja mal wieder was Gutes tun. Aber ja nicht zu viel, denn die ChinesInnen sollen nicht zu stark erzürnt werden, da sie wirtschaftlich interessant sind. Da wird dann die ganze Lüge offenkundig. Alle so genannten guten Taten sind effektiv Scheingefechte, denn innerhalb der Sekte schaut jeder auf seinen Vorteil, jeder gegen jeden, alle gegen alle, die so genannten Religionen werden nur als Instrumente für den Kampf benützt, und als Basis bleibt die Akzeptanz des Kampfes aller gegen alle bestehen.

Nun wird man sagen: „Der Philipp Müller, der spinnt doch!" Dann frage ich aber zurück: „Erklären sie mir einmal, weshalb der Dalai Lama solche Verehrung im Westen genießt, obschon er etwas gutheißt, das im Westen zu Recht als Kindesmissbrauch taxiert wird, und wie weit es demzufolge auch beim Schutz der Kinder im Westen wirklich um die Kinder geht!" Natürlich kommt dann die Ausrede, man dürfe nicht in andere Kulturen eingreifen. „Ja, ja, sonst noch was? Und glauben Sie im Ernst, der gute Dalai Lama glaube an seinen Seelenwanderungszirkus? Nein, meine Damen und Herren, es geht ihm um seine Heiligkeit, da fühlt er sich wohl, ein echtes Mafiamitglied, wie Sie ja auch!" Da darf man sich nicht mehr wundern, wenn die Wahrheit untergeht, zugedeckt von Lügen, der lebensverneinende Freitod verloren geht.

Als weitere ganz schlimme Religion werde ich nun, wie angesprochen, die Anthroposophie analysieren. Zusammengesetzt aus Christentum und östlicher Seelenwanderungslehre, zeichnet sie sich durch eine erbarmungslose und hierarchische Lebensbejahung aus. Als Grundelement steht die fürchterliche Behauptung da, durch das Leiden könne sich der Mensch zum Positiven und Höheren entwickeln. Aber gerade mit den vielen AnthroposophInnen, die ich kennenlernte, erlebte ich das pure Gegenteil. Ich habe selten so neurotische, egoistische und unnahbare Menschen erlebt wie die Frauen und Männer, welche dieser Irrlehre nahe standen. Da bewies sich immer wieder meine Theorie, dass der (vermeintliche) Vorteil für den Lebenskampf der Gläubigen das Zentrum jeder Religion kennzeichnet und gute Ansätze in der Realität untergehen und damit reinen Schein bedeuten. Viele AnthroposophInnen geben sich oft als sozial eingestellte Alternative, aber wenn sie dann in ihrem Heim um eine lächerliche Stufe in der Hierarchie aufsteigen, dann steigt es ihnen schon in den Kopf. Das ist eben wieder der hierarchische Aspekt der Seelenwanderungslehre. Auch der Gründer der Anthroposophie, Rudolf Steiner (1861–1925), der als Gründer der nach ihm benannten Schule gilt, welche ebenfalls positive Aspekte beinhaltet, war ein schlimmes Sektenmitglied. Seine Lehre reicht bis zum Faschismus, womit wieder die Nähe aller zu allen durch die Bejahung des Kampfes klar wird. Auf den ersten Blick haben ja Christentum, Hinduismus und Buddhismus nichts mit Hitlers Lehre zu tun, aber bei näherem Hinsehen verringern sich die Unterschiede, da eben alle zur Mafia der Lebensbejahung gehören. Wie uneinsichtig, ja geradezu unglaublich ungeschickt die AnthroposophInnen sich verhalten, manifestierte sich auch in den letzten Jahren, wo doch tatsächlich regelmäßig um des Kaisers Bart gestritten wurde. So ging es darum, ob Rudolf Steiner ein Rassist gewesen sei oder nicht. Rassistische Äußerungen von Steiner veranlassten verschiedene AutorInnen dazu, ihn als Rassisten in die Nähe von Hitler zu rücken. Nun mussten sich die AnthroposophInnen natürlich für ihren Heiligen wehren. Steiner sei kein Rassist gewesen, er sei missverstanden worden oder man habe seine Aussagen aus dem Zusammenhang gerissen. Ob er nun aber im strengen Sinne ein Rassist war oder nicht, spielt keine Rolle. Denn klar bleibt, dass seine unbarmherzige Lehre Rassismus im weiteren Sinne ist. Denn wenn man das Leiden als Mittel zur Charakterbildung lobt, dann sind eben die, welche daran zugrunde gehen, selbst schuld, noch nicht weit genug auf der Seelenleiter. Und der Weg von diesem Hierarchiedenken zum Rassismus im eigentlichen Sinne ist kurz. Steiner gehörte also in übelster Weise zur Mafia. Von einem lebensverneinenden Freitod wollen solche Leute natürlich nichts wissen.

Ebenso sektiererisch zeigt sich der Agnostizismus. Er behauptet, man könne Gott nicht beweisen, aber es gebe ihn vielleicht trotzdem. Da will man sich eine Hintertür offen lassen, statt sich zum Atheismus zu bekennen. Das muss man aber als unehrlich bezeichnen, denn wenn es für einen Gott keine Anzeichen gibt, dann soll man ihn bei seiner Nichtexistenz belassen. Das Sektiererische besteht also darin, dass die Anhänger, um dem Leben doch noch einen Sinn geben zu können, alles für möglich halten wollen. Dem Ziel, weiterleben zu können, wird die Wahrheit geopfert. Nicht weniger verlogen argumentiert der Pantheismus. Er behauptet, Gott zeige sich in der schönen Natur, der Welt, damit sei Gott die Welt und die Welt Gott. Auf so eine unsinnige Konstruktion muss man zuerst mal kommen. Aber die brutalen Gesetze der Natur entlarven den Pantheismus als unmenschliche Lehre. Wie beim Agnostizismus müsste man sich ehrlicherweise gleich zum Atheismus bekennen. Aber auch da kommt man dem Bedürfnis nach Sinn für das Leben und gar einer Weiterexistenz nach dem Tode entgegen (Die Frage bleibt nur, wie es tröstlich sein soll, als Molekül weiterzuleben). Das Weiterlebenkönnen treibt also die seltsamsten Blüten und heiligt alle Mittel, die Wahrheit, der Freitod gehen unter. Bei Atheismus, Materialismus, Kommunismus, Kapitalismus, Wissenschaft, Wirtschaft, Sport, lebensbejahender Psychologie und Philosophie usw. … versucht man den Menschen einzureden, sie seien fähig, glücklich zu werden, auch oder gerade ohne einen Glauben an einen Gott und ein Leben nach dem Tode. Die Wahrheit sieht ganz anders aus. Viele Vorteile des materiellen Wohlstandes sind viel zu teuer erkauft (viel zu hohe Arbeitsbelastung, Umweltverschmutzung usw.), entstehen brutal, unmoralisch (Tierversuche, Konkurrenzkampf usw.) und wirken sich daher auch negativ auf die Menschen aus. (Selbst die auf den ersten Blick für den Menschen nicht schädliche Unmoral der Tierversuche führt durch die folgende Verrohung zu Negativem.) Als Ganzes hat jeder Wohlstand weder glückliche Menschen noch eine gute Welt schaffen können, die unveränderlichen Schrecken, der Kampf und der fehlende Sinn machen ein einigermaßen gutes Leben auf Erden unmöglich.

Mit diesen bei allen Verknüpfungen und Verschiedenheiten letztlich rein lebensbezogenen Ideologie-, Staats-, Wirtschafts-, Wissenschafts-, Freizeit-, Denkreligionen usw. … der totalen (angeblichen) Lebensbejahung haben wir sozusagen die perfekte Entlarvung und die totale Lüge erreicht. Man könnte zwar einwenden, diese Leute seien wenigstens ehrlich durch ihren Atheismus. Das stimmt zwar, aber sie ersetzen den Gottesglauben durch den Glauben an sich selbst, was mindestens so falsch ist. Und ich gestehe hier, dass mir gewisse mitleidwürdige, verirrte Gottesgläubige lieber sind als atheistische, arrogante WissenschafterInnen aller Richtungen, die nicht einmal merken oder merken wollen, dass ihr Wissen und Forschen letztlich sinnlos und unmoralisch ist. Unzählige Varianten von Denkarten oder eben Religionen, meist undurchschaubar zusammengestellte Verbindungen von bisher besprochenen Religionen, versuchen einen so genannten alternativen Weg. Diese Leute findet man weltweit vor allem in politisch linken Kreisen. Ich möchte hier ohne Rücksicht auf meine eigene Vergangenheit als Linker dieses Denken anprangern. In der Realität zeigt sich, dass diese Leute um ihr Ego willen sich ihre eigene Religion zusammenstellen. Oft erlebte ich, dass positive Aspekte wie zum Beispiel der Vegetarismus im Widerspruch zum anderen Denken und Handeln stehen, was eben die Folge der falschen Lebensbejahung ist. (Zum Thema Widersprüche: Ich lebe nicht vegan, ich verzichte also nur auf Fleisch und nicht auf alle tierischen Produkte wie zum Beispiel Milchprodukte. Vom Tiergedanken her müsste man aber vegan leben. Ich leide unter dieser Inkonsequenz. Ich kaufe zwar vegane Produkte, tierversuchsfreie Kosmetika und Kunstlederschuhe. Aber ohne jegliche Produkte von Tieren zu leben ist beim heutigen Angebot fast unmöglich. Das Sicheinschränkenmüssen hat auch wieder negative Auswirkungen. Aber viele VegetarierInnen und VeganerInnen widersprechen sich vor allem dadurch, dass sie naturverherrlichend etwas gutheißen, das sie sonst ablehnen, nämlich das gegenseitige Fressen der Tiere und das Töten von Tieren in der Landwirtschaft zum Schutz der pflanzlichen Produkte. Die Lebensbejahung führt also hier zum totalen Widerspruch, auch der Freitod der VeganerInnen wäre also für die Tiere die bessere Lösung. Damit soll aber mein Widerspruch bis zum Freitod nicht entschuldigt werden.) Auch wenn der obige Verrohungseffekt bei der Akzeptanz von Tierversuchen und Leo Tolstois (russischer Schriftsteller, 1828–1910) Satz, dass es Schlachtfelder geben werde, solange es Schlachthäuser gebe, stimmen, so heißt das leider noch lange nicht, dass TierversuchsgegnerInnen und VegetarierInnen gute Menschen sind. Oft erlebte ich, wie diese Menschen ebenso brutal untereinander handeln, da sie den Kampf akzeptieren. Wahrer Vegetarismus, wie ich ihn verstehe, verlangt eben auch eine eindeutige Lebensverneinung. Oft erlebte ich auch, wie diese Alternativen bei den Themen Denken, Religion und Medizin unehrlich argumentieren und sich verhalten. In einem von Lügen und Schein gepflasterten Weg verurteilen sie zwar zu Recht Materialismus, Schulmedizin, Gewalt an Tieren usw., stellen aber diesem Unrecht ihre Unwahrheit entgegen. Und wenn ihre Heilmethoden nicht wirken, dann rennen sie ebenso zur Schulmedizin oder verrohen durch das Aushalten der Leiden. Ihre Lügen, die sie wie Religionen betreiben, heißen Homöopathie, Geistheilung, Astrologie, Esoterik, Selbstverwirklichung, Seelenwanderung, Farbtherapie, Psychologie, Philosophie, Politik, angeblicher Kontakt mit Toten, Hypnose, Rückführung in angeblich frühere Leben, Nahtoderlebnis mit angeblichem Blick zu Verwandten im Jenseits usw. ... (Die beiden Letzteren widersprechen sich schon einmal usw.) Ich jedenfalls gebe zu, dass dies alles erfunden ist und nichts nützt (vieles habe ich selbst probiert), die Schulmedizin aber wohl, ich nicht leiden will, weil es unmenschlich ist und negativ verändert, daher die Pillen von Firmen schlucke, welche ich verurteile, daher ein schlechtes Gewissen habe und auch deshalb den Freitod wählen werde. Doch die Menschheit kämpft blind weiter, und man könnte noch endlos weitere Irrlehren aufzählen (zum Beispiel die der eigentlichen Sekten, die es ja heute in einer unüberschaubaren Zahl gibt).

Doch es ist genug des Schlechten. Wer es sich trotzdem antun möchte, dem seien die Bücher des Tages-Anzeiger-Journalisten und Sektenspezialisten Hugo Stamm empfohlen. Interessant dazu ist noch, dass ich Herrn Stamm einmal einen Brief schrieb, wo ich kritisierte, dass seine wahrscheinliche Lebensbejahung auch falsch und sektiererisch sei und es somit keine Lösung sein könne, die Sekten zwar zu Recht zu kritisieren, aber selbst keinen besseren Weg aufzuzeigen. In einem folgenden Telefonat rechtfertigte er sich damit, dass er unangreifbar sein wolle und daher seine eigene Religion nicht öffentlich mache, dies umso mehr, als er durch seine Kritik an den Sekten schon genug im Kreuzfeuer stehe. Er wolle einfach vor den Sekten warnen. Auf meine Frage, was er denn von meiner Philosophie halte, meinte er, ich sei wohl der Zeit voraus, was ich natürlich mit Freude entgegennahm. Doch dürfte er an seiner Lebensbejahung wohl festhalten, und daher kann mich auch Herr Stamm nicht überzeugen. Somit stehen die wenigen LebensverneinerInnen in einer unglaublichen globalen Masse von Religionen und somit Lügen alleine da, denn auch in diesem Abschnitt haben wir gesehen, wie trotz der Verschiedenheiten der Verirrungen die Lebensbejahung sie alle vereint, vereint in der Mafia. Die Wahrheit war, ist und wird wohl für immer bleiben: eine Ausnahmeerscheinung. Die LebensverneinerInnen sind nicht zu beneiden, sich da durchzusetzen ist sehr schwierig. Deshalb einmal ohne Zynismus: „Viel Kraft, ihr ehrlichen LebensverneinerInnen, auch wenn ihr nicht den Freitod wählt und mit Widersprüchen weiterlebt!"

Man könnte nun abschließend sich noch endlos streiten, wie weit, je nach Zeit und Religion, sich die direkte oder indirekte Unterdrückung des Freitodes auf seine Häufigkeit auswirkte und bis heute auswirkt. Wenn ich also Religion mit allem lebensbejahenden Denken zu allen Zeiten gleichsetze und somit mit der ewigen Mafia, dann dürften durch die Ewigkeit des Falschen die Unterschiede wohl nicht so groß sein. Die Vermutungen und sicheren Zahlen über die Häufigkeit des Freitodes bestätigen dies, denn der Freitod war und ist bis heute auf der ganzen Welt eine mehr oder weniger seltene Erscheinung. (Theoretisch könnten natürlich auch andere Faktoren als die erwähnten und die Unterdrückung eine Rolle für die Seltenheit spielen, aber die gleichmäßige Verurteilung des Freitodes immer und überall und seine ebenso gleichmäßige Seltenheit lassen einen Zusammenhang vermuten.) Aber es ist wohl klar, dass gerade eine solch brutale Unterdrückung, wie sie die katholische Kirche praktizierte, den Freitod noch schwieriger macht. Sowohl in der Theorie als auch in der Praxis konnte er sich natürlich so nicht verbreiten. Die Praxis sprach ich schon an, aber sie hängt immer mit der Theorie zusammen. Und diese konnte sich schon dadurch nicht verbreiten, dass die meisten Menschen bis zum 20. Jahrhundert nicht schreiben und lesen konnten. Und das gesprochene Wort hatte den Nachteil der langsamen Verbreitung, aber wohl auch eine größere Gefahr wegen des Verbots. Dazu schrieben die so genannten Gelehrten nicht ohne Gefahr positiv vom Freitod. Somit hängen die extrem seltenen freitodbejahenden Schriften des vorhergehenden Kapitels auch mit der katholischen Unterdrückung zusammen. Auch wenn der/die wahre PhilosophIn sich wohl nicht zurückhält und das Schreiben immer weniger verfolgt wurde als die Tat, so hemmt doch jede Unterdrückung eine Entwicklung. Dadurch musste also der Freitod in Theorie und Praxis selten bleiben, was aber die Menschen nicht einfach von ihrer auch selbst gewählten Unwahrheit freisprechen darf. Die Frage muss natürlich kommen, weshalb nach dem Ende der katholischen Unterdrückung der Freitod immer noch in Theorie und Praxis selten ist. Die Antwort habe ich schon einige Male gegeben, hier aber nochmals unter dem religiösen Aspekt: Die Unterdrückung hat sich verweltlicht, wird nun von den atheistischen Religionen angeführt, wenn auch weniger hart und auf andere Art. (Dazu die Bemerkung, dass kaum eine andere Sache in der Geschichte sowohl von den alten als auch von den neuen Religionen verurteilt wurde und wird wie der Freitod, was auf einen besonders gefährlichen Gegner schließen lässt.) In anderen Teilen der Welt sind es mehr oder weniger noch die alten oder auch schon die neuen Religionen, welche für die Unterdrückung besorgt sind. Die Unterdrückung war und ist also bis heute ein Aspekt, weshalb der Freitod selten blieb und wohl bleiben wird. Daher überrascht es mich immer wieder, wenn mir LebensbejaherInnen sagen, meine Philosophie sei sinnlos, weil alle Menschen leben wollten. Erstens kämpfe ich gegen die Unterdrückung und für die Akzeptanz jenen gegenüber, die eben ohne jede Krankheit nicht mehr leben wollen, und zweitens widerspricht es jeglicher Logik, etwas immer und überall Unterdrücktes als etwas Nichtentwicklungsfähiges zu bezeichnen. Dann muss ich die guten Leute daran erinnern, dass sie als Teil der ewigen Mafia schon seit einigen 100.000 Jahren erfolglos etwas versuchen und es immer noch nicht als zu spät erachten, an Entwicklungen zu glauben. So was nennt man bekanntlich Verhältnisblödsinn. Schließlich wird klar, dass die meisten Menschen sich mit den absurdesten Behauptungen in ihre Religion flüchten, sie flüchten vor den eigenen Freitodwünschen aus den besagten Gründen, und aus den eigenen Unglücken und Unsicherheiten heraus flüchten sie schlussendlich total nach vorne, indem sie ihre angebliche Lebensfreude laut propagieren und den Freitod als Feigheit, Versagen, Krankheit, Sünde usw. hinstellen. Die heute allgemein gepredigte Toleranz existiert plötzlich nicht mehr, der Neid auf die Freitodsuchenden beziehungsweise der Wunsch nach LeidensgenossInnen, die auch das Leben loben wollen, führt zur Verurteilung des Freitodes. „Gute Nacht, all ihr Gläubigen der Lebensbejahung!"

5. Der Freitod in der Literatur

Die Literatur zeigt sich im Großen und Ganzen als Spiegelbild der lebensbejahenden Menschheit. Sowohl in den Romanen und der Dichtung als auch in den Sachbüchern wird der Freitod im besten Falle als Lösung akzeptiert. Die wenigen Ausnahmen, die ich im Kapitel Philosophie anführte, könnte man natürlich auch hier loben. Wenige weitere Ausnahmen werden in späteren Kapiteln noch folgen. Wenn ich aber die totale Wahrheit verlange, dann erhebt sich tatsächlich das Buch von Jean Améry als einziger Lichtblick über die unglaubliche Masse von Literatur, sozusagen als friedlicher, erhabener Turm in der ewigen Schlacht. Das Versagen fast der ganzen Literatur läuft also parallel zur realen Katastrophe. Normalerweise beschränkt sich die Literatur darauf, die Probleme des Menschen in erfundenen Geschichten oder realen Ereignissen aufzuzeigen. Deshalb nenne ich den größten Teil der Literatur Feststellungsliteratur, da die unlösbaren Probleme des Menschen dargestellt, geschildert und damit eben festgestellt werden. Das Versagen dieser Literatur ist offenkundig. Was bringt es denn, immer und immer wieder dieselben menschlichen Katastrophen festzustellen? Nichts!! Der Mensch braucht Lösungen, dazu stehe ich, auch wenn diese Meinung außer Mode gekommen ist, da es ja angeblich keine Wahrheiten mehr geben könne und dürfe, weil früher in ihrem Namen Verbrechen begangen wurden. Das bloße Feststellen gestaltet sich natürlich einfacher, denn man kann sich die Finger nicht verbrennen. Es klingt wie eine billige Ausrede, wenn behauptet wird, Literatur dürfe keine Wahrheiten und Lösungen präsentieren, da diese zu Bevormundung und Missbrauch führen würden, denn selbst der angeblich neutralste Roman ist bei näherem Hinsehen nicht neutral, da der Zwang zur Lebensbejahung zumindest zwischen den Zeilen spürbar ist. Dazu darf es nie ein Argument gegen eine gute Sache sein, dass sie auch missbraucht werden kann. Wie falsch Feststellungsliteratur effektiv ist, manifestiert sich an der Tatsache, dass sie beim Beschreiben, ja gar bei einer Anklage an das Leben doch bei der Lebensbejahung verharrt, rein dadurch, dass kein lebensverneinender Freitod propagiert wird. Aber die Schrecken des Lebens und ihre Unveränderlichkeit müssten zum Ende solcher Literatur führen. Wenn man dies also einmal eingesehen hat, dann kann es nur noch freitodbejahende Literatur geben, da alle anderen Lösungen fehlschlagen. Denn die lösungsbezogene Sachbuchliteratur, wie wir schon gesehen haben und wie ich auch in den weiteren Kapiteln beweisen werde, bringt die immer gleichen lebensbejahenden Lösungen, die sich längst als untauglich erweisen und somit die ewigen Schrecken mit tragen. Sowohl die Feststellungsliteratur als auch die kritische Sachbuchliteratur der Lösungen verharren wenigstens nicht in reiner Schönfärbung. Denn gerade die zweite Hälfte des 20. Jahrhunderts brachte Massen von verlogener Glücksbringerliteratur hervor, die schlicht unerträglich ist und sich in ihrer unwahren Argumentation aufs Haar gleicht. Während man diese also vergessen kann, so muss halt wieder gesagt sein, dass die ganze restliche Literatur auch eine lebensbejahende Basis aufweist. Somit haben wir wieder die Nähe aller zu allen, die Mafia mit effektiv geringen Unterschieden. (Die ganze Lüge der Mafia wird ja da manifest, wo man heute scheinheilig auf den früheren Missbrauch mit der angeblichen Wahrheit verweist und darum ihr Ende verlangt. Doch die guten Leute merken offenbar nicht einmal, dass trotz der Unterschiede die Basis der alten angeblichen Wahrheit und der heutigen Behauptungen Lebensbejahung und Freitodablehnung hieß und bis heute heißt, also alle im selben Boot sitzen. Den Beweis dafür haben wir zum Beispiel beim Tages-Anzeiger gesehen, der das Ende der Wahrheit verkündet, aber gerade im Vorgehen gegen Exit laut die Lebensbejahung und die Freitodablehnung als sichere Wahrheit hinstellt.) Es gab zwar auch immer eine seltene Literatur, wo der Freitod festgestellt, behandelt oder gar bewertet wurde. In den Sachbüchern wird er fast immer abgelehnt, in der Dichtung und den Romanen meistens festgestellt, auch abgelehnt oder aber doch akzeptiert, gar bewundert und für gewisse Fälle erlaubt. Eine totale Lebensverneinung und Freitodbejahung sucht man aber auch da vergebens. Dazu kommt der Aspekt der Freiheit der Romanautorin und des Romanautors. Ein Roman muss immer interpretiert werden. Man weiß also nie genau, was der/die AutorIn wirklich sagen will, wenn er/sie überhaupt was sagen will. Aber vor allem bleibt unklar, was er/sie selbst im Ganzen denkt. Ein Vorteil besteht dabei natürlich. Man kann sich hinter dieser Freiheit verstecken, was gerade früher genutzt wurde, wo schon relativ freitodbejahende Texte die AutorInnen in Schwierigkeiten bringen konnten. Es bleibt daher schwierig, die eigentliche Meinung von solchen AutorInnen zu erkennen. Doch es scheint bei den meisten bei der Sympathie oder Akzeptanz des Freitodes in gewissen Fällen geblieben zu sein. Ich möchte im folgenden Abschnitt vier Beispiele erwähnen, die veranschaulichen, wie immer wieder AutorInnen in ihren Texten den Freitod als Lösung in Erwägung ziehen und in der Realität dann aber ablehnen, was den Zwang zum Weiterleben offenkundig werden lässt.

Als erstes Beispiel möchte ich den leider immer noch überall verehrten Goethe (1749–1832) anführen. Er schrieb 1774 das berühmte Buch „Die Leiden des jungen Werther", wo sich ein unglücklich verliebter Mann das Leben nimmt. Wie auch immer Goethe zu dieser Zeit zum Freitod stand, er schilderte den Freitod des jungen Werther so, dass es nach der Veröffentlichung zu manchen Freitoden kam, die man einfach als Nachahmungsfreitode bezeichnete. Seither existiert für die angeblich reine Nachahmung der Begriff des Werther-Effekts. Wie angesprochen kann aber das Vorbild nur der Auslöser für den Freitod sein und nicht die Ursache. Und nun passierte das, was die ganze Strategie gegen den Freitod bis heute auszeichnet. Goethe wurde für sein Buch kritisiert, und er erlag augenblicklich dem Druck. Er distanzierte sich von seinem Buch und versicherte, er werde nie wieder so was schreiben. Später setzte er sich zwar mit seinem Faust nochmals mit dem Freitod auseinander, doch ging es da nicht wirklich um den Freitod. Es zeigt die Verwirrung bei solcher Literatur auf, wenn zum Beispiel Minois behauptet, bei Faust gehe es um den philosophischen Freitod. Ich habe dieses absurde Werk anders gelesen, denn entsprechend dem realen Faust lebt auch der literarische weiter und verbindet sich selbst mit dem Teufel. Und entsprechend ließ sich Goethe auf eine Art Faust-Existenz ein und hatte die gewissen Sympathien für den Freitod beim Werther längst widerrufen. Aber eben bestand auch beim Werther keine Lebensverneinung, sondern nur ein gewisses Verständnis für den Freitod aus Liebeskummer. So war Goethe auch schnell bereit, sein Buch zu bereuen. Er ist ein typisches Beispiel, wie eine gewisse jugendliche Ehrlichkeit schließlich in eine schlimme, lebensbejahende Existenz mündet. 1999 spielte zum Goethe-Jubiläum die Mafia in Hochform auf, wo die meisten diese angeblich große Literatur lobten und den Unmenschen Goethe nicht sehen wollten. Zum Glück kamen auch ein paar kritische Bücher heraus, die Goethe und seine Gemeinheiten beschreiben. Ich aber verlange die Wahrheit und nichts als die Wahrheit, alles andere ist sinnlos, selbst wenn diese Literatur sprachlich etwas ganz Großes wäre. Goethe lebte als überaus schlimmer Mensch, der sich selbst entlarvte, da seine zum Teil relativ guten Ansichten der Texte seinen bösen Handlungen widersprachen und diese eben dem wahren, hart lebensbejahenden Charakter der Texte entsprachen. Da war eben einer, der, statt der jugendlichen Ehrlichkeit zu folgen, sich in die Sekte eingliederte, wild forschte wie Faust und seine Mitmenschen benutzte. Gerade an Goethe kann das totale Versagen der Literatur exemplarisch aufgezeigt werden.

Einen etwas anderen Fall stellt der bekannte Schriftsteller Franz Kafka (1883–1924) dar. Eigentlich muss der Fall Franz Kafka/Max Brod heißen. Max Brod (1884–1968) war ein langjähriger Freund von Kafka, brachte dessen Werke heraus und verfasste eine Biographie über ihn. Kafka unterscheidet sich von Goethe dadurch, dass er als anständiger Mensch lebte, bei dem sich ein gewisser Pessimismus mit Menschlichkeit verband. Ich dachte beim Lesen der Biographie oft, dass Kafkas und mein Charakter sich sehr nahe kommen. Als zentrale Gemeinsamkeit fiel mir diese untrennbare Verbindung von Ehrlichkeit, Menschlichkeit und der Welt abgewandtem Pessimismus auf. Diese wahren Züge zogen sich durch sein ganzes Leben und Werk. Doch da hören dann die Gemeinsamkeiten wieder auf, denn er näherte sich in seiner Gesamtsicht des Lebens eher wieder Goethe an, den er bezeichnenderweise bewunderte. Kafka entwickelte auch einen Zwang, das Leben positiv sehen zu müssen. Trotzdem blieb er einem gewissen Pessimismus treu und wandelte sich nicht wie Goethe zum positivistischen Unmenschen. Bei Kafka zeigte sich, wie er sich trotz anderer Gefühle und anderen Denkens von seinem Zwang, der auch aus seinem jüdischen Erbe bestand, nicht befreien konnte. Immer mehr ließ er sich gegen sein Innerstes von der Gesellschaft vereinnahmen, was aber seine unglücklichen Gefühle nicht veränderte. Daran maßgeblich beteiligt war dieser Max Brod, der ein fürchterlicher Mafioso war. Brod machte es sich zur Lebensaufgabe, den Pessimismus von Kafka ins Gegenteil zu verkehren. Da wird auch wieder die Verwirrung offensichtlich, welche vom Autor ausgelöst und von den InterpretInnen je nach Lebenssicht weitergeführt wird. So bekämpft Brod in seiner Biographie über Kafka die Auslegung von Kafkas Romanen durch andere AutorInnen, denn sie hätten nur seinen Pessimismus sehen wollen. Und tatsächlich manifestiert sich in diesen Romanen, aber vor allem in anderen Texten (Tagebücher, Briefe) die teilweise Umkehr Kafkas zum lebensbejahenden Positivismus. Hier scheint mir nicht Brods Fehler zu liegen, denn offensichtlich konnte sich Kafka nicht zum Freitod entschließen, an den er aber dachte, und später bekannte er sich auch durch Brods Einfluss zu den Lebenslügen. So brachte der blind gläubige Jude Brod den zumindest skeptischen Juden Kafka zu diesem verlogenen Glauben. Das Buch von Brod liest sich über weite Strecken fast unerträglich. Mit einer schon fast unüberbietbaren Verlogenheit versucht er das Leid des Menschen und die Vollkommenheit Gottes zu erklären. Die Lügen gipfeln in der absolut unsinnigen und alten Feststellung, der Mensch in seiner Kleinheit könne Gott halt nicht begreifen. Doch die Argumentation dazu möchte ich Ihnen ersparen, sie ist eine einzige und totale Katastrophe. Und die Katastrophe von Kafka war, dass er sich trotz der Zweifel an diese Lügen anlehnte. Da sage ich ein weiteres Mal: „Nein, meine Herren, so nicht!" Wenn ich Brods Sicht über das Denken von Kafka als wahr annehme, so kann der eigentlich geniale Franz Kafka als guter Mensch bezeichnet werden, der aber von der Wahrheit abkam oder abkommen wollte und zur Sekte wechselte. Brod ist aber ein Paradebeispiel, wie der Mensch mit einer Flucht nach vorne wider alle Tatsachen versucht, alles ins Positive zu verkehren. Folgender Text beweist dies, wobei offenbar nicht nur Brod, sondern leider auch Kafka tatsächlich an diesen Unsinn glaubten:

24: „Diese Ansätze zu einer optimistischeren Weltdeutung dürfen nicht vernachlässigt werden, wenn man Kafka richtig lesen will, ja ich glaube, dass gerade diese zarten Ansätze, unendlichen Missstimmungen und Fehlschlägen eines grauenvoll schweren Lebens abgerungen, Ansätze zu einem Kampf für das Gute trotz allem und allem den Kern, das Beste und Eigentlichste in Kafkas denkerischer Haltung ausmachen. Gerade weil die Ansätze des Glaubens einer so radikalen Skepsis abgezwungen sind, sind sie in ihrer Wahrhaftigkeit, durch letzte Prüfungen geläutert, unendlich wertvoll und stark."

Hier beweist sich die verlogene Argumentation von Brod eindeutig. Er verharmlost das Leiden, indem er das positive Denken als wahr bezeichnet, weil es trotz des Leidens und der Skepsis entstanden sei. „Nun, guter Herr Brod, das ist ja eine Logik von Kleinkindern! Nicht das Trotz führt einfach zu Ihrer angeblichen Wahrheit, sondern Ihre Unwahrheit und Ihr Zwang, alles schönzureden!" Brod schreibt dann auch noch, Kafka wäre eben mit der richtigen Frau glücklich geworden. Dies möchte ich nun nicht einfach abtun, kenne ich doch selbst die Kraft einer Liebe. Doch bleibt unklar, weshalb die mehreren Beziehungen von Kafka scheiterten. Bei Brod wird man den Verdacht nicht los, dass er die Schuld den Frauen gibt. Aber die Wahrheit sieht eher so aus, dass das grausame Leben und die folgende Schwermütigkeit Kafkas die Gründe waren. Brod führt seinen Beweis damit, dass die letzte Freundin von Kafka diesen glücklich gemacht habe. Nun lernte er diese aber erst kennen, als er bereits krank war und den Tod vor Augen hatte. Brod kommt natürlich nicht auf den Gedanken, dass Kafka, durch den vorhersehbaren Tod befreit, in dieser Beziehung leben konnte. Er spricht alles dieser Frau zu und denkt nicht daran, dass es durch das Weiterleben wie mit den anderen Frauen auch zum Scheitern gekommen wäre. Denn diese früheren Freundinnen hatten ebenso viel Verständnis für Kafkas Pessimismus und scheinen auch sonst ebenso gute Frauen gewesen zu sein wie die letzte. Noch klarer zeigt Brod seine Defizite in wahrer Psychologie und Philosophie, wenn er gar noch behauptet, Kafka hätte ein glücklicher Mensch werden können, wenn er Vater gewesen wäre. Und dann versteigt er sich endgültig. Er erzählt, wie er nach Kafkas Tod erfuhr, dass dieser einen Sohn aus einer kurzen Beziehung hatte, von dem aber auch Kafka nie wusste. Und dieser Sohn sei jung, noch vor Kafka, gestorben. Nun geht er so weit zu behaupten, wenn Kafka diesen Sohn gekannt hätte, dann wäre er glücklich geworden und der Sohn wohl nicht gestorben. Das alles ist erstens reine Spekulation und zweitens unglaubwürdig, denn Kafka fühlte sich ja gar nie richtig bereit, eine Familie zu gründen, weil er am Leben litt. Deshalb zogen sich diese Freundinnen wieder zurück, und er war so ehrlich, sie nicht zu bedrängen. Es scheint hier auch wieder einen Einfluss von Brod gegeben zu haben, denn offenbar redete er Kafka ein, eine Familie sei das größte Glück, bis es dieser zumindest teilweise auch glaubte. Ich möchte Kafka, der zweifellos große Fähigkeiten besaß, nicht als Marionette von Brod hinstellen, aber es sieht leider so aus, dass er auch durch Brods Einfluss mit der Zeit solchen Unsinn glaubte oder glauben wollte. Auch den schwärmerischen Zionismus von Brod lehnte Kafka zuerst ab, später nahm er ihn teilweise an, nach einem Streit, was wie ein Nachgeben aussieht, um die Freundschaft nicht zu gefährden. Abschließend beweist sich Brods ganze Katastrophe dort, wo er den Staat Israel lobt, kein Unrecht entdecken und noch glauben will, Kafka wäre dort, wie er angeblich, glücklich geworden. „Ja, lieber Herr Brod, gute Nacht!" Nun wird es wieder heißen: „Ja, der Müller, ein Antisemit!" – „Ja, ja, ihr armselig Denkunfähigen!" Ich habe mich für Kafka als Mensch, sein Denken und schließlich leider seine weitgehende Abwendung von der Wahrheit interessiert und nicht für den Juden Franz Kafka. Und dass dieser gute Herr Brod ein fürchterlicher Mensch war, ist eine Tatsache, dass er auch noch Jude, ein Zufall, obwohl man jetzt wieder sagen könnte, das Judentum sei wie geschaffen für solche Verirrungen. Aber eben sind die Unterschiede nicht bedeutend, denn schließlich führten nicht jüdische Ansichten zu Goethes Katastrophe, die größer war als jene von Kafka. Ja eben, alles eine Mafia.

Das dritte Beispiel hat Ähnlichkeiten mit Franz Kafka. Es geht um die amerikanische Dichterin Sylvia Plath (1932–1963). Beim Lesen ihrer Biographie, geschrieben von einer Anne Stevenson, musste ich wieder diesen Unsinn über mich ergehen lassen, alles in einen lebensbejahenden Rahmen stellen zu wollen. Insofern könnte man von einem Fall Sylvia Plath/Anne Stevenson sprechen. Der Unterschied zu Kafka/Brod besteht allerdings darin, dass sich diese beiden Frauen nie kennen lernten. Plath ist ein Beispiel dafür, wie Menschen, nebst der Biographin auch andere Kreise (vor allem Feministinnen), versuchen, das unglückliche Leben eines anderen Menschen in einen lebensbejahenden Kampf zu verkehren. Die Tatsachen sehen hingegen ganz anders aus. Stevenson schildert in ihrem Buch das total unglückliche Leben von Plath. Sie verlor schon früh den Vater, entwickelte eine Hassliebe zur Mutter und schon früh den

Plan, dies mit einem Leben als berühmte Schriftstellerin zu kompensieren. Dabei legte sie einen krankhaften Ehrgeiz an den Tag, welcher sie auch vor dem Benutzen von Mitmenschen nicht zurückschrecken ließ. Ihr ganzes Leben war überaus unglücklich, von Nervosität und Aggressivität geprägt und nur durch ihr Vorspielen einer glücklichen Frau zeitweise verdeckt. Doch immer wieder reagierte sie derart bösartig auf Mitmenschen, dass der Schein einstürzte. Doch viele ließen sich von ihrem Auftreten blenden und ein gewisser Erfolg als Dichterin stellte sich ein. Sie heiratete einen englischen Schriftsteller, gebar zwei Kinder, doch das Paar trennte sich wieder und ihr Unglück vergrößerte sich so noch. Und dieses entstand sehr wohl auch aus einer Sensibilität und Verletzlichkeit heraus, welche das Leben als Ganzes in Frage stellten. Dies alles verarbeitete sie, ja so nennt man das tatsächlich, in ihrer Dichtung, denn da sind Lebensverneinung und Todessehnsucht spürbar. Da sie auch zwei Freitodversuche unternahm und immer extrem unzufrieden lebte, ist es eine typische Verschleierung, ihre Dichtung als Verarbeitung zu bezeichnen. Überhaupt macht Stevenson wie viele Literaturleute den unglaublichen Fehler, Dichtung als etwas Besonderes anzusehen, wenn nur schon die Sprache angeblich großartig ist. Sie will stur nicht zugeben, dass Sylvia Plath im Innersten lebensverneinend war und dies in ihrer Dichtung teilweise ausdrückte, was aber weder große Kunst noch Verarbeitung sein kann, sondern das Zu-Papier-Bringen des eigenen Denkens, des eigenen unveränderlichen Unglücks und des unveränderlichen der ganzen Menschheit. Die Tragik bei Plath besteht ja gerade darin, dass ihr eigener Zwang zum Leben sie in all diese Katastrophen ritt. Ihr Umgang mit vielen Menschen rief bei mir beim Lesen richtige Wut hervor. Obwohl ihr die meisten zuerst mit Wohlwollen begegneten, reagierte sie je nach Gemütslage und Situation zu ihren eigenen Zwecken mit Wutausbrüchen. Da bringe ich meinen moralischen Freitod zur Sprache: Plath hätte sich ihr Unglück, die Sinnlosigkeit des Lebens eingestehen und nicht einfach weiterhetzen sollen. Stattdessen schikanierte sie viele Menschen, Mutter, Mann, viele Bekannte, und setzte dazu noch zwei Kinder in die Welt. Und obschon Stevenson dies alles drastisch schildert, glaubt sie (angeblich) im Ernst, Plath hätte einen Weg im Leben finden können, denn schließlich wählte sie doch den Freitod:

25: „Doch das Tragische in ihrem Leben war, dass ein paar unglückliche Umstände es ihr unmöglich machten, in einer Welt weiterzuleben, mit der sie sich vielleicht hätte arrangieren können."

Als Umstände erwähnt sie zum Beispiel den kalten Winter 1963, in dem sich Plath das Leben nahm. Da verharmlost sie wieder das ganze Leben von Plath, und am Ende des Buches darf noch ein Mediziner behaupten, Sylvia Plath sei das Opfer von biochemischen Gehirnstörungen geworden. Ähnlich wie Brod wegdiskutieren wollte, dass das effektive Zentrum von Kafkas Denken pessimistisch war, geht auch Stevenson vor. Und im Kapitel „Psychologie" werden wir noch sehen, wie weit sich die Mafia belügt, wo ein ehemaliger Freund von Plath die unmöglichsten Theorien von sich gibt.

Als letztes Beispiel möchte ich den schweizerischen Autor Markus Werner erwähnen, der wie ich im Kanton Schaffhausen lebt. Werner schrieb einige Romane, welche verhältnismäßig großen Erfolg hatten und ihn im deutschen Sprachraum bekannt machten. Der erste heißt „Zündels Abgang", in dem Werner, der selbst als Lehrer arbeitete, einen solchen schildert und wie dieser am Schluss aus seiner Umgebung, seinem sinnlosen Leben davonläuft. Die Zukunft von diesem Lehrer Zündel bleibt zwar offen, doch es scheint, dass er im Freitod die am wenigsten schlechte Lösung sieht. In den späteren Romanen kommt eine solch klare Lebensverneinung wie die von Zündel nicht mehr vor. Ich habe Markus Werner in einem Telefonat auf diese Veränderung angesprochen und die Meinung vertreten, nach der überzeugten Lebensverneinung seines ersten Buches dürfte eigentlich kein weiteres mehr folgen, oder höchstens ein anderes lebensverneinendes. Seine Antwort bewies immerhin, dass er nicht zu einer geistlosen Lebensbejahung wechselte. Zur Zeit, als er „Zündels Abgang" geschrieben habe, hätte er sich oft mit dem Freitod auseinander gesetzt und auch für sich selbst den Freitod als Weg in Erwägung gezogen. Heute, würde er sagen, sehe er das Leben etwas gelassener, ohne es verherrlichen zu wollen. Das ist eine ehrliche Antwort, die mich aber natürlich nicht befriedigen kann, was ich ihm auch sagte. Er zeigte einiges Verständnis für meine Position. Jedenfalls ist Markus Werner ein Mensch, dem ich gerne einmal in der Stadt Schaffhausen über den Weg laufen würde. Seine überaus freundliche Art und seine unverdächtige Begründung, weshalb er sich den Medien entzieht (er glaube, er sei nicht medientauglich), wirkten auf mich sehr positiv. Werner leistete auf alle Fälle mit „Zündels Abgang" eine gewisse Infragestellung des Lebens, auch wenn das Problem der Romanform bei ihm ebenso vorhanden ist, da die Interpretation in mehrere Richtungen gehen kann und eine zumindest auf Zündel begrenzte lebensverneinde Freitodbejahung ausbleibt. Trotzdem offenbaren die folgenden Sätze klarste Wahrheit.

26: „Wie sieht denn ein moderner Lebenslauf aus? Abstoßend und dreiaktig. Dreiaktig wie eine Komödie. Erster Akt: Auflehnung gegen das Seiende, also Böse.

Zweiter Akt: Anpassung an das Seiende, also Böse. Dritter Akt: Bejahung des Seienden, also Bösen. Aber fremd ist euch die Sprache der Wahrheit. Anders habt ihr es gelernt, nämlich so: Erster Akt: Pubertärer Idealismus. Zweiter Akt: Reife. Dritter Akt: Vollreife, Weisheit, Abgeklärtheit. So und nicht anders habt ihr es gelernt, und darum gibt es für euch nichts Erstrebenswerteres als den Intimverkehr mit dem Realen, das aber heißt: mit dem Teuflischen. Da sitzt ihr jahrelang in diesen Bänken und glotzt in die trostlosen Fratzen borniert Dompteure und hört euch den feuchten Schwachsinn an, der ihnen unablässig von den Lippen tropft! Merkt ihr nicht, dass eure sämtlichen Erzieher, wozu ich auch eure Eltern rechne, dass sie alle nichts anderes als tückische Kuppler und Zuhälter sind, die euch ums Verrecken in die Arme der Wirklichkeit treiben wollen? Und wisst ihr, auf welch simple Weise sie das erreichen? Sie machen euch Angst! Sie machen euch Angst mit Befehlen, Geboten, Verboten, mit Noten, Strafen, Bloßstellungen, mit Zwang, Druck, Drohung und Liebesentzug. Erziehung ist pausenlose, berechnende, ideenreiche Angsterzeugung, und wer das leugnet, ist ein korrupter Schuft und gehört mit glühenden Zangen gekniffen! Was aber macht man als Betroffener mit seinen Dauerängsten? Es gibt nur einen Weg, nur eine Methode, sie loszuwerden: die Unterwerfung, die Anpassung, die Identifikation mit den Peinigern, das jauchzende Ja zur eigenen Verstümmelung, den Zungenkuss mit dem Status quo, die demonstrative Begattung mit der Wirklichkeit!"

Da sagt dieser Zündel in seiner letzten Schulstunde, bevor er davonläuft, was ich schon mehrfach sagte: Die Menschen, gerade die jungen, werden systematisch abgerichtet, abgerichtet zu lebensbejahenden Mitmachern!! Wir haben also mit den vier Beispielen gesehen, wie selbst jene, die kurzzeitig nicht einer blinden Lebensbejahung das Wort redeten und wo der Freitod eine gewisse Bejahung erfuhr, sich längerfristig von der Mafia vereinnahmen ließen, wobei nicht alle den gleichen Grad der realen und geistigen Unmenschlichkeit aufwiesen. (Den Freitod von Sylvia Plath werte ich nicht als einen philosophisch lebensverneinenden, denn wie ihr Umfeld hielt sie zwanghaft am Leben fest, und erst das totale Unglück führte zum Freitod.)

Die große Masse der Literatur kann also vergessen werden. Seit ich mich besonders mit der jüngeren Literatur auseinander setze, verstehe ich die Welt erst recht nicht mehr. Dieser ganze Literaturbetrieb präsentiert sich als ein Karussell der Eitelkeiten, der Wichtigtuereien und der Unwahrheiten. Da manifestiert sich die sektiererische Mafia auf dieser Ebene. Bei allen Gegensätzen herrscht ein lebensbejahender Konsens, selbst bei den lebenskritischen AutorInnen. Die Mehrheit der heutigen SchriftstellerInnen hat sich längst der modernen Lüge angepasst, Wahrheit sei eine Illusion, obwohl sie eben ja die Lebensbejahung zumindest indirekt als solche vertreten. So wird ein wenig festgestellt, ein wenig erzählt, ein wenig kritisiert, ein wenig polemisiert usw., alles um des Schreibens willen, alles um der eigenen Lust willen, alles um der Kunst willen, alles um der eigenen Berühmtheit willen und letztlich eben um der Lebensbejahung willen, ohne wahren Gehalt, ohne wirkliche Lösungen für die Menschen aufzuzeigen. Es sollen die KritikerInnen und/oder der wirtschaftliche Erfolg befriedigt werden. Die große Masse der LeserInnen gehört ja auch zur Mafia, die wollen diesen Unsinn offenbar lesen, also sollen sie bedient werden. Wenn man mal einen Lichtblick zu sehen meint, so wird bei näherem Hinsehen sicher die Enttäuschung folgen. Das gilt für AutorInnen wie für KritikerInnen. Die unglaubliche Masse, die da auf den Markt geworfen wird, kann gar nicht mehr überschaut werden, und die vielen Bücher müssen sich in ihrem Unsinn gleichen. Bei Literaturdiskussionen fragt man sich dann jeweils, wann diese KritikerInnen das alles gelesen haben wollen. Da kommt der Verdacht auf, dass es um die Quantität statt um die Qualität geht. Man kann das riesige Wissen dieser Leute bewundern, nur bringt es nichts, und es wird immer wieder klar, dass die guten Damen und Herren vor lauter Bäumen den Wald nicht mehr sehen. Ihre Kriterien bedeuten reine Schaumschlägerei, was dann offensichtlich wird, wenn sie sich um des Kaisers Bart streiten und darüber gar in die Haare geraten. Diese ganzen Literaturkriege beweisen die katastrophale geistige Verfassung dieser Leute. AutorInnen, KritikerInnen beziehungsweise die Medien, die Verlage, der Buchhandel, die PreisverleiherInnen und letztlich die LeserInnen und die Gesellschaft bilden diese Literaturmafia, welche das Theater jeder gegen jeden, alle gegen alle aufführt. Und natürlich haben alle Freude daran, ein wenig cool zu wirken, selbst wenn sie dabei verlieren.

Dem Tages-Anzeiger habe ich in den letzten Jahren einige Leserbriefe zukommen lassen, in welchen ich die Oberflächlichkeit des Kulturteils kritisierte. Bezeichnenderweise wurde keiner davon abgedruckt. Wie gesagt ist der Tages-Anzeiger, und wohl auch sein Kulturteil, noch eher weniger schlecht als andere Zeitungen. Zum Beispiel schrieb er kritischer als die Neue Zürcher Zeitung, als der deutsche Katastrophenautor und Hitlervorbereiter Ernst Jünger (1895–1998) starb. Aber dass die anderen noch schlechter denken können oder wollen, darf natürlich kein Leistungsausweis sein. Und diesen Jünger zu kritisieren war für eine eher linke Zeitung schon fast eine Pflicht, was aber eher mit mafiainterner Abgrenzung als mit erkennender Wahrheitsfindung zu tun hatte. Da wird ja dann das unglaubliche Ausmaß der Unwahrheit klar, wenn ein

146

solch mieser Kulturteil wie der des Tages-Anzeigers noch der beste ist. Dieser gehört in typischer Weise zur Literaturmafia. Wenn Moral und Wahrheit doch mal reklamiert werden, dann bei auf den ersten Blick klaren Fragen, so verteidigt man natürlich zu Recht die so genannten Menschenrechte, doch beim zweiten Blick widerspricht man diesen rein durch die Bejahung des Lebenskampfes, der die Realisierung ebendieser Menschenrechte unmöglich macht. Wenn es also um die wirkliche Wahrheit gehen würde, dann wird das Ende dieser verkündet und Literatur habe nicht die Aufgabe, sie zu vertreten, trotzdem ist man für das Leben und gegen den Freitod. Entsprechend werden die Bücher nach unmenschlichen, lebensbejahenden und sprachlichen Kriterien beurteilt, was dann zum regelmäßigen Lob von Büchern führt, welche nicht einmal einer Diskussion würdig sind. Und die Wichtigtuerei herrscht ebenfalls vor, welche sich im unnötigen, offensichtlich absichtlich komplizierten Schreiben mit vielen Fremdwörtern äußert. Schaut man zum Beispiel, welche schweizerischen Autoren als große Autoren gelten, dann wird die Sache endgültig klar. Es geht nie wirklich um die Wahrheit, und wenn, dann ist es die scheinheilige der Lebensbejahung, welche Unmenschlichkeit und Denkunfähigkeit beweist. Meist wird das pseudokritische, linke Gedankengut in Verbindung mit angeblich großartiger Sprache gelobt, aber wer ebenso angeblich große Literatur um der Kunst willen leistet, der darf sogar von der Tages-Anzeiger-Wahrheit abweichen und bleibt dann immer noch ein großer Autor. Da zeigt sich eben die Mafia mit dem Mitglied Tages-Anzeiger, oder spezifischer: die Literatur-Mafia mit dem Mitglied Tages-Anzeiger-Kulturteil, in ihrer ganzen Katastrophe. Ein weiteres Mal dasselbe Lied: Die wirkliche, große Wahrheit der Lebensverneinung, der lebensverneinende Freitod hat in dieser Literatur-welt keinen Platz. Die pseudo-kritische Literatur zeichnet sich durch das ewige Feststellen und Kritisieren aus, doch wahre Lösungen werden logischerweise nie aufgezeigt, da es sie ja innerhalb der Lebensbejahung nicht geben kann. Trotzdem oder natürlich gerade deshalb gelten gerade beim Tages-Anzeiger solch pseudokritische Autoren wie Adolf Muschg, Peter Bichsel, Franz Hohler, Niklaus Meienberg (1940–1993), Max Frisch (1911–1991) und Friedrich Dürrenmatt (1921–1990) zu den so genannten Großen der Schweizer Literatur. Allesamt sind sie reine Schaumschläger, die man gerade als Menschen nicht ernst nehmen kann und damit auch nicht als Schriftsteller. Für alle gilt diese lebensbejahende Blindheit, welche bis zum Zusammenbruch des realen Sozialismus an diesen als gute Variante für den Menschen glaubte oder glauben wollte. Seit dem Zusammenbruch wissen sie nicht mehr so recht, was sie noch glauben und denken sollen, was in wirklich unglaublicher Weise veranschaulicht, wie diese Leute nicht denken können oder es eben nicht können wollen. Man könnte zwar wieder dies alles als gut gemeinte Utopie qualifizieren, doch die unveränderlichen Schrecken dieser Welt müssten solche Spiele verbieten. Und oft wird klar, dass es diesen Leuten nicht mal wirklich um ihre Sache geht, da sie sich regelmäßig entlarven.

Adolf Muschg verkündete vor Jahren, Literatur müsse wieder mehr Literatur als solche sein und nicht Meinungsvertretung. Doch wenig später, im Zusammenhang mit der Diskussion um die Rolle der Schweiz während des Zweiten Weltkrieges, wurde er plötzlich zum Kämpfer gegen den Antisemitismus. Dass er dabei so manches verdrehte und Geschichtsfälschung betrieb, gehört wohl zu solchen Leuten. So kritisierte er die Politik der Schweiz natürlich zu Recht, aber was sie denn hätte tun sollen, wurde nicht klar. Er behauptete zwar, die Schweiz hätte ohne Risiko weniger Kompromisse an Hitler machen können. Doch das entbehrt jeder Grundlage, und dazu ist es unehrlich, aus heutiger Sicht zu argumentieren. Dazu verteidigte er die Geldforderungen der Juden, die aber nur zu rechtfertigen wären, wenn man der Schweiz eine andere Lösung für die damalige Zeit aufzeigen könnte und dazu nicht selbst Verbrechen in Israel begehen, unterstützen oder zumindest billigen würde. Natürlich kommen weder Adolf Muschg noch die Juden darauf, dass die einzig humane Lösung gegen Hitler (auch für die Schweiz) der kollektive Freitod gewesen wäre. Dies alles habe ich ihm in einem Brief erklärt, natürlich kam nie eine Antwort. Ein neuer Höhepunkt ereignete sich im Winter 2000, wo er in einem Zischtigs-Club behauptete, die Medien seien schuld an der unmenschlichen Politik in der Schweiz, obschon gerade er und die von ihm verteidigte SP im Tages-Anzeiger und am Schweizer Fernsehen DRS, zwei wichtigen Medien, sehr zuvorkommend behandelt werden und überdies auch andere Medien im Normalfall das Unmenschliche von Personen wiedergeben, selbst vertreten, was ja Muschg, die SP, der Tages-Anzeiger und das Schweizer Fernsehen auch tun, aber nicht mediengerecht verzerren, wie er behauptete. Entsprechend sieht auch seine Literatur aus, eben pseudokritisch, lebensbejahend, ohne Wahrheit, Muschg präsentiert sich genau genommen als fürchterlicher Wichtigtuer.

Bichsel, bei dem ich mich schon als Schüler während des Lesens seiner so gerühmten Milchmann-Geschichte fragte, was das sollte und was daran große Literatur sei, hätte jahrelang Grund gehabt, zur SP auszutreten, trat dann schließlich aber wegen einer Kleinigkeit aus. Das wirkt alles unglaubwürdig, und so unsinnig für diese Welt ist seine Milchmann-Geschichte, weil durch das Feststellen der Anonymität keinem

Menschen geholfen wird. Bichsel ist eben auch einer, der seine richtige Feststellung nicht weiterdenkt und nicht merkt oder merken will, dass auch die Ursache für diese Anonymität unveränderbar in der Sinnlosigkeit des Lebens liegt. Denn wenn er dies erkannt hätte, dürfte es nicht mehr beim ewigen Feststellen bleiben, doch dieser äußerst kuriose Bichsel ist ein versteckt-eitler Lebens-Bejaher.

Am meisten enttäuscht reagiert man wohl dann, wenn sich ein Lichtblick doch als weiterer Versager entpuppt. So ging es mir mit Franz Hohler, der mit dem Gedicht „Tamar" zumindest Verständnis für den Freitod aufbringt. Doch vieles andere von ihm gleicht wieder dieser lebensbejahenden Pseudokritik.

Hohlers ehemaliger Freund Niklaus Meienberg kletterte dann noch eine Stufe weiter auf dieser Leiter des Polemisierens und Polterns um des eigenen Aufsehens willen. Bei ihm wird gerade der Widerspruch vieler AutorInnen offenkundig, die sich mit ihrem Schreiben angeblich für die Gerechtigkeit einsetzen, aber als Menschen unmenschlich handeln. Meienberg benutzte schamlos andere Menschen und wollte selbst bei seinen GegnerInnen Anerkennung. Dies gehört halt alles zum Menschen, aber weshalb merkt ein solcher Mann nicht, dass er umkehren sollte, da ihn offenbar das Leben trotz seiner (vermeintlichen) Wahrheiten zu den gleichen Ungerechtigkeiten verleitet, welche er bei den anderen zu Recht verurteilt?! Meienberg wählte schließlich den Freitod und beklagte die Lieblosigkeit der Menschen. Doch nach einem solchen Leben wirkt ein Freitod unglaubwürdig, denn sein Zwang zur Lebensbejahung und zum Kampf blieb bestehen, was eben zu falscher Schrift und Tat führte.

Ebensolche Pseudorevolutionäre waren die Herren Frisch und Dürrenmatt. Und wenn ich wieder verlange, dass man das Verhalten als Mensch im konkreten Leben ins Gesamtbild einer Autorin oder eines Autors einbeziehen muss, so kommen diese eitlen Herren ganz schlecht weg. So sollen sie wie kleine Buben noch im hohen Alter es nicht ertragen haben, wenn der andere das Tischtennisspiel gewann, und am Schluss gingen sie ihrer Eitelkeiten wegen im Streit auseinander, den sie, bis der Erste starb, nicht mehr schlichteten. Und solchen Leuten soll ein Mensch noch was glauben?! Da wird das Schreiben als Selbstverwirklichung von dieser Seite offensichtlich, aber entsprechend schrieben auch diese beiden so genannten ganz Großen der Schweizer Literatur letztlich sinnlose Geschichten und ebenso sinnlose Kritik an der Welt, denn Lebensverneinung existiert nicht, auch sie waren Lebensbejaher oder wollten solche sein. Oder wie kann es möglich sein, dass im Literatur-Club am Schweizer Fernsehen DRS immer wieder eine Frau Heidenreich auftauchen darf, die schlimmer als der schlimmste Mann wirkt und ebensolche Dinge von sich gibt und schreibt?! Dass es immer noch viel Schlimmeres gibt, zeigt das ungeheure Ausmaß der Katastrophe auf.

Was für die Schweiz gilt, gilt auch für die anderen Länder der Welt. Wer zum Beispiel in Deutschland nach der Wende die literarischen Sandkastenkämpfe beobachtete, der konnte nun wirklich nur noch den Kopf schütteln. Der West-PEN gegen den Ost-PEN (der PEN ist eine SchriftstellerInnen-Vereinigung) usw., diese ewigen Spiele fanden und finden immer noch statt, wer denn was verbrochen habe oder eben nicht, ohne die Sache mal ganzheitlich anzuschauen, und mittendrin dieser so genannte Literaturpapst, der das ganze Theater leitet. Dieser kann ja nichts für seine Stimme, aber mit seiner ganzen Mimik macht er das unsägliche Theater perfekt. Dass er ein oberstes Mitglied der Mafia ist, bewies er in seiner Fernsehsendung „Literarisches Quartett" zu Goethe. Mit einem riesigen, aber unwichtigen Wissen debattierten sie, lobten Goethe, was das Zeug hielt, um dann, nach einer Stunde, für fünf Minuten, festzustellen, dass auch die Nazis sich auf Goethe beriefen. Nun, der Papst meinte, den großen Goethe hätten sie nicht so gut gebrauchen können. „Ja, ja, Herr Reich-Ranicki, natürlich wissen Sie alles, aber natürlich begreifen Sie die geistige Nähe des Menschen Goethe zu dem Menschen Hitler nicht. Eben alles eine Mafia! Gute Nacht, ihr armseligen Literaturleute!!"

6. Der Freitod in der Psychologie

Dass von der Psychologie die Wahrheit nicht erwartet werden kann, habe ich schon verschiedentlich angedeutet. Ihr grundsätzlicher Ansatz bedeutet ja schon die Umkehrung der Wahrheit, denn alle Richtungen der Psychologie gehen davon aus, der Mensch wolle leben und habe auch grundsätzlich Freude daran. Damit steht der freitodbejahende Mensch automatisch in der Rolle des abnormen Kranken. Und weil er krank sei, müsse ihm geholfen werden. Die Psychologie und ihr Nebenzweig, die Psychiatrie, machen sich also daran, mit allen Mitteln die Freitodwilligen wieder auf den so genannten normalen Weg zurückzubringen. Und obwohl die psychologischen Theorien sich oft total widersprechen, gibt es in der Psychosekte keine Zweifel an der Krankhaftigkeit des Freitodes. Daher scheuen sich diese Leute auch nicht, selbst das zwanghafte Einschließen von so genannten suizidgefährdeten Menschen in eine Klinik zu vollziehen und zu rechtfertigen. Das Sektiererische dieser Psychomafia demonstriert sich dort, wo aus offensichtlicher Angst vor der Wahrheit jegliche Infragestellung ihrer Behauptungen schon fast panikartig abgewehrt wird. Das Beispiel der Reaktionen der Psychiatrie auf Exit beweist dies eindeutig. Die Psychologie und Psychiatrie treten sozusagen als von der Mafia beauftragte Beschützerinnen der Lebensbejahung, als moderne Hüter der Urreligion auf. Wie faul aber das ganze Lügengebäude dasteht, zeigt zum Beispiel das Faktum, dass die PsychiaterInnen eine der höchsten Freitodraten aller Berufsgattungen haben, und die meisten PsychotherapeutInnen verhalten sich offensichtlich neurotisch. Man wehrt also die Wahrheit schon aus Angst vor der eigenen Lebensverneinung und dem eigenen Freitodwunsch ab. Damit wird die Richtigkeit meiner Theorie offenbar: Alle Menschen erleben mindestens einmal ein gewisse Zeit, wo sie die Sinnlosigkeit des Lebens zugeben und sich ehrlich den Tod wünschen. Danach kehren sie gegen ihr Innerstes, aus den angesprochenen Gründen, wieder in die Sekte zurück. (Da es eben gegen das Innerste ist, kann die Wahrheit, der Freitodwunsch auch später wieder zurückkehren; allerdings dürfte dies leider eher selten geschehen, da auch die Sekte zurückhalten will.) Und einer dieser Gründe heißt Psychiatrie, die mit ihrer so genannten Suizidprophylaxe, mit so genannten Rettungen und dem Einsperren den Freitod zu verhindern versucht. Die Psychiatrie agiert also sozusagen als Polizei der Mafia, welche für den direkten Druck gegen den Freitod besorgt ist. Und dieser Druck sei immer mehr notwendig, meinen die so genannten Fachleute, denn tatsächlich nimmt die Zahl der jungen Menschen zu, welche sich ihre wahren Gefühle nicht mehr verbieten und ausreden lassen wollen. Und die Psychiatrie reagierte gerade in den letzten Jahren zunehmend mit verzweifelten Methoden. So wird dauernd versucht, dem so genannten depressiven Menschen mit der unbeweisbaren Behauptung der überwiegend körperlichen Krankheit seine Bewusstheit, seine Seele und sein Denken abzusprechen. Somit ist dann der Weg frei für die Damen und Herren in Weiß, den unsinnigen Einsatz von Medikamenten (Psychopharmaka), oft unter Zwang, zu rechtfertigen, was bis zum Festbinden am Bett führen kann. Jeder Mensch, der einigermaßen denken kann, müsste einsehen, dass es ein Spüren der Sinnlosigkeit des Lebens ist, die nicht mit Chemie behoben werden kann, weil in jedem Falle – auch ohne Beweise, aber offensichtlich – hauptsächlich das ehrliche Denken und Fühlen die angebliche Krankheit und den Freitodwunsch ausmachen. Aber weil die Mafia das nicht zugeben darf, lässt sie sich von der Psychiatrie die bewusst falschen Krankheitsbilder erstellen. Dasselbe Bild präsentiert sich in der Psychologie, welche eher seelisch als körperlich argumentiert. Die gesamte Psychologie besteht aus einer großen Zahl verschiedener Theorien, welche mehr oder weniger lügenhaft ebenfalls Krankheiten erfinden. Statt endlich den ganzen Menschen in der Sinnlosigkeit des Lebens zu begreifen, werden mit reinen Spekulationen die wildesten Krankheiten diagnostiziert. Statt also das unveränderliche Unglück des Menschen zuzugeben, werden so genannte therapierbare Krankheiten behauptet, die alle unbeweisbar sind. Statt Psychologie und Philosophie zu vereinen, als Einheit zu begreifen und schließlich die Unmöglichkeit des Menschen zum wirklichen Glück zu erkennen und zuzugeben, werden irgendwelche angeblichen Annahmen für das Unglück verantwortlich gemacht. Und das alles hat nebst der eigentlichen Mafiastrategie, welche die wahren Ursachen des menschlichen Unglücks nicht zugeben darf, noch eine Psychosektenstrategie. Die erfundenen Krankheiten und ihre angeblichen Ursachen werden so erstellt, dass die Therapien dazu die Menschen abhängig machen. Diese selbst unglücklichen TherapeutInnen haben es offensichtlich nötig, sich mit ihrem angeblichen und wohl selbst nicht geglaubten Wissen und ihrer Macht über die PatientInnen zu erheben. Während in der Psychiatrie die Macht in der Verfügbarkeit der Zwangsmaßnahmen (Psychopharmaka heilen nicht etwa, sondern dämpfen Körper, Geist, Seele, machen abhängig und haben Nebenwirkungen) besteht, wird in der Psychologie das angebliche Wissen über die ebenso angeblichen Ursachen des menschlichen Unglücklichseins als Macht eingesetzt. Das so genannte Wissen zeigt eine Art von Geheimlehre (die PsychologInnen kennen die Lügen von ihrer Ausbildung, die anderen Menschen aber im Normalfall nur am Rande, und die eigentliche Wahrheit, die in jeder Seele liegt, wird von den so genannten Fachleuten abgelehnt) über die angeblichen Vorgänge in der Seele, deren behauptete Ursachen und wie sie sich zum Unglücklichsein (in dieser Form natürlich gar nicht existierend, da durch erfundene Ursachen hergeleitet) oder eben zur angeblich psychischen Krankheit entwickeln, und schließlich, wie man die so genannten Kranken angeblich heilen beziehungsweise wieder lebensbejahend und glücklich machen kann. Zusammengefasst sieht die Strategie also so aus: Weil man das unveränderbare Unglücklichsein des Menschen in der Sinnlosigkeit des Lebens nicht zugeben darf und dieses auch nicht als heilbare Krankheit bezeichnen kann, erfindet die Psychologie/Psychiatrie im Auftrag der Mafia eine Reihe von Krankheiten, welche die Ursachen seien und für die es Therapien gebe, die die Menschen wieder glücklich machen würden, was aber bewusst die PatientInnen abhängig und schließlich ebenso bewusst zwanghaft wieder lebensfähig machen soll. (Nach der religiösen Verfolgung des Freitodes mit Hilfe von Hölle, Teufel und dem Begriff des nicht teuflisch wahnsinnigen Menschen, den man nicht näher erklären konnte, haben wir heute die weltliche, welche den angeblichen Wahnsinn als Krankheit erkannt haben will.) Das Ganze ist also eine einzige Lüge. Man spielt den Menschen etwas vor, an das man selbst nicht glaubt, um das eigene Unglücklichsein und das der ganzen Mafia laut verneinen zu können. Schließlich soll wieder die reine Freude herrschen (Krankheit darf mal sein, lebensverneinendes Denken dagegen ist strengstens verboten). Damit soll der selbst gewollte, aber nicht geschaffte Freitod aus der Psychosekte und schließlich der ganzen Mafia verbannt werden, damit man beim Weiterirren, beim Weiterlügen nicht gestört und in Frage gestellt wird und weil man nie an das eigene Versagen erinnert werden möchte. So versuchen die Mafiosi, die sich durch Lügen zum Leben entschlossen, den Freitod als Krankheit zu deklarieren und ihn durch die Psychosekte verhindern zu lassen. Jetzt heißt es natürlich wieder: „Ja, der Müller, der leidet manisch an Verschwörungstheorien!" – „Nein, meine Damen und Herren, bei mir besteht kein Wahn, sondern Ihr Lebenswahn wider besseres Wissen hat mir oft meine Behauptungen bestätigt, gerade der, welchen ich mit Leuten aus der Psychosekte erlebte. Und obwohl ich von ‚einer Mafia' rede, habe ich nicht das Gefühl, dass es eine weltweit abgesprochene Verschwörung zum Leben und gegen den Freitod gibt, sondern eine indirekte, die durch die Ansammlung von vermeintlich lebensbejahenden Menschen entsteht, die sich zu Nationen und schließlich zur Welt zusammenschließen. Das Faktum bleibt aber, dass die Gesellschaft weltweit den

Freitod mit allen Mitteln zu verhindern versucht, das wissen Sie so gut wie ich, und das riecht nach einer Form von Weltverschwörung!!"

Im zweiten Teil dieses Kapitels möchte ich erklären, weshalb diese seelischen Krankheiten der Psychologie konstruiert oder zumindest unglaubwürdig sind. Ebenso erfunden klingen dann entsprechend die Erklärungen für den Freitod. Ich möchte bewusst nicht in eine genauere Diskussion um die vielen psychologischen Theorien einsteigen. Ich sagte mir nach dem Lesen vieler Theorien, dass ich mir diese Zeit eigentlich hätte sparen können. Aber leider muss man ja heute alles wissen, sonst heißt es noch, man kenne sich zu wenig aus. Doch gerade bei meiner philosophischen Argumentation kann die immer noch vorherrschende Psychologie keine Bedeutung haben. Wie schon einige Male angesprochen, glaube ich nicht an ein tiefenpsychologisches Unbewusstes. (Die Behauptung des Unbewussten ist eigentlich eine mehrfache Lüge, denn man versucht mit dem unbewussten Menschen sozusagen Bescheidenheit zu mimen, um dann durch das angebliche Wissen sich über die anderen erheben zu können, indem man behauptet, man wisse, wie man das Unbewusste bewusst machen und dadurch die Leiden heilen könne.) Die Behauptung, Verdrängtes (vor allem aus der unbewussten Phase als Kleinkind) lagere im Unbewussten und könne sich dann in seelischen Störungen äußern, ist durch nichts zu beweisen. Gerade in den letzten Jahren geriet die Psychoanalyse in die Kritik und damit auch ihr Vater Sigmund Freud (1856–1939). Diese reichte von Teilkritik bis zur vernichtenden Feststellung, Freud sei ein Lügner gewesen. Wie gesagt, befasse ich mich nicht mit Fragen, die in unzähligen Werken nachgelesen werden können und für mein Buch keine Bedeutung haben. Denn die Kritik an Freud gab es schon immer. Wer sich die Auseinandersetzung mit der sinnlosen und erfundenen Freud'schen Theorie antun möchte, dem sei das Buch „Tiefenschwindel" des deutschen Autors Dieter E. Zimmer empfohlen, der zwar zu naturwissenschaftlich argumentiert, aber doch in gut verständlicher Sprache den Freud'schen Hokuspokus als Unsinn glaubwürdig entlarvt. Das Katastrophale an Freud ist, dass er mit reinen Spekulationen und erwiesenermaßen auch mit bewussten Fälschungen seine Theorie erstellte. Es bedeutet eben doch eine Form von Lüge und Verschwörung gegen die Wahrheit, wenn reine Annahmen als Wahrheiten verkauft werden.

Was von Freud gesagt werden muss, gilt auch für die anderen Väter der modernen Psychologie, C. G. Jung (1875–1961) und Alfred Adler (1870-1937). Das ganze Ausmaß des Lügengebäudes Psychologie offenbart sich dann, wenn an diesen Herren immer noch festgehalten wird. Und das totale Chaos herrscht angesichts der Tatsache, dass sich bis heute die Theorien total widersprechen. (Die Mafia stört sich nicht an den Kämpfen um Eitelkeiten in der Psychosekte, solange die lebensbejahende Sicht gewahrt und der Freitod verdammt bleibt.) Vor ein paar Jahren konnte man zum Beispiel lesen, ein geplanter Kongress mit FreudianerInnen und JungianerInnen sei gescheitert, da die Positionen unvereinbar seien. Leute, die immer so gern Toleranz predigen, leben also selbst das Gegenteil. Aber das hatten wir ja schon: Selbst wirre und unglückliche Menschen wollen andere therapieren, die meist weniger wirr sind, aber oft ihre unglücklichen Gefühle und ihre lebensverneinende Todessehnsucht ehrlich zugeben. Da wird meine Behauptung bestätigt, dass auch die PsychologInnen mit allen Mitteln versuchen, ihr eigenes Unglücklichsein zu verbergen. Statt also dieses zuzugeben, wird die Flucht nach vorne angetreten, indem man eine Geheimlehre erfindet, mit der man sich als so genannte Fachleute über die ach so armen Kranken erheben und Macht ausüben kann. Die eigene Schwäche wird ja schon da offensichtlich, wo man es nötig hat, die selbst gespürte Wahrheit zu leugnen, Lügen zu verbreiten, diese anderen aufzuzwingen und sich auch noch damit wichtig machen zu können. (Einmal mehr stellt sich die Frage, wie weit die Psychosekte und schließlich die Mafia das alles zum eigenen Weiterleben betreiben oder wie weit sie tatsächlich schon daran glauben, doch gerade bei den PsychologInnen, aber auch meistens beim Rest der Mafia scheint mir bis in den oder manchmal vielleicht bis kurz vor dem so genannten natürlichen Tod die bewusste Falschheit vorzuherrschen.)

Ein ganz krasses Beispiel ist der schweizerische Psychologe C.G. Jung, der seinen fürchterlichen Starksein-Theorien entsprechend sich für Nazi-Deutschland zu begeistern wusste und sich auch nach dem Krieg nie richtig davon distanzierte. Und wie blind für die wahren Zusammenhänge auch seine heutigen JüngerInnen sind oder eher sein wollen, bewies zum Beispiel vor ein paar Jahren der anfängerhafte Verharmlosungsversuch der bekannten Jungianerin Verena Kast, welcher darin gipfelte, man müsse halt bei der Beurteilung von Jung alles einbeziehen (seine Begeisterung für die Nazis als Ausrutscher statt als Folge seiner ganzen Lehre). Und ich erinnere mich, dass mein ehemaliger Freund, der mich verriet und sich während seines Psychologiestudiums zum Egoisten entwickelte, bei ebendieser Frau Kast Vorlesungen besuchte. Da wird dann die Beeinflussung als Mittel zur Erreichung der Psychosekte und schließlich einer lebensbejahenden Gesellschaft offenbar. Denn statt die Wahrheit zuzugeben, sind alle, trotz unterschiedlichster Richtungen, vom Sinn des Lebens angeblich überzeugt. Statt also vom Sicheren und sicher Bewussten, der Grausamkeit des Lebens, aus zu argumentieren, wird alles Mögliche erfunden. Und selbst wenn dies alles noch stimmen würde, die Grundsinnlosigkeit des Lebens könnte dadurch nicht verändert werden, und sie bildet daher offensichtlich die Basis jedes seelischen Leidens. Und weil diese Grundabsurdität des Lebens eben selbst unveränderbar ist, bleibt jede lebensbejahende Psychologie untauglich. Aber das darf nicht sein, und so definiert man den Freitod als Krankheit. Je nach Theorie wird er ein wenig anders erklärt, aber immer als Krankheit hingestellt. Dass bei einem C. G. Jung, der sich selbst für Hitler zu begeistern wusste, die Wahrheit und damit die lebensverneinende Freitodbejahung keinen Platz hatten, versteht sich von selbst. Adler erklärte den Freitod zur kindlichen Neurose, da man statt mit Härte mit kindlicher Überreaktion auf das Leben antworte. Da zeigt sich wieder dieses unbarmherzige Stärkegehabe, wenn Sensibilität und das ehrliche Zurückweichen vor den nun wahrlich genügend großen Schrecken dieses Lebens abqualifiziert werden. „Ja, ja, guter Herr Adler, ihr Stärkegehabe ist doch kindliche Wichtigtuerei!!"

Freud meinte, der Freitod sei die krankhafte Umkehrung eines gewollten Mordes und/oder der Trieb, aus verschiedenen Gründen den Tod zu suchen (Todestrieb). Bei beiden argumentierte er wieder weitgehend mit dem Unbewussten, statt den offensichtlichen und bewussten Lebenskampf zu sehen. Gerade bei dieser Umkehrungs-Theorie manifestiert sich das unglaubliche Versagen von Freud, der sich in seinem seltsamen Gedankengebäude verirrte. So soll er wenigstens, unter dem Eindruck des Ersten Weltkrieges und des herannahenden Zweiten Weltkrieges, auch pessimistische Gedanken gehabt und selbst an der Wirksamkeit seiner Theorie gezweifelt haben. Doch statt sich nun endlich der Philosophie zuzuwenden, verharrte er bei seinem Unsinn. Ich bezweifle ja nicht, dass jede und jeder Freitodwillige auch eine bewusste Mordlust gegen andere Menschen spürt, die oft eine gewisse Berechtigung hat. Ich könnte ohne Weiteres klar angeben, weshalb ich mir ein Leben angesichts der Existenz von gewissen Unmenschen, die mein Leben direkt oder indirekt negativ beeinflussen, nicht mehr vorstellen kann. Der naturbedingte Konkurrenzkampf beinhaltet das ja eben, was dann zur schlimmen Realität führt. Hätte das Freud zugegeben, dann hätte er seine Theorien verwerfen müssen. Statt also den Mord zumindest in Kauf zu nehmen, hätte er den Freitod als humanere, als weniger schlechte Lösung anerkennen müssen. Aber er blieb seinen Irrlehren treu und meinte oder wollte im Ernst meinen, man könne aus einer Mischung von zugelassener Aggression und Ablenkung dieser eine bessere Welt schaffen. Um dies angeblich erreichen zu können, erstellte er seine Theorien, mit denen er sich, als Kenner dieser, als Heiler etablieren konnte. Doch die ganzen Abläufe des menschlichen Lebens haben mit Unbewusstem nichts zu tun. Und als Freud nicht mehr anders konnte, gab er teilweise die mangelnde Wirksamkeit seiner Therapie zu. Doch dann hätte er den Freitod nicht mehr als Krankheit abqualfizieren dürfen, denn offensichtlich stimmte an seinen Theorien so manches nicht. Gerade die Realität der Welt zu seiner Zeit rief nach einer Freitodbejahung, da die Vermenschlichung des Menschen auch durch seine Psychoanalyse scheiterte. Jedenfalls wissen wir heute, dass Freuds Theorie keine bessere Welt bringen kann. Im Gegenteil muss man natürlich auch Freud letztlich der Förderung des Egoismus anklagen. Denn statt sich selbst zu erlösen, propagierte er effektiv den Kampf. (Die Ego-Sprüche aller PsychologInnen, die ich erlebt oder gelesen habe, waren auch eine Folge von Freuds Theorien.) Aber natürlich ist eine bewusste Umkehrung aus Menschlichkeit nur ein Aspekt eines wahren Freitodes. Viele philosophische Freitode entstehen nicht nur aus Ablehnung von Aggressionen gegen andere, sondern aus einer gesamthaften Ablehnung des Lebens aus wahrster Moral. Der Freitod erscheint dann aber nicht mehr als unbewusste, krankhafte Umkehrhandlung, sondern als erhabene, humane Lösung. Diese grunddenkerischen Aspekte vernachlässigte Freud völlig und bewies damit, dass er der Mafia treu bleiben und nicht nur in meinem Sinne zum Lügner werden wollte. Auf jeden Fall war er kein Denker, oder vielmehr wollte er keiner sein, was er aber zu alledem noch behauptete zu sein. Noch unsinniger gestaltet sich seine Todestrieb-Theorie, an welche selbst manche FreudianerInnen nicht glauben. Es ist völliger Blödsinn zu behaupten, aus einem undefinierbaren, unbewussten Trieb und/oder einem unbewussten, der durch das Leben entstanden sei, würde man den Tod suchen. Der Mensch ist sich der Dinge, die einen Todeswunsch ausmachen, sehr wohl bewusst. Oder wer will denn behaupten, dass die täglichen körperlichen und seelischen Qualen unbewusst seien?! Freud kann also so zusammengefasst werden: Einer, der die Wahrheit nicht zugeben will, dann Krankheiten erfindet, die es offensichtlich nicht gibt und die er zum eigenen Machtgewinn zu heilen angibt, aber auf jeden Fall die Sinnlosigkeit des Lebens als Ursache aller seelischer Leiden nicht wahrhaben will, damit den Unsinn des Lebens als sinnvoll erklärt und somit den Freitod automatisch als Krankheit abtut.

Gerade die Verirrungen Freuds verleiten seine NachfolgerInnen zu den unmöglichsten Theorien über die Ursachen des Freitodes. So ist es ein Armutszeugnis für die heutige Diskussion des Freitodes, wenn das fürchterliche Werk eines amerikanischen Psychiaters aus dem Jahre 1938 immer noch als wichtige Schrift bezeichnet wird (Karl Menninger: Selbstzerstörung, Psychoanalyse des Selbstmords). Ich möchte auf das

Buch gar nicht näher eingehen, denn es ist schlicht unerträglich. In einem völlig blinden Herunterbeten der Freud'schen Theorien konstruierte dieser armselige Mann die reinsten Schauermärchen über den Freitod und seine angeblichen Ursachen. Oft kam es mir beim Lesen dieses Buches so vor, als wäre da einer mit seiner Phantasie durchgebrannt. Ohne Beweise, mit reinen Vermutungen und wildesten Verknüpfungen werden die Freitodwilligen als Menschen abqualifiziert, welche, von unbewusstem Selbstmitleid und ebenso unbewusstem Selbstbestrafungsverlangen gequält, in den Freitod gehen würden, sozusagen als Marionetten ihres Unbewussten. Es braucht schon eine riesige Portion Frechheit, einen solchen Schwachsinn zu behaupten und die Menschen so hinzustellen. Da sollen also Menschen unbewusst mittels Freitod sich selbst bestrafen wollen, obwohl sie ihn ja dann selbst und damit bewusst ausführen müssen. Wie das funktionieren soll, bleibt wohl das Geheimnis von Herrn Menninger. Heute muss selbst die Psychosekte zugeben (erst wenn sie keine anderen Ausreden mehr findet), dass viele Menschen, die den Freitod wählen, sehr bewusst und mit einem guten Selbstwertgefühl diesen humanen Weg philosophisch begründen. Aber von wahrer Philosophie steht in Menningers Buch natürlich gar nichts. Ein ähnliches Herunterbeten von Freud leistete sich 1971 der angesprochene ehemalige Freund von Sylvia Plath, A. Alvarez. Ähnlich wie Anne Stevenson versuchte er Sylvia Plaths unglückliches Leben zu verharmlosen und ihren Freitod zur Folge einer kurzfristigen Depression zu verzerren, die man hätte therapieren können. Im weiteren Verlaufe des Buches erzählt er von seinem eigenen Freitodversuch, der angeblichen Heilung und weshalb der Freitod, oh großer Freud, eine krankhafte Handlung sei. Wie absolut falsch dieser gute Herr dachte, zeigt der folgende Text:

27.   „Die den Selbstmord überstehen, leben, wie jene, die eine neue Ehe eingehen, in einem veränderten Leben weiter; sie wechseln in ein verändertes Leben hinüber, ein Leben mit anderen Maßstäben, Motiven und Befriedigungen."

Diese Behauptung kann natürlich nur aus einem völlig zwanghaften Weiterlebenmüssen-Denken entstehen. Es gibt doch keinen einleuchtenden Hinweis dafür, dass das Überleben eines Freitodversuches nun plötzlich zu einem glücklichen Leben führen sollte. Alvarez selbst beweist, wie unwahr seine Aussage ist, denn mit einer grausamen, egoistischen Flucht nach vorne stellt er sich nach seinem Freitodversuch als der starke Mann dar. Das klingt aber weder nach Zufriedenheit noch nach Glück. Er geht gar so weit, dass er seine von ihm geschiedene Frau und sein Kind als vergessene Episoden abtut. Das ganze Buch strahlt eine Mafiahaltung in Reinkultur aus und schimpft sich noch, eine Studie über den Selbstmord zu sein, obschon dies nun wirklich keine Studie über den Freitod ist. Schon eher eine Studie ist das Buch eines französischen Autors aus dem Jahre 1975, allerdings eine katastrophale. Und die gesellschaftliche Bekämpfung des Freitodes besteht bei diesem Buch darin, dass der französische Staat es unterstützte. Ich möchte auf das Buch gar nicht näher eingehen, da es ein absolut falsches Denken zelebriert, das über viele Seiten unerträglich ist. Es redet einer unbarmherzig lebensbejahenden Härte das Wort. Der Autor entwickelt mehrere total verschiedene vermeintliche Arten von Freitoden beziehungsweise deren angebliche Ursachen (er argumentiert mit körperlichen, psychologischen und soziologischen Behauptungen). Ich möchte auf sie gar nicht näher eingehen, auch wenn der eine oder andere Typ in Einzelfällen zutreffen könnte. Aber selbst wenn einer noch ansatzweise zutreffen würde, bleibt der philosophisch-lebensverneinende Aspekt vergessen, der aber bei fast jedem Freitod der jüngeren Menschen eine Hauptrolle spielt und auch bei den älteren eine gewisse Rolle spielen kann. Doch diesen darf es in diesem Buch nicht geben, natürlich entsprechend dem Auftrag des Buches. Der Autor gibt sich zwar Mühe, den Freitod nicht zu verteufeln, indem er jeden Freitod als Lösung für ein entsprechendes Problem bezeichnet. Der betreffende Mensch sehe in der jeweiligen Situation den Freitod als einzigen Weg. Doch damit betreibt er ein reines Versteckspiel, denn effektiv bezeichnet er den Freitod als krankhafte oder zumindest falsche Lösung. Und das ergibt sich aus einer Lebensbejahung, die jegliche Härte als besser denn den Freitod ansieht. Er behauptet zum Beispiel im Ernst oder will behaupten, es sei klar, dass es mehr Gründe zum Leben als zum Sterben gebe, der Wert des Lebens liege darin, dass es vergänglich und ungewiss sei, es gäbe immer eine Lösung im Leben und schließlich sei das persönliche Unglück im Allgemeinen der Masse nicht mehr wahrnehmbar. Ich glaube, jeder einigermaßen normal fühlende Mensch versteht ohne Erklärung, wie unmenschlich und absolut falsch so etwas klingt. Endgültig entlarvt sich dieser armselige Mann aber mit der folgenden Behauptung.

28: „Daraus muss man schließen, dass die Lebenstüchtigkeit angeboren, dass sie im genetischen Code angelegt ist." Der Mensch soll also eine genetische Marionette sein. Aber das hatten wir ja schon weitgehend bei der Psychiatrie. Abgesehen davon, dass es dafür keine Beweise gibt, wird auch da wieder das bewusste Erleben der Sinnlosigkeit wegdiskutiert. Durch dieses entstehen aber die unglücklichen Gefühle und schließlich der lebensverneinende Freitodwunsch, bei allen Menschen, selbst wenn es diesen Code noch geben sollte. Das ganze Buch veranschaulicht, wie Baechler, von seiner eigenen Eiskastenseele aus, erbarmungslos das rücksichtslose Leben verteidigt oder verteidigen will und muss. So ist er gar angeblich der Meinung, selbst der Kampf aller gegen alle sei doch spannend und daher sei selbstverständlich das Leben ein Geschenk. „Ja, ja, guter Herr Baechler, Sie sind wirklich ein unverbesserlicher Mafioso!"

Mit dem zweiten Abschnitt wollte ich klarstellen, wie alles verdreht wird, allein um dem Leben gegen alle Tatsachen einen Sinn verleihen zu können, an den alle nicht glauben, den niemand definieren kann, den es eben nicht gibt. Wie auch immer die Lügen aussehen, spielt eigentlich keine Rolle, höchstens für die Eitelkeiten in der Psychosekte, denn die Hauptsache ist, dass alle laut das Leben loben und den Freitod als krankhaft abstempeln. Und natürlich klatscht der Rest der Mafia Beifall. Bei dem schon angesprochenen Nachahmungseffekt wird dann die Krankheit namens Freitod gar wie eine Seuche behandelt, als wäre das wahre Denken ein Virus, statt dass man den Ablauf als Mutmacher für schon Freitodwillige begreift. Denn ein Mensch, der keine eigene Lebensverneinung (mehr) spürt, wird sich nicht einfach das Leben nehmen, nur weil er zum Beispiel am Fernsehen einen Freitod gesehen hat. (Man könnte sich aber die Frage stellen, wie weit der verdrängte Wunsch eines lebensverneinenden Freitodes, eine Verdrängung, die bei allen Menschen stattfindet, durch ein Vorbild wieder aktiviert wird, doch solche Gedanken sind der Psychosekte fremd oder sollen fremd sein.) Da offenbart sich die totale Verzerrung der Wahrheit durch die Psychosekte. Und auch dadurch, wie sie den Freitodversuch erklären will, manifestiert sie ihre lügenhafte Argumentation. Da heißt es, das Leben sei in jedem Falle vom freitodsuchenden Menschen gewollt, und daher sei er sicher wieder froh, weiterleben zu dürfen. Dass aber dieser das Leben als unveränderliche Grausamkeit erkannt und zugegeben hat und sich daran, bei bleibender Ehrlichkeit, nichts mehr ändern wird, will diesen verlogenen Mafiosi natürlich nicht in den Sinn kommen. Gerade Alvarez und Baechler preisen ohne Hemmungen das Weiterleben, loben es wie eine Religion um jeden Preis; der eine lügt ein bisschen mehr mit Freud und Co., der andere etwas weniger. Jedes Schicksal sei zu bewältigen, und selbst Auschwitz sei als Herausforderung des Überlebens noch eine Freude. Dies alles entsteht aus einer Psychologie, welche den lebenswilligen Kämpfer als gesunden Menschen bezeichnet, bis zum vollendeten und trotz dem sicheren Ende. Das Faktum des Todes wird verdrängt oder gar geleugnet, die Brutalität des Lebens auch; somit hat die Wahrheit keinen Platz und der Freitod bleibt eine Krankheit. „Gute Nacht, ihr armseligen Mitglieder der Psychosekte!!"

Im letzten Abschnitt möchte ich nochmals Jean Améry zu Wort kommen lassen, der mit seinem Buche die Lügen der Psychosekte und schließlich der ganzen Gesellschaft aufdeckte. Im folgenden Text spricht er etwa das an, was ich auch schon zum Thema der so genannten Geretteten schrieb.

29: „Angenommen sei gern, man hätte die Köchin oder Pavese (meine Anmerkung: italienischer Schriftsteller, 1908–1950) oder Celan (rumänisch-französischer Schriftsteller, 1920–1970) gerettet, in Therapie genommen, und einhellig hätten alle drei bekundet, sie seien nur augenblicksweise verstört gewesen, nun sei alles gut. Vergeben, vergessen. Erfüllt seien sie nun von Dankbarkeit gegenüber den rettenden Händen und den aufklärungsreichen Worten. Freunde, das Leben ist doch schön. Aber was beweist dies? Doch wohl nur, dass sie nach erfolgreicher Therapie andere Menschen sind, nicht aber, dass sie bessere, würdigere wurden."

Es entspricht sogar einer gewissen Logik, dass die unter Druck zum Weiterleben gezwungenen Menschen erst recht zu harten Lebensbejahern werden, denn sie wollen jeglicher Wiederholung des Gerettetentraumas vorbeugen. Améry spricht im letzten Satz an, dass diese Menschen sich oft eben zu Unmenschen wandeln. Zum Glück gibt es auch immer Ausnahmen, doch leider beugen sich die meisten Menschen nach einem Freitodversuch dem Druck, den alle Teile der Gesellschaft eben ausüben. So hat das Beispiel von Alvarez gezeigt, wie sich ein Mensch nach dem Überleben zu einem schlimmen entwickeln kann. Der nächste Text zeigt wieder, wie klar Améry die Sache sah.

30: „Dem Suizidär ist bange. Ihm, der den Ekel mit mehr oder weniger Intensität stets verspürt hat, wird der échec im Leben und des Lebens zur vollkommenen Abscheulichkeit, die zurückzuweisen er gesonnen ist: in Stolz und Trauer. Er schlägt sich auf die Seite jener winzigen Minorität derer, die nicht mehr mitmachen wollen und die jeder Tropf feige nennt, als ob es höheren Mut geben könne, als der es ist, der dem Ursprung jeglicher Angst, der Todesangst, die Stirn bietet. Die Tapferkeit des Suizidärs ist nicht Hochmut, wohlverstanden. Stets wohnt ihr auch jene Spur von Scham inne, die als Derivat der Lebenslogik den Menschen vor dem Absprung fragen macht, warum gerade er nicht aushalten, durchhalten könne, wo doch die anderen … Dem Suizidär ist bange, sage ich, bange vor dem Nichts, das er an sich ziehen will, das ihn aber nicht herzen wird, bange auch vor der Gesellschaft, die ihn verdammt (er ist Teil einer Minderheit und also gleichsam der Kolonialsklave des Lebens) und die, er weiß es, alles ins Werk setzen wird, ihn zu retten, man kann auch zeitgemäß sagen: ihn wieder zu vereinnahmen."

Hier beweist er seine bewundernswerte Ehrlichkeit, wenn er den Freitod bejaht, aber nicht als Heldentat glorifiziert und auch die Angst vor dem Tode, vor dem Nichts zugibt. Der einzige Unterschied zu mir besteht darin, dass ich diese Scham nicht mehr kenne, da meine moralisch-philosophische Verurteilung des Lebens total ist und daher ein solches Gefühl verunmöglicht. (Dazu noch einige Gedanken: Immer wieder wird der Freitod ja auch als egoistische, eitle Wichtigtuerei abgetan, da die SelbstmörderInnen sich zu gut für die Welt vorkommen würden. Dies ist natürlich mehrfacher Unsinn. Die wahren Freitodwilligen sind ja zuerst mal gegen das Leiden, und zwar für alle. Man kann dazu etwas Schlimmes nicht zur Pflicht machen und Selbsterniedrigung auch nicht. Die Freitodwilligen sind natürlich auch in einem gewissen Maße eitel, haben ihre Selbstwertgefühle und gerade wegen ihrer Ehrlichkeit ihren Stolz, ohne den Freitod zu heroisieren, aber sie sind sich nicht zu schade, das Nichts in Kauf zu nehmen. Alle lebensbejahenden Menschen erlebte und erlebe ich als eitler und egoistischer, das Leben ist eben egoistischer und die Angst vor dem Tode nur ein Grund für das Weiterleben.) Im Weiteren entwirft er ein ähnliches Mafiabild wie ich. Er beschreibt deutlich, wie die Freitodwilligen bewusst in die Ecke des Versagens, der Krankheit und der Feigheit gedrängt und schließlich wieder eingegliedert werden sollen. Wie dies gerade die Psychiatrie bewerkstelligt, schildert er im Folgenden kurz.

31: „Dass allenfalls der ‚Geheilte', wenn er erst selber nichts mehr weiß und stumpfsinnig funktioniert, dankbar sagt, es habe Dr. Soundso ihm ein Medikament verschrieben und seither sehe er die Welt wieder im rosigen Licht, meint gar nichts. Da plappert einer, dem man andere Rede untersagte."

Diese gemeine Art der Unterdrückung auf der ganzen Welt widerspricht den so genannten Menschenrechten, mit welchen man sich so gerne brüstet. Als Schlusspunkt möchte ich noch einen ganz starken Satz anfügen.

32: „Die Gewissheit des falschen und lügenhaften Lebens, des Lügens in die Welt hinein und ins Selbst, hat dennoch ein jeder, der sein Abgelebtes erinnernd wiedererweckt – auch ohne dass er geistreiche, theoretisch abgesicherte Autoanalyse unternähme."

„Ja, sehr verehrter Herr Améry, es sei Ihnen gedankt für Ihre Ehrlichkeit und die klarste Entlarvung dieser lügenhaften Lebensbejahung!!" Wer da noch in der Mafia bleibt, oje, oje!! Nun ist es aber genug, die armen Mafiosi haben genug abbekommen!!!

7. Der Freitod in der Soziologie

Was für die Psychologie gilt, kann auch für die Soziologie festgestellt werden. Denn schon der Name sagt es, dass diese Wissenschaft sich in den Dienst der Gesellschaft stellt und daher eine lebensverneinende Freitodbejahung keinen Platz hat. Und ebenfalls wie die Psychologie stellt sich die Soziologie ein Armutszeugnis aus, da sie sich noch heute auf die Freitod-Theorien eines Soziologen der ersten Stunde stützt, obschon diese nicht haltbar sind. Er legte sie in einem dicken Buche dar, indem er mit Statistiken den Freitod als Folge von sozialen Umständen zu beweisen versuchte. Ähnlich wieder wie die Psychologie bedeutet der soziologische Ansatz eine mehrfache Umkehrung der Wahrheit. Der Freitod wird als ein Versagen in der Gesellschaft, im Leben dargestellt und damit das Leben ohne jegliche Infragestellung als der richtige Weg. Eine umfassende, denkerische Ablehnung des Lebens existiert in der Soziologie nicht, und damit haben wir wieder die traurige Realität, dass der Freitod automatisch als krankhaft gilt. Und die Methode der Statistik, welche den Freitod erklären soll, kann nur zum Scheitern verurteilt sein. Obwohl die Soziologie näher beim Menschen steht als viele andere abgehobene Theorien und das konkrete Leben analysiert, macht sie bei der Ursachenforschung denselben Fehler. Sie sucht statt bei der Grundsinnlosigkeit des Lebens erst bei deren Auswirkungen, den realen gesellschaftlichen Verhältnissen. Ich möchte ihr nicht unterstellen, im eigentlichen Sinne etwas zu erfinden, aber durch den falschen Ansatz entsteht effektiv eine im soziologischen Sinne erfundene Krankheit namens Freitod. Dieser Ansatz bleibt stets der falsche, da die sozialen Verhältnisse als behauptete entscheidende Ursache für den Freitod nie als Grund für ihn akzeptiert werden, denn das Leben wird in jeder Gesellschaft grundsätzlich bejaht, und dazu könnte sie sich ja noch verbessern. Somit versucht man die Freitodwilligen an den Rand zu drängen und sie als wehleidig, schwach, feige, abnormal und schließlich krank hinzustellen. Denn die große Masse lebt ja weiter, also könne das Leben nicht so schlimm sein. Die freitodwilligen Menschen stehen also rein von dieser Realität her für die Soziologie als Versagende da. Die Grausamkeit des Lebens als Ursache für die effektiv katastrophale Existenz aller in jeder Gesellschaft darf nicht zugegeben werden. So ging auch dieser Vater der Soziologie, der Franzose Emile Durkheim (1858–1917), in seinem Werke „Der Selbstmord" aus dem Jahre 1897 vor. Er versuchte hauptsächlich mit ersten genauen Statistiken den Freitod sozial zu erklären. Er lehnte es ab, den Freitod aus Einzelfällen zu erklären, und suchte die Ursachen in gesellschaftlichen Fakten, welche allgemeingültig freitodfördernd seien. Dazu erstellte er verschiedene Freitodtypen. Oft geben ihm die Zahlen auf den ersten Blick sogar Recht. Und ich bestreite ja nicht, dass gewisse Punkte, die er anführt, einen Einfluss auf den Freitod haben können. Alle Realitäten können eine Rolle spielen und somit natürlich auch soziale. Aber bei genauerem Hinsehen entpuppen sich die Behauptungen von Durkheim als unglaubwürdig. Die Hauptfrage, die sich stellt, ist, weshalb denn bei den sozialen Zuständen, die er für den Freitod verantwortlich macht, auch nur wenige Menschen den Freitod wählen, während die große Masse weiterlebt. (Die Zahlen zeigen nur, dass es gewisse Unterschiede je nach sozialen Umständen geben kann, doch diese sind eben nicht mit den Umständen allein zu erklären, weil eben bei allen die Masse weiterlebt.) Lange geht er dieser Frage aus dem Weg, um dann doch einen gewissen persönlichen Einfluss zu sehen. Doch gleich nachher reduziert er diesen wieder, um seiner Linie treu zu bleiben, dass der Freitod vor allem sozial bedingt sei. Er löst diese Frage also nicht auf, und der Widerspruch bleibt. Es wird dem Menschen auch nicht gerecht, wenn man ihn nur als Teil der Gesellschaft sehen will. Auch wenn der Einfluss der Gesellschaft stark wirkt, so kann man dem Menschen seine mögliche Unabhängigkeit nicht absprechen, was aber Durkheim mehr oder weniger tut. Dies und sein falscher Ansatz führen dann zu den Behauptungen, bei den richtigen sozialen Verhältnissen habe der Freitod eigentlich keine Chance und bei falschen gebe es je nach Art eine gewisse Zahl von Opfern. Er will den Menschen also nicht als bewussten Denker sehen, sondern als Opfer der falschen sozialen Verhältnisse. Und wie gesagt, weshalb bei gleichen Verhältnissen wenige Leute Opfer werden, aber viele nicht, bleibt unklar. Diese Verwirrung entsteht eben aus dem lebensbejahenden Ansatz, das Leben sei bei richtiger Bewältigung glücklich. Durkheim entlarvt sich als harter Mensch, der in atheistisch-materialistischer Manier dem Leben als Selbstzweck einen Sinn zuspricht oder eben vielmehr zusprechen will. So ist denn sein folgender Text bezeichnend.

33:    „Die Traurigkeit wohnt nicht den Dingen an sich inne. Sie entsteht nicht aus der Umwelt und nicht allein, weil wir sie denken; sie ist vielmehr Ergebnis unserer eigenen Gedanken. Wir selbst schaffen sie ganz und gar, aber dazu muss unser Denken anormal sein. Wenn das Bewusstsein manchmal das Unglück des Menschen ist, so nur dann, wenn es sich krankhaft entwickelt und sich, entgegen seiner eigentlichen Natur, absolut setzt und in sich selbst sein Ziel sucht."

Da spricht er dem Menschen doch wieder ein eigenes Denken zu und stellt die Traurigkeit über das schlimme Leben als anormal und krankhaft hin. Hiermit werden

Falschheit, Grausamkeit und Widersprüchlichkeit von Durkheims Aussagen offenbar. Auch er stellte sich voll in den Dienst der Mafia, er bemerkte in seiner künstlichen Begeisterung für das Leben trotz bewusster Falschheit nicht einmal seine Widersprüche. Ich kann mit meinem Ansatz aufzeigen, wie falsch er liegt. Denn wie wir gesehen haben, ist ja das Gegenteil von Durkheims Theorien wahr. Die Menschen sind, wenn man es wahrhaben will, in allen Gesellschaften unglücklich und wünschen sich effektiv den Freitod, aus lebensverneinendem Denken, denn sie sehen, dass gegen die Sinnlosigkeit des Lebens keine noch so gute Gesellschaft eine Chance hat. Die Gesellschaft will ja eben die Menschen vom Leben überzeugen und sie zu diesem zwingen. Somit müsste man im totalen Gegensatz zu Durkheim ergründen, weshalb nicht alle Freitod begehen und die meisten weiterleben, was ich schon getan habe. Die Gesellschaft kann also keine glücklichen Menschen schaffen, sondern versucht ihnen das unveränderliche Unglück auszureden. Und sie versucht, je nach Umständen und Möglichkeiten, das Leben erträglicher zu machen, denn nur so können die Menschen bei der Stange gehalten werden. Trotzdem erweist sich das Unglücklichsein als konstant und total. Also kann den sozialen Verhältnissen nicht einfach die Schuld am Freitod in die Schuhe geschoben werden, und sie sind ohnehin die nur leicht beeinflussbaren Folgen der unveränderbaren Grausamkeit des Lebens. Aber das grundsätzliche Spüren der unveränderlichen Grausamkeit ist das Zentrum fast jedes Freitodes, und es kann durch keine Gesellschaft abgeschafft werden. Und jetzt, völlig entgegengesetzt zu Durkheim, kommt der einzelne Mensch, der sich von der Gesellschaft das Unglück nicht mehr aufzwingen lassen will. Der Mensch und seine Ehrlichkeit machen also den Freitod aus, den die Gesellschaft zu verhindern versucht, um die eigene Sehnsucht nach dem Tode zu verdrängen. Man kann also sagen, dass so ziemlich das Gegenteil von dem wahr ist, was Durkheim behauptete. Und das kommt in erster Linie nicht einmal von falschen Überlegungen im rein soziologischen Sinne her, sondern weil die Lüge vom sinnvollen und glücklichen Leben die Wahrheit verhindert. Der zynische Schlussspruch gilt also auch für diese vermeintliche Wissenschaft, da sie angeblich sich sicher glaubt, das Leben sei in der richtigen Gesellschaft zumindest nicht unglücklich. „Gute Nacht, ihr armseligen SoziologInnen!!"

8. Der Freitod in Politik, Justiz und Gesellschaft

Dass jene Leute, die für das Funktionieren und die Erhaltung der Gesellschaft eintreten, ja oft dafür hauptamtlich angestellt sind, kein Interesse an der lebensverneinenden Freitodbejahung haben, versteht sich von selbst. Politik, Justiz, Polizei, Militär, Bildung, Wissenschaft, Wirtschaft usw. sind die tragenden Elemente eines Staates. Sie alle müssen sich also zwangsläufig lebensbejahend verhalten und versuchen, mit verschiedensten Mitteln sich selbst und das Ganze, die Gesellschaft, die Nation, die Welt am Leben zu erhalten. Und da diese Gebilde auch aus Menschen bestehen, müssen diese natürlich zum Leben und Mitmachen animiert werden. Doch gerade die Eigenleben der so genannten Eliten auf der einen Seite und die Masse des so genannten gewöhnlichen Volkes auf der anderen zeigen, wie alle Demokratien, geschweige denn Diktaturen, keine einheitlichen Freudegebilde abgeben. Natürlich verlaufen die Grenzen fließend und in einer Demokratie besitzt das Volk das letzte Wort, es kann also nicht einfach als abhängig von den Mächtigen bezeichnet werden. Trotzdem geben das Fortbestehen von krassen Klassenunterschieden und das Faktum, dass in fast allen Demokratien nur, mehr oder weniger, die Hälfte der Stimmberechtigten ihr Recht wahrnimmt, zu Fragen Anlass. Geht es den Eliten wirklich um das Wohl des Volkes oder nicht vielmehr um das eigene, unter unklarer Mithilfe des Volkes?! Ist die Stimmbeteiligung so gering, weil das Volk denkt, dass die dort oben ohnehin machen, was sie wollen? Diese Fragen können nicht eindeutig beantwortet werden. Aber als Grundtendenz gilt: Die Mächtigen auch in einer Demokratie schauen tatsächlich zuerst für sich, aber unter Mithilfe des einfachen Volkes, das sich durch die Politik der Mächtigen doch Vorteile erhofft, was je nach Person mehr oder weniger zutrifft, und die nicht stimmende Bevölkerung hilft durch ihr Nichtstun auch den Mächtigen, was meistens mit dem eigenen unglücklichen Leben zu tun hat, wo Politik keine Rolle mehr spielt, obschon sie angesichts des Weiterlebens was bringen könnte und es somit eine Ausrede darstellt, wenn es heißt, die da oben würden ohnehin nur machen, was sie wollten. Denn trotz aller Skandale der Politik behält gerade in einer direkten Demokratie das Volk das letzte Wort. Die üblichen Erklärungen zur geringen Stimmbeteiligung vergessen den philosophischen Aspekt. Viele Menschen richten sich in ihrem Unglücklichsein ein und kämpfen im nächsten Bereich ihren Kampf. Da bleibt kein Platz für Hoffnung auf den Staat, obwohl dies natürlich falsch ist, denn man könnte gewisse Verbesserungen auf der materiellen Ebene erreichen, was auf der lebensbejahenden ja eigentlich Sinn machen müsste. Da wird ein weiteres Mal meine Behauptung bestätigt, dass das Glück des Menschen, unabhängig in welcher Gesellschaft er lebt, nicht möglich ist. Und es wäre nun ein Fehlschluss zu meinen, dass jene, die ihre Rechte wahrnehmen und vielleicht auch etwas erreichen, sowie die Mächtigen glückliche Menschen seien, denn wie bei den anderen entstehen ihre unglücklichen Gefühle überwiegend nicht aus materiellen Gründen. Es soll hier nochmals das auch Positive des materiellen Wohlstandes nicht bestritten werden, aber wie gesehen, beinhaltet er auch Nachteile, welche zusammen mit der Sinnlosigkeit und den rein menschlichen Problemen (Sexualität usw.) das Unglück total machen. Natürlich hängt alles zusammen. Somit stellt sich, trotz großer Klassenunterschiede, wieder die Einheitsmafia dar, in der alle Mitglieder, jedes an seinem Ort, seinen Kampf kämpft, jedes gegen jedes, alle gegen alle und alle das eigene Unglück, das der ganzen Nation und schließlich der ganzen Menschheit leugnen. In diesem Wirrwarr des Kampfes aller gegen alle kommt es dann eben zu den wechselnden Verbindungen, den wechselnden Behauptungen, den fürchterlichen politischen Parteikämpfen, alles im Rahmen des eigenen Vorteils, des eigenen Weiterlebenkönnens. (Die unteren und oberen Schichten schließen auch einen Pakt, da beide voneinander abhängig sind. Und das hierarchische Denken ist offenbar von Natur aus vorhanden und wird durch alle Gesellschaften noch gefördert. Somit schauen vielfach auch die unteren Schichten zu den Eliten hoch, weil man das Ziel hat, auch mal dort hinzukommen. Auch daher gibt es die auf den ersten Blick unverständliche Stimmabstinenz der unteren Schichten oder gar das Stimmen für die oberen durch die unteren, trotz unmittelbarer Nachteile. Es kann je nach Situation aber natürlich auch zu Kämpfen zwischen den Schichten kommen, innerhalb der Mafia finden alle erdenklichen Kämpfe statt, die GegnerInnen, Freundinnen und Freunde wechseln und alles ist erlaubt, nur der Freitod ist verboten, was die akzeptierte Gewalt zum eigenen, letztlich natürlich vermeintlichen, Vorteil, die allgemeine Faszination und Ausübung von Krieg, Macht, Terror, Mord usw. trotz offizieller Ächtung und die neuen, scheinheiligen und kurzfristigen Bündnisse nach dem Terroranschlag auf die USA im September 2001 darlegen, wobei alle Arten von Gewalt nur dann gemeinsam bekämpft werden, wenn sich die Mafia als Ganzes bedroht fühlt, denn der Urreligion, der grundsätzlichen Weiterexistenz des Menschen wird gehuldigt.)

Wenn ich bei der Psychiatrie von der Polizei der Mafia sprach, dann ist klar, dass Politik, Justiz, Polizei, Militär, Schule, Wissenschaft, Wirtschaft usw. ebenso dazugehören und die direkte oder indirekte Polizei bilden. Während die Psychiatrie für die direkte Verhinderung des Freitodes verantwortlich ist, so übernehmen die anderen Teile der Polizei sozusagen den Überbau, halten die Gesellschaft, die Menschen am Leben, machen Gesetze und vollstrecken sie. Gerade bei der heutigen hohen Kriminalität wird die Sinnlosigkeit des Kampfes offensichtlich. Viele, die in diesem Kampf verlieren, werden kriminell. Doch statt endlich auszusteigen, werden sie von der Gesellschaft zum Weiterkämpfen animiert, überredet und gezwungen. So stellt man ihnen in den westlichen Ländern einen humanen und relativ kurzen Strafvollzug zur Verfügung. Man kann das auf der lebensbejahenden Ebene als positiv bezeichnen, aber effektiv dient man dadurch dem höchsten Zweck der Mafia, dem Weiterleben. So kann es nicht verwundern, wenn da die Wahrheit keinen Platz hat. Statt sich mal um sie zu kümmern, wird täglich auf allen Ebenen gekämpft. Dieser totale Kampf mit legalen und illegalen Lügen und Verbrechen verunmöglicht eine gute Welt. Also auch die meist legalen Verbrechen der Mächtigen offenbaren Leute, die ihre Lächerlichkeit durch Machtspiele und materiellen Wohlstand überspielen wollen. Alle in dieser Sekte betreiben den vorgeschriebenen Aufwand, das eigene Unglück und damit das der ganzen Gesellschaft mit den verschiedensten Handlungen zu verbergen. Während die politisch Rechten die Wohlhabenden vertreten, tun dies die Linken für die sozial Schwächeren. Doch wie uneinheitlich die Fronten verlaufen, haben gerade die letzten Jahre gezeigt. Es vermischt sich eben alles in diesem Kampf aller gegen alle. Der linke Feminismus ist wie schon gesehen ein Paradebeispiel dafür, da diese armen Frauen gerade die blinde Macht anstreben, welche sie zu Recht an den Männern kritisieren. Wenn eindeutig undemokratische Frauenquoten durchgezwängt werden sollen, manifestiert sich das reine Machtstreben klar. Und diese Feministinnen und ihre männlichen Helfer sollten sich vielleicht mal fragen, weshalb sie denn von den meisten anderen Frauen abgelehnt werden, denn die Frauen bilden die Mehrheit im Volke und wählen nur wenige feministische. Die Lügen der Linken gleichen oft jenen der Rechten. Wie ich in meiner Biographie aufzeigte, sind auch die links denkenden Leute verhärtete und mit sich selbst unzufriedene Menschen. Die Lüge des Feminismus offenbart eine Dimension, welche dann doch das nachvollziehbare Maß übersteigt. Wenn also ausgerechnet jene Politikerinnen, die von Frauen-Solidarität schwärmen, übereinander herfallen, obwohl sie in der gleichen Partei sind, dann sollte eigentlich alles klar sein (Übrigens: Entgegen den Behauptungen des Feminismus beweist die Geschichte, dass Frauenmacht keine friedlichere Welt bringt, denn zwar kämpfen die Frauen aus körperlichen Gründen sanfter, doch für die körperliche Gewalt sind die Männer zuständig, auf Befehl der

Frauen, wohlverstanden! Wie eine reine Frauenwelt aussähe, bleibt Spekulation, doch gibt es keine Anzeichen dafür, dass da Friede herrschen würde, auch körperliche Gewalt dürfte dort ausgeübt werden.) Die meisten Frauen hassen Frauen mehr als Männer, weshalb auch immer, deshalb wählen sie ja keine. Zu diesem totalen Sumpf von Lügen und Verbrechen gehören also auch Politik und Justiz, obschon sie eigentlich, angeblich für die Bekämpfung aller Untaten zuständig sein sollen. Statt sich also mal zu besinnen, was das alles sollte, macht man weiter, denn alle wollen das ja angeblich. Statt dass man sich mal wirklich die Frage stellt, weshalb denn eine solch gigantisch hohe Kriminalität herrscht, richtet man halt einfach weiter. Und in der Politik usw. wird nicht etwa eine Grundsatzdiskussion über die Ursachen der Gewalt geführt, nein, viel interessanter ist es doch, sich gegenseitig mit Faschismus-Vorwürfen einzudecken. Und wenn die Rechten sicher solche sind und nicht wirkliche DemokratInnen, so können auch die Linken immer wieder mit ähnlichen Ansätzen aufwarten. Die Sympathien von vielen Linken zu eindeutig faschistischem Gedankengut, nebst dem Grundfaschismus der Lebensbejahung, habe ich bereits nachgewiesen (realer Kommunismus, Anthroposophie usw.). Die unsinnigen Grabenkämpfe um Macht und Eitelkeiten zwischen Linken und Rechten enden jeweils darin, dass man trotzdem wieder zusammensitzt, denn die Mafia soll ja weiterleben, die Lebensbejahung, die Akzeptanz oder gar Verherrlichung des Kampfes bleiben die Grundübereinstimmung der faschistischen Weltmafia. So kann auch erklärt werden, weshalb komischerweise total überlegene KriegsgewinnerInnen ihre GegnerInnen nicht ganz vernichten. Dass dies aus humanitärer Sicht geschieht, glaubt wohl heute kein Mensch mehr. Nein, viel eher ist es eine Absprache unter KämpferInnen, denn die Mafia soll ja weiterbestehen, und da brauchen sich dann doch wieder alle. Politik und Justiz agieren also als Strukturengeberinnen der Gesellschaft. Und entsprechend werden alle, die nicht mitmachen wollen, ausgeschlossen, die Freitodwilligen eben gar als VerbrecherInnen verurteilt. Was früher als eigentliches Verbrechen verurteilt wurde, bleibt heute als indirektes bestehen, letztlich galt, gilt und wird wohl immer gelten der Freitod als größte Sünde in der Mafia, wie ich im nächsten Abschnitt belegen werde.

Wie wir schon bei Exit gesehen haben, geht also auch der politische beziehungsweise juristische Kampf gegen den Freitod bis heute weiter. Obwohl er in der Schweiz als Straftat 1941 abgeschafft wurde, bleibt er nach wie vor in anderen Gesetzen auf der Anklagebank. Nach Versicherungsrecht kann eine Versicherung die Leistungen nach einem Freitodversuch ablehnen, wenn der/die Freitodwillige als urteilsfähig angesehen wird. Das kommt einer Ächtung des Freitodes gleich und bestraft den unfreiwillig Überlebenden doppelt. Gerade bei dieser Frage der Urteilsfähigkeit kommen die rechtlichen Mittel zum Zuge, um jene Menschen zu disziplinieren, welche eben als nicht urteilsfähig bezeichnet werden. Da die Psychiatrie die Freitodwilligen immer als nicht urteilsfähig abtut, kann eine Einlieferung fast nicht verhindert werden. Eine Entlassung kann erst mit der Zeit und mühsamer rechtlicher Hilfe vielleicht erzwungen werden. Da wird die Hand-in-Hand-Strategie der Mafia offensichtlich. Die Politik macht die Gesetze, Justiz und Psychiatrie wenden sie an. Bei der Beihilfe zum Freitod, die löblicherweise in der Schweiz als einem der wenigen Länder der Welt erlaubt ist, kommt es durch den gesellschaftlichen Kampf gegen Exit klar heraus, dass auch hier der Freitod zu verhindern versucht wird. Es wird wieder mit der Nichturteilsfähigkeit versucht, den Freitodwilligen ihr Recht abzusprechen. Wie gezeigt, hat der Fall der jungen Frau aus Basel veranschaulicht, dass willkürlich mit dieser Unterstellung die Beihilfe zum Freitod verhindert wird. In diesem Zusammenhang laufen allerdings noch gerichtliche Verfahren. Doch der Druck auf Exit scheint so groß geworden zu sein, dass die Beihilfe nur weiter bei todkranken Menschen geleistet wird. Die denkerischen und körperlich gesunden Menschen stehen also immer noch vor der Wahl inhumaner Tötungsmethoden. Wie weit entfernt wir uns noch von einer Offenheit in diesen Fragen befinden, offenbart das Faktum, dass die aktive Sterbehilfe in allen Staaten der Welt grundsätzlich verboten ist. Allein in den Niederlanden ist sie für Todkranke möglich. Wenn die Gesellschaft sich so gern mit dem Selbstbestimmungsrecht für die Menschen in allen möglichen Bereichen rühmt, dann müsste sie konsequenterweise auch die aktive Sterbehilfe erlauben, aber beim Freitod ist eben alles anders. Dann wäre auch diese unsinnige und spitzfindige Diskussion um Unterscheidung zwischen Beihilfe zum Freitod und aktiver Sterbehilfe überflüssig. Denn wenn man den Freitod zumindest akzeptiert, dann kann es keine Rolle spielen, ob man dem/der Freitodwilligen ein tödlich wirkendes Mittel überreicht, das er/sie dann selbst einnimmt, oder, falls das nicht mehr geht, ob man ihm/ihr ein Mittel spritzt. Da erscheint klar die ganze Todes-Verdrängung, welche unsere ganze Gesellschaft beherrscht, denn anders kann eine solche Diskussion um des Kaisers Bart nicht erklärt werden. Verschiedene Aktivitäten und Vorstöße in Sachen Sterbehilfe regten in den letzten Jahren die Diskussion an und riefen den Widerstand aller Teile der Gesellschaft hervor. In Australien wurde ein Gesetz für aktive Sterbehilfe bei Todkranken nach Protesten wieder zurückgenommen. In verschiedenen Staaten wurden Ärzte, welche leidende Menschen auf deren Wunsch erlösten, wegen Mordes vor Gericht gestellt. In Deutschland gibt es dieses unglaubliche Gesetz, dass Beihilfe zum Freitod grundsätzlich straffrei ist, dass aber jene Menschen, die sie leisten, sich strafbar machen, wenn sie nicht unmittelbar nach der Beihilfe den sterbenden Menschen zu retten versuchen. Dass ein solch schizophrenes Gesetz entstehen konnte, kann nur mit dem ganzen krankhaften Geist einer irren Gesellschaft erklärt werden. Da zeigt sich wieder die Mafia, die sich vor der Unterwanderung durch unsichere eigene Mitglieder und Nichtmitglieder schützen muss. Das fortschrittlichste Land ist also Holland, welches zwar auch Verbote für Beihilfe zum Freitod und aktive Sterbehilfe kennt, aber gewisse Ausnahmen erlaubt. Nebst der angesprochenen aktiven Sterbehilfe für Todkranke bietet eine Sterbehilfeorganisation eine Freitodberatung für eben nicht todkranke Menschen an, wo nach einem Gespräch allenfalls möglichst humane Tötungsmethoden bekanntgegeben werden. Dies geschieht unter anderem mit dem Buch „Selbsterlösung durch Medikamente", welches also auch in deutscher Sprache vorliegt, aber nicht frei erhältlich ist und zudem Medikamente aufführt, die der Rezeptpflicht unterliegen. Somit bleibt die Abhängigkeit bestehen. In der Schweiz sprach sich 1999 eine Kommission mit knapper Mehrheit für eine aktive Sterbehilfe in gewissen Fällen schwerster Krankheit aus, doch bis ein solches Gesetz allenfalls Wirklichkeit würde, werden noch Jahre vergehen. Dass selbst ein solcher Entscheid und das Holland-Modell schwerste Kritik hervorrufen, lässt erahnen, wo wir stehen. (Die meisten Kommentare verurteilten das Holland-Modell, die angesehene, aber fürchterliche Frankfurter Allgemeine Zeitung mit dümmsten Sprüchen.) Die Mafia hält hartnäckig an ihrer Strategie fest, und an eine völlig freie Abgabe von tödlich wirkenden Medikamenten an alle Freitodwilligen ist nicht mal zu denken. Doch gerade dies wäre die einzig humane Lösung.

Verschiedene Autoren und ihre Bücher, die sich mit diesem Thema beschäftigen, bestätigen, wie stark die Widerstände in der Gesellschaft sich halten. Der Schweizer Philosoph und Autor Harri Wettstein, der wie angesprochen im Vorstand von Exit war und mit dem ich schon verschiedentlich diskutierte, fordert in seinen Büchern, dass ein eigentliches und umfassendes Sterbehilfegesetz kommen müsse. Seine Haltung dem philosophischen Freitod gegenüber präsentiert sich relativ offen. Er findet die Freitodinformation des Holland-Modells gut und möchte dies auch für die Schweiz einführen. Doch bei der Abgabe eines tödlichen Medikamentes mittels Rezept durch Exit an eben so genannte psychisch Kranke beginnt seine Zurückhaltung. Diese ist die Konsequenz seines Denkens, das er in seinem ausführlichen Buch zur Sterbehilfe darlegt. Das Buch beinhaltet oft ein widersprüchliches Denken und stimmt daher auch nur zum Teil mit seiner Offenheit bei Exit überein. In den Gesprächen konnte er mir dies nicht zufriedenstellend erklären. Auch bei Harri Wettstein bleibt der üblich große Rest an Lebensbejahung bestehen und er verhindert eben den Durchbruch zur totalen Wahrheit. Man spürt bei ihm, wie er sich von einigen fürchterlichen Positionen nicht lösen kann oder will. Das stellt dann klar, wie offensichtlich schwierig sich die Loslösung von der Mafia gestaltet. Der folgende Text zum Beispiel beinhaltet gar reinstes Mafia-Niveau.

34: „Selbstmord ist tatsächlich vielfach ein reiner Akt der gewaltverbundenen Selbstaggression, der pauschal kaum ethisch zu rechtfertigen ist, weil er seinerseits einen aggressiven Übergriff auf die Gemeinschaft beinhaltet."

Mit dieser Definition des Freitodes gerät er paradoxerweise in die Nähe der radikalen Sterbehilfe-GegnerInnen, welche er sonst bekämpft. Eine blinde Lebensbejahung dringt hier durch, denn sonst könnte er nicht viele Freitode einfach als Selbstaggression oder Aggression gegen die Gemeinschaft abqualifizieren. Ein weiterer Text soll aufklären, wie tief selbst bei einem solchen Denker die Härte-Parolen sitzen.

35: „Jede Krankheit hat immer auch einen Sinnzusammenhang im Leben der Person. Nicht allein die Kinderkrankheiten sind für die psychische Entwicklung der Person unerlässlich oder zumindest wertvoll."

Dieser unmenschliche Unsinn vom angeblichen Sinn des Leidens durchzieht das ganze Buch, denn Wettstein will letztlich behaupten, man werde durch das Leiden menschlich und weise, doch die Realität zeigt, dass das Gegenteil wahr ist. Er argumentiert schon fast mit einem mittelalterlich christlichen Geiste. Diese ganze Leidensverherrlichung oder eben Leidensverharmlosung kennzeichnet ja die Lebensbejahung. Wettsteins Offenheit beschränkt sich dann nur noch darauf, dass er für die Möglichkeit des Freitodes bei unheilbarer Krankheit mit unerträglichen und nicht restlos zu bekämpfenden Schmerzen eintritt. Dies bestätigt er nochmals:

36: „Hingegen wäre der Suizid eine Todsünde, würden wir mit ihm versuchen, Jesus nachzuahmen oder sein Werk damit zu bezweifeln. Er wäre es, würden wir aus Verzweiflung am unverdrängbaren Leiden, aus Nihilismussehnsucht also (wie z. B. der allerdings stark depressive Aargauer Schriftsteller Hermann Burger), aus Protest an der Gesellschaft, aus Rache für Ungerechtigkeiten oder Krankheiten, aus waghalsigem Leichtsinn, aus Sensationslust, aus Erbarmen für jemanden oder aus Flucht vor der Verantwortung uns das Leben nehmen."

Da steigt dann bei wahren DenkerInnen endgültig Wut auf. Trotz solch totalem Unsinn behalte ich Herrn Wettstein in guter Erinnerung, denn da scheint einer einfach nicht über seinen Schatten springen zu können, und er leistete bei Exit sicher auch gute Arbeit. Ich möchte in diesem Zusammenhang der Vollständigkeit halber noch ein Buch anführen, das nach Auskunft von Herrn Wettstein meinem Denken relativ nahe komme, denn aus sprachlichen Gründen habe ich es nicht gelesen (Roland Jaccard, Michel Thévoz: Manifeste pour une mort douce). Ein anderes französisches Buch, das es zum Glück in deutscher Übersetzung gibt, geht in eine ähnliche Richtung. Die beiden Autoren machten es sich 1982 zur Aufgabe, den Freitod als Freiheit jedes Menschen zu vertreten. Im ganzen Buch wird auch klar, dass sie ihn als Lösung akzeptieren. Sie zeigen dazu die rechtliche Stellung des Freitodes in Frankreich auf, wie er sich vom Verbrechen zum halben wandelte. Sie beschreiben an Hand von geschehenen Fällen, wie der Freitod durch verschiedene Gesetze nach wie vor kriminalisiert wird. Und ihr Buch führte gerade zum Beweis für die Richtigkeit ihrer Anklage: Das Buch wurde durch ein Gesetz, das die Anstiftung zum Freitod unter Strafe stellt, verboten. Dies hauptsächlich daher, weil am Schluss des Buches eine Liste mit Medikamenten angeführt ist, die in der angegebenen Dosierung zum Tode führen. Dazu erklären sie noch die Tricks, wie man zu den rezeptpflichtigen Medikamenten kommen könne. Da war für die Mafia klar: So was gehört verboten! Das Buch lässt im weiteren verschiedene Menschen, unbekannte Leute und SchriftstellerInnen, den Freitod verteidigen. Auch die Autoren lassen keine Zweifel aufkommen, auf welcher Seite sie stehen.

37: „Wie viele Jugendliche verbringen hier (Psychiatrische Klinik) mehrere Monate ihres Lebens, Zeit für eine Gehirnwäsche, eine Gleichschaltung? Denn im Grunde will man sie genau dies spüren lassen: Sie fallen nicht ins Gewicht. Sie müssen sich beugen, das Leben ist kein Zuckerschlecken, friss!"

Die klare Anklage an das zwanghafte Einschließen bringt die Wahrheit ans Licht. Ein weiterer Text offenbart das wirkliche Denken dieser Autoren:

38: „Wer den Freitod als Mittel ansieht, die Grenze seines Daseins selbst zu bestimmen, der zerbricht den Panzer der Fatalität – man muss doch leben, da man ist – eine mythische Fatalität, die ihre scheinbare Realität aus der Geburt schöpft, die der individuellen Entscheidung unwiderruflich entzogen ist." Hier sprechen sie die oft vergessene katastrophale Realität der Geburt an, also das Faktum, dass man ungefragt in eine solch schlimme Welt geworfen wird. Ein solch wahres Buch wurde also in Frankreich verboten, da sich die Mafia in Frage gestellt sah und auch die Wirkung des Buches offenbar nicht ausblieb, denn es sei nach der Veröffentlichung zu mehr Freitoden gekommen. Politik und Justiz griffen also ein, denn die Mafia bekam offensichtlich Angst, ihr würden die Mitglieder wegsterben. Im deutschen Sprachraum ist mir eine freitodfördernde Wirkung des Buches nicht bekannt, weshalb sie ausblieb, bleibe dahingestellt. Wahrscheinlich deshalb wurde die deutsche Ausgabe nicht verboten beziehungsweise kein Gesetz geändert. Auf alle Fälle gilt: „Vielen Dank für Ihren Mut und die Wahrheit, Monsieur Guillon, Monsieur Le Bonniec!!"

Ein weiterer Schriftsteller, der sich für einen freien Umgang mit der Sterbehilfe einsetzt, ist der Australier Peter Singer. Er setzt sich lediglich für die aktive Sterbehilfe bei unheilbarem und schwerstem Leiden ein, dies auch bei Kleinkindern, die man zwar noch nicht befragen kann, die aber furchtbar leiden und meistens ohnehin früh sterben oder wegen ihrer Behinderung nie befragt werden können. Trotzdem wird er regelmäßig an Veranstaltungen am Sprechen gehindert. Er nimmt also eine Position ein, die weit von meiner entfernt liegt und daher eigentlich zu keinen Diskussionen Anlass geben sollte. Aber die mitleidvolle Sicht von Singer wird von der Mafia natürlich bekämpft, besonders von Behindertenorganisationen. Sie verzerren sein Denken, schimpfen ihn einen Verbrecher und rücken ihn in die Nähe der Nazis. Doch hat eine Sterbehilfe des Mitleids nichts mit dem Töten von so genannt unwertem Leben zu tun, das man für den Lebenskampf der Mafia nicht brauchen kann. Auch das schon bekannte Argument, es würde ein sozialer Druck entstehen, ist reine Stimmungsmache, da Singer ja nur für den schlimmsten Einzelfall die Sterbehilfe vorsieht und die Angehörigen einverstanden sein müssen, dazu eben die Erkenntnis, dass Missbrauch nie ein Argument gegen eine gute Sache sein darf, da alles missbraucht werden kann und genug Gesetze gerade gegen diesen Missbrauch existieren, denn die Mafia schützt ja das Leben über alles, und den wirklichen Druck bekommen die Freitodwilligen zu spüren. Viel eher dürfen alle Mitglieder der Mafia und natürlich besonders die Behinderten die Leiden nicht zugeben, weil sie ihr eigenes aus irgendwelchen Gründen ertragen wollen. Also sollen alle anderen auch leiden müssen. Die ganze Härte dieser Behinderten ist die logische Folge von jener der Gesellschaft. Endgültig klar wird es dann, wenn diese Unmenschen sich daran stören, dass Singer Menschen und Tiere vergleicht. Er vertritt die richtige Ansicht, es sei unmoralisch, wenn Tiere leiden müssten, um menschliches Leiden zu verringern. Da laufen dann die armen Behinderten Amok und behaupten angeblich im Ernst, Tierversuche usw. seien zu rechtfertigen, da der Mensch über dem Tier stehe. Wo die wirklichen VerbrecherInnen zu suchen sind, wird offensichtlich. Es ist ein weiteres Beispiel, wie die blinde Lebensbejahung um jeden Preis zu Lügen und Verbrechen führt, statt dass man die Behinderung und die folgenden Leiden als Ungerechtigkeit bezeichnet und zugibt, dass ihre so genannte Bewältigung zu Unmenschlichem ausartet, der Freitod der bessere Weg ist. Auch wenn mir keine staatlichen Verbote gegen Singer und seine Bücher bekannt sind, so ist der Protest natürlich in die gesellschaftliche und rechtliche Situation eingebettet, denn ebendiese aktive Sterbehilfe bleibt verboten und die schrecklichsten Verbrechen an den Tieren bleiben erlaubt. Und ganzheitlich gesehen ist er eben eingebettet in die unsinnige Strategie der Mafia, wo das Ertragen von Leiden als Heldentat gefeiert wird und das Weiterleben als oberster Grundsatz gilt.

Zum Abschluss dieses Abschnittes möchte ich noch einen Leserbrief vom zürcherischen Rechtsanwalt Robert Kehl (1914–2001) anfügen, der die ganze Dimension des gesellschaftlichen Kampfes gegen den Freitod aufzeigt. Ich hatte einige Male telefonischen Kontakt mit Robert Kehl und er sandte mir einige von ihm verfasste Schriften. Er war früher im Vorstand von Exit und setzte sich viele Jahren für eine liberale Gesetzgebung der Sterbehilfe ein. Er hat sich auch in einem Buch mit dem aktuellen Recht auseinander gesetzt (Sterbehilfe: Ethische und juristische Grundlagen). Für einen schon alten Mann und Juristen vertritt er eine sehr fortschrittliche Ansicht, auch wenn sie nicht bis zu meiner Position reicht. Der bemerkenswerte Leserbrief erschien in der Zeitung „Züri Woche" vom 4.1.1990, S. 26. Robert Kehl verfasste ihn zum Freitod des Rechtsanwaltes und Exit-Präsidenten Walter Baechi. Ich möchte folgend nur einen Teil davon anführen:

„Der Freitod wird noch recht hartnäckig mit dem Ausdruck Selbstmord stigmatisiert. Noch effizienter ist wohl die verbreitete Gewohnheit, den Freitod gerne in die Nähe von geistiger Erkrankung oder wenigstens von abartigem Verhalten zu bringen und ihn dadurch negativ zu werten: Für viele ist der Freitod immer noch Zeichen von Aggression oder von Lebensuntüchtigkeit, Ausdruck von Gescheitertsein. Der Selbsttöter ist ein Versager. Der Suizidwillige wird isoliert, bedauert. Alle wollen ihn betreuen, befürsorgen, behirten, heilen, auf den rechten Weg bringen. Oder er wird bedroht von Zwangs-(fürsorge)maßnahmen. Freitod ist statt einer Ehre eine Schande, namentlich für die Angehörigen. Die Literatur über den Freitod befasst sich fast nur mit der Freitodverhütung. Wenn unsere Gesellschaft auch nur einen kleinen Teil dieses Efforts für die Verminderung der Waffenproduktion und der Umweltschäden einsetzen würde, könnten wir aufatmen. Der Staat bringt es nicht fertig, sich auch nur neutral zu verhalten, obschon offiziell das Grundrecht der Selbstbestimmung sonst überall laut betont wird, sondern er hält es für eine seiner ersten Pflichten, den Freitod wo immer möglich zu verhindern."

Da kann ich nur sagen: „Vielen Dank für Ihre große Ehrlichkeit, Herr Kehl!!"

Abschließend kann gesagt werden, dass alle Teile der Gesellschaft trotz des Kampfes aller gegen alle im weitesten Sinne zusammenarbeiten und dem gemeinsamen Ziel, dem Weiterleben, dienen. Selbst international finden diese sinnlosen KämpferInnen am Ende in der Lebensbejahung wieder einen gemeinsamen Nenner, man sitzt wieder zusammen und sucht nach so genannten Lösungen, damit die Weltmafia weiterbestehen kann. Es wirkt alles wie ein großes absurdes Theater, wenn sich jene, die sich heute noch niederschießen, schon morgen wieder an einen Tisch setzen und verhandeln. Oder oft noch wahnsinniger: Die so genannten hohen PolitikerInnen verhandeln, während ihre SoldatInnen immer noch Krieg gegeneinander führen. Statt dass die armen Menschen der Dritten Welt dem arroganten Westen mit kollektivem Freitod begegnen und dem furchtbaren Elend ein Ende bereiten würden, verhandeln sie weiter, leben weiter, führen Kämpfe im eigenen Staate gegen andere arme Staaten und suchen bei den reichen Staaten um Hilfe, welche das Elend in der Dritten Welt zu ihren eigenen Gunsten mitverursachen. Die reichen Nationen kommen den armen mehr oder weniger entgegen, nicht aus humanitärer Gesinnung etwa, denn sonst müssten andere Taten folgen (zum Beispiel totaler Schuldenerlass und faire Handelsbeziehungen). Nein, die reichen Staaten handeln nach wirtschaftlichen und politischen Überlegungen, sie wollen die globale Weiterexistenz des Menschen sichern, und da spielt selbst der arme Süden eine Rolle. Dieses Weiterlebenwollen aller führt also zu diesen globalen Kämpfen und Kompromissen zugleich. Man wird mir jetzt wieder vorwerfen, dies sei Unsinn, da viele humanitäre staatliche und private Hilfe aus menschlicher und christlicher Gesinnung geschehe. Aber diese Hilfe ist eben unglaubwürdig, denn sie wird mit Sicherheit immer ein Tropfen auf den heißen Stein bleiben. Angesichts dieses unendlichen Elendes verlangen wirklich wahre Gefühle nach einer neuen Strategie: Hand in Hand sollten ein Ende der Geburt und der kollektive Freitod vertreten und ermöglicht werden. Leider wird dies wohl immer eine Utopie bleiben, die meisten Menschen wollen unbelehrbar sein. Dies zeigt sich am trefflichsten in der weltweiten Flucht-nach-vorne-Strategie, die sich so sehr gleicht, trotz aller kulturellen Unterschiede. Die Lebensbejahung treibt alle möglichen und unmöglichen Blüten. Ausgehend von der allgemeingültigen, aber eben nur behaupteten Meinung, wer mit alltäglichen, praktischen und daher lebensbewältigenden Aufgaben ausgefüllt sei, der/die komme nicht auf so genannte falsche Gedanken, entsteht dann diese unsinnige Geschäftigkeit der heutigen Welt. Alle Teile der Mafia betreiben eine derart offensive Lebensbejahung, dass man oberflächlich betrachtet das Gefühl haben könnte, sie würden wirklich an diesen Unsinn glauben. Doch bei näherem Blick erkennt man den Fluchtcharakter aller Strategien. Selbst philosophische AnfängerInnen werden klar feststellen können, wie diese Geschäftigkeit die totale Tragödie des Menschen nicht verdrängen kann. Statt also die Flucht abzubrechen, werden in allen Kulturen die verrücktesten Verdrängungsmethoden angewendet, Religionen aller Art, Drogen, Vergnügungsmittel aller Art usw. ... sollten die unglücklichen Gefühle auslöschen. Da dies aber nur kurzfristig vom katastrophalen Leben ablenken kann, haben wir die totale Katastrophe und das totale Chaos, seit der Mensch existiert. Wie blind gerade Politik und Justiz auf das Chaos reagieren, manifestiert sich zum Beispiel an ihrem Umgang mit Drogen, Flüchtlingen, Gewalt und Armut. Statt zuzugeben, dass der Mensch, seit er existiert, für diese Probleme keine wirklichen Lösungen findet, bastelt man an bestenfalls halben. Ganz grotesk wird es etwa da, wo aus Angst vor dem Freitod in Raten durch harte Drogen diese verboten werden, während die so genannten weichen (Nikotin, Alkohol usw.), welche von der Masse und damit auch von den PolitikerInnen und JuristInnen konsumiert werden, erlaubt bleiben. Grotesk vor allem deshalb, weil auch der Konsum von weichen Drogen letztlich einen Freitod auf Raten bedeutet, es dauert normalerweise nur länger, bis der Tod eintritt. Dies alles entlarvt einmal mehr die Behauptung von den glücklichen Menschen als Märchen. Die armen Leute sagen jetzt wohl, es gehe um den Genuss. Doch gerade der Alkohol stellt wohl eine der unglaublichsten Lügen dar, die es überhaupt gibt. Da werden also Wein und Spirituosen seit Urzeiten getrunken und gelobt, obwohl sie eindeutig gegen ein positives Geschmacksempfinden sprechen. Da trinken also tatsächlich Millionen von Menschen seit mehreren tausend Jahren etwas, das niemand wirklich gern hat, nur um dabei zu sein, um die Sorgen zu vertreiben und die Frauen gefügig zu machen (So etwas nenne ich totale Gleichschaltung.) Und zumindest heute wissen alle, dass sie mit Alkohol wahrscheinlich früher sterben werden, denn fast alle trinken viel zu viel, da sie nur so die erwähnten Zwecke erreichen können. Beim Nikotin fragt man sich auch nach dem Genuss, auch wenn er eher noch zu erkennen ist als beim Alkohol. Dafür ist Rauchen so schädlich und führt nicht zum Rausch, dass ein Freitod in Raten offensichtlich wird. Das Unglücklichsein sitzt also so tief an allen Stellen der Mafia, dass sie sogar diese eindeutigen Todesdrogen nicht verbieten kann. (Apropos

Todesdroge: Jedes Jahr sterben weltweit viele tausend Menschen bei Verkehrsunfällen, welche durch zu viel Alkoholkonsum der LenkerInnen verursacht wurden). Nur beim meistens schnelleren Freitod in Raten durch harte Drogen reagiert sie aggressiv, denn Unglücklichsein und Freitod sind ja schließlich verboten. Doch die Drogenpolitik agiert hilflos, denn das Unglücklichsein verschwindet nicht, und folglich entsteht der kriminelle Schwarzmarkt, der mit schlimmsten Auswirkungen für alle bekämpft wird. Aber man macht weiter, denn sichtbares Unglücklichsein und der mögliche Freitod sind strengstens verboten, sie müssen mit aller Härte bekämpft werden. Das Chaos ist total und ewig und grausamer als grausam!! Und es sei an dieser Stelle nochmals gesagt: Die Sexualität als einzig wirkliche Lebenslust konnte sich zu keiner Zeit als eigenständige, glückliche, starke und das Unglück übertrumpfende Kraft erweisen, die dann, außer vor dem Tod, nicht fluchtartig wäre. Nein, vielmehr sieht sich die Sexualität selbst zum Unglück verurteilt, das verbindet sich mit dem anderen und alles hängt unglücklich zusammen. So bleibt Sexualität im besten Falle eine kurzfristig erfolgreiche Flucht, im Normalfalle aber, wie geschildert, ist sie eine ewige Katastrophe. So kommen wir zur Schlusserkenntnis: Alle Menschen sind, auch ohne den Tod, reine Verlierer, wir können abdanken!! „Gute Nacht, all ihr Armseligen!!"

9. Der Freitod in den Medien

Die Medien sprach ich schon verschiedentlich an. Die heutige, unüberschaubare Medienwelt gehört, trotz großer Vielfalt und einzelner kritischer Ansichten in gewissen Bereichen, absolut zur Mafia. Diese Kritik bewegt sich immer im Rahmen der Lebensbejahung, der Freitod wird im besten Falle mit Verständnis behandelt. Normalerweise wird er aber entschieden abgelehnt. Die schlimmen Texte der Tamedia AG zu Exit in ihren Erzeugnissen Tages-Anzeiger, Facts und Sonntags-Zeitung habe ich bereits angesprochen. Hier von einer journalistischen Katastrophe zu sprechen, wäre eine Verharmlosung, da sich alle nachweisbar Lügen zuschulden kommen ließen. Dass Mafiamitglieder nicht denken können wollen, nun, das wissen wir jetzt ja, aber die bewusste Verdrehung von Fakten erreichte vor allem im Basler Fall ein Maß, das zu Fragen Anlass gibt. Da scheint man eine besondere Gegnerin, einen besonderen Gegner bekämpfen zu müssen, denn sonst halten sie sich an die Fakten. Die lebensbejahende Mediensekte stört sich offenbar in einem starken Maße an der lebensverneinenden Freitodbejahung. Auch wenn andere Medien nicht diese Schlammschlacht der Tamedia mitmachten, so ist klar, dass alle Medien sich in dieser Sekte bewegen und der Freitod abgelehnt wird. Das ergibt sich schon aus der zur Gesellschaft parallelen Flucht-nach-vorne-Strategie, die alle Medien kennzeichnet. Diese tägliche Flut von Meldungen zum täglichen Lebenskampf wird auf eine Art und Weise zelebriert, dass man wirklich glauben könnte, die armen Leute fänden das alles richtig, spannend und wichtig. Und sozusagen zum Dessert geht's dann los mit Fun, Action, Sport, lächerlicher Kultur usw. Dass in diesem absurden Theater der Eitelkeiten, Oberflächlichkeiten, Wichtigtuereien, des Spaßes und Kampfes um jeden Preis usw. die Wahrheit keinen Platz hat, müsste eigentlich klar sein. Die Katastrophe beginnt doch da, wo auf dieser Welt jeden Tag all die Schrecken geschehen und die Medien nichts Besseres wissen, als dies zuerst einmal einfach mitzuteilen. Auch wenn dann mal Hintergrundberichte folgen, dann werden die Machenschaften in der Mafia geschildert. Das Aufdecken von Skandalen und das Aufzeigen angeblich neuer Lösungen bewegt sich immer im Rahmen der Mafia und dient am ehesten der Auflage. Ein völlig neuer Ansatz, eine Infragestellung des Lebens und der Welt auf der grundsätzlichen Ebene, das sucht man in allen Medien vergeblich. So kann es nicht mehr erstaunen, wenn die Medien so tun, als würden sie sich für die täglichen Kämpfe tatsächlich interessieren. Jedenfalls treten sie jeden Schwachsinn breit. Und als Ausgleich sollen nach den Kampfmeldungen alle armen

KundInnen auch ein wenig Vergnügen haben. Der Stellenwert von Sport und anderen Verdummungen hat ein Maß erreicht, das nur als Form von Religion oder Droge und damit als Ablenkung verstanden werden kann. Das Unglücklichsein muss mit allen Mitteln verdrängt, ja geradezu bombardiert werden. Die Medien erweisen sich somit als Gehilfen der Mafia, sie rechtfertigen das Leben, agieren als Vertreiber aller unglücklichen Gefühle und verharmlosen die Schrecken schon allein durch die genannte Rechtfertigung. Sie selbst kennen aber noch eine Eigendynamik, die zum Schluss führt, dass da eine schlimme Sekte als Teil der Mafia nicht nur hilft, sondern an vorderster Front mitschreitet. In der immer mehr an die USA angeglichenen Medienkultur, in welcher alle möglichst alle fertig machen möchten, treiben Blüten, die kein einigermaßen anständiger Mensch mehr verstehen kann. Sie kann nur verstanden werden, wenn man diese Welt des naturbedingten Kampfes aller gegen alle als Basis nimmt, auf der die Medien unweigerlich aufbauen müssen, da sie ja eben ein Teil dieser Welt sein wollen. Es sei deshalb erwähnt, dass die Gewalt rechtfertigenden Medien nicht die Ursache, sondern die Folge oder ein Teil der allgemeinen Gewalt sind, da sie etwas zeigen, das es schon immer gibt, und höchstens dadurch die Gewaltbereitschaft noch steigern. Gerade die ebenfalls katastrophale Nation USA repräsentiert, im Inneren wie gegen Außen, das Lösen von Konflikten durch Gewalt und Macht. Dass da die Medien nicht hintenanstehen wollen, dürfte klar sein. Ob Amerikanisierung oder nicht, wenn ich zum Beispiel die privaten Fernsehsender im deutschen Sprachraum sehe, aber auch die staatlichen, dann herrscht da ein Niveau, das die grausame Welt zeigt und selbst ein Teil von ihr ist, da es die Grausamkeiten noch genüsslich ausweidet, zeigt oder gar selbst produziert. Vielleicht gut gemeinte Berichte erweisen sich eben als nur vermeintlich gut, weil sie im besten Falle das Unrecht feststellen und anklagen, gar Lösungen aufzeigen, aber immer im Rahmen der Lebensbejahung, was letztlich auf das Zementieren von etwas grundsätzlich Schlechtem hinausläuft. Es wäre ja ein Widerspruch zu wirklicher Wahrheit, wenn nach solcher wieder diese blödsinnige Unterhaltung folgen würde. Und diese hat gerade in den letzten Jahren auch die Schweiz eingeholt. Es dominiert im wahrsten Sinne des Wortes der Schwachsinn. Unter dem Quotendruck haben sich auch die staatlichen Sender den ZuschauerInnenwünschen immer mehr gebeugt.

Wie ist es möglich, dass ein solch schwachsinniger Typ wie Frank Baumann am Schweizer Fernsehen DRS auftreten darf, der alle fertig machen und sich selbst darstellen will?! Und der Alt-68er Schellenberg, inzwischen Direktor dieses Senders, findet das auch noch gut. In Deutschland heißt ein ähnlicher Typ Schmidt statt Baumann und bekommt für seinen Schwachsinn auch noch Preise. Ein Schweizer Privatradio sendet Schmidts fürchterliche Sprüche als große Kunst. Und ebendieses Privatradio bewegt sich allgemein auf dieser Ebene des so genannt Coolen, des Funs bis zum Erbrechen und des Fertigmachens. Die armseligen ModeratorInnen orientieren sich dabei an ihrem ehemaligen Chef namens Schawinski, der trotz oder wohl gerade wegen seiner arroganten Art ebenfalls noch Preise erhält, da er hin und wieder eine scheinheilige Aktion zugunsten einer wohltätigen Organisation durchführt. Scheinheilig deshalb, weil der Widerspruch angesichts seines sonstigen Macht- und Selbstdarstellungswahns offensichtlich ist. Die Privatradios entsprechen allgemein dem Niveau der privaten Fernsehsender ,und das staatliche Schweizer Radio DRS 1 hört sich zwar weniger schrill an, doch da könnte man dann manchmal das Gefühl haben, in diesem Lande würden nur glückliche Menschen wohnen, da wird also die volle Strategie der Mafia mitgetragen. Es ist also eine logische Sache, dass auch die Medien die Flucht nach vorne antreten. Meine Erfahrungen mit dem Tages-Anzeiger und dem Schweizer Fernsehen DRS haben lediglich erbracht, dass da ab und zu wenigstens die Wahrheit erzählt werden darf, obschon diese Medien auch zu 100 Prozent zur Mafia gehören. Immerhin, könnte man sagen, nur bringt das wenig Wahre natürlich nicht viel neben der anderen Masse. Sowohl in den schweizerischen als auch den deutschen Medien unterstreicht gerade der Umgang mit dem Freitod, wie sie die totale Lebensbejahung betreiben. Es ist sozusagen eine logische Umkehrung, denn wenn man das Leben bejaht oder gar verherrlicht, dann muss man den Freitod verurteilen oder als bedauernswerte Krankheit abtun. Und allein der Spielfilm „Tod eines Schülers" aus dem Jahre 1981, der keine Freitodbejahung beinhaltet, in dem sich aber ein 19-Jähriger vor den Zug wirft, sprengte den Rahmen. Da nach der Ausstrahlung mehr Freitode mit dieser grauenhaften Methode geschahen, erntete der Fernsehsender harsche Kritik, vor allem von der Psychiatrie. Statt das Thema zu diskutieren und hinter dieser Freitodwelle nicht einfach den Nachahmungseffekt zu sehen, wird den Medien nahe gelegt, auf solche Filme zu verzichten. Dass diese dann nicht weiter nach der Wahrheit forschen und sich von der Gesellschaft zumindest Zurückhaltung auferlegen lassen, versteht sich schon daher, dass sie ja selbst zur Ablehnung des Freitodes stehen.

Der Spiegel vom 26.6.1995 brachte in seinem Hauptbeitrag eine typische Behandlung des Freitodes. Da wurden die Freitode von Jugendlichen in verschiedenen Ländern untersucht, die angeblichen Ursachen und die Strategien der Gesellschaft dagegen erläutert. Dabei ließ die Zeitschrift verschiedene so genannte Fachleute zu

Wort kommen, welche wieder das ewige Märchen vom reinen Nachahmungseffekt auftischten. In Anlehnung an verschiedene Freitode von jungen Prominenten (es wurde besonders der Fall des Rocksängers Kurt Cobain erwähnt, der sich im Jahre 1994 erschoss) und ihre Folgen wurde versucht zu beweisen, wie angeblich labile Jugendliche ebenso angeblich blind einem Vorbild in den Tod folgen würden, besonders wenn es ein Star gewesen sei. Im Folgenden versuchte man zu behaupten, die Freitode sowohl der Prominenten als auch der so genannten NachahmerInnen seien hauptsächlich eine Selbstinszenierung. Der Freitod wird somit bewusst auf eine unsinnige Tat reduziert. Als (vermeintlicher) Beweis für die Behauptungen wurden dann noch verschiedene Aktivitäten von Fachleuten, Behörden und Medien angeführt, die vereint und erfolgreich gegen die Nachahmung vorgegangen seien. So habe man in den USA nach dem Freitod von Cobain als Abschreckung sein entstelltes Gesicht geschildert, angeblich erfolgreich. Doch was sagt dies über die Freitodwünsche der jungen Menschen aus? Nichts, denn mit Gewalt kann man alles unterdrücken. Dass ein solcher Unsinn in dem so genannt angesehenen Spiegel erscheinen konnte, kann nur mit den Mechanismen einer total irren und lügenhaften Welt erklärt werden. Und es geht weiter so. In Wien erreichte ein Psychiater nach mehreren Freitoden in der U-Bahn, dass die Medien nur noch sehr zurückhaltend darüber berichteten, mit der angeblichen Wirkung, dass sie zurückgegangen seien. Auch dies sagt natürlich nichts über den wirklichen Willen zum Freitod aus, denn ein Vorbild kann nur einen schon bestehenden Willen bestärken. Auch hier fragt man sich, wie es zu solch eindeutig zweifelhaften Aussagen kommen kann. Denn abgesehen vom erwähnten Aspekt können in einer Stadt wie Wien natürlich viele Gründe für diesen Rückgang verantwortlich sein. Somit kann es einen reinen U-Bahn-Vorbildeffekt nicht geben, der Wille zur Wahrheit ist gerade bei jungen Menschen das Zentrum. Aber ein armseliger Psychiater will dies natürlich nicht einsehen. Und es geht weiter so.

In der Schweiz rief 1994 eine Gruppe der Ärzte-Vereinigung FMH im Rahmen der Präventivaktion „Krise und Suizid" die Medien zu einem behutsameren Umgang mit der Freitodberichterstattung auf, oder man solle ganz darauf verzichten. Und der Erfolg blieb nicht aus. Ausgerechnet das fürchterliche Boulevardblatt Blick, das sonst keine Tabus kennt und jedes Verbrechen breitschlägt, ließ verlauten, man werde keine Berichte über Freitode mehr abdrucken. Ab solchem Unsinn verschlägt es selbst mir die Sprache, wo ich doch schon so manches auf diesem Gebiet erlebte. Das Berichten über Verbrechen soll also weniger schlimm sein als über den Freitod, was dann wieder offenbart, dass in der Mafia alles erlaubt ist, nur der Freitod nicht. Ja, wie steht es denn da mit der Nachahmung?! Und was soll denn jene Meldung von den Agenturen sda/dpa, abgedruckt in den Schaffhauser Nachrichten vom Dienstag, 21. Januar 1997: „Der 28-jährige Schauspieler Markus Hoffmann, der als charmanter Playboy in der ARD-Vorabendserie ‚Verbotene Liebe‘ populär wurde, hat in seiner Vaterstadt Berlin Selbstmord begangen. Wie die Polizei am Montag auf Anfrage mitteilte, hat sich Hoffmann bereits am vergangenen Donnerstag zu Tode gestürzt. Über das Motiv ist nichts bekannt. In dem Zeitungsbericht ist von einem Streit um seine Vierzimmerwohnung in Wilmersdorf die Rede. Auch bei der Produktionsfirma von ‚Verbotene Liebe‘ in Köln kann man sich die Kurzschlussreaktion Hoffmanns nicht erklären. ‚Er war ein sehr beliebter Schauspieler‘, sagte eine Sprecherin. ‚Hoffmann war sehr lebensbejahend, ein aufgeschlossener, positiv eingestellter Mensch, der mit beiden Beinen im Leben stand.‘ Der Schauspieler war von Anfang an bei ‚Verbotene Liebe‘ dabei, als die Dreharbeiten im Oktober 1994 begannen." Diese Meldung manifestiert, wie der Freitod verdrängt wird. Niemand will auf die Idee kommen, dass gerade dieses Glücklichseinmüssen zur Verheimlichung des wahren Fühlens und Denkens führt. Es darf nicht sein, dass der strahlende Schauspieler nicht lebensbejahend gewesen sein könnte und alles nur gespielt hätte, sozusagen wie in seiner Serie. Stattdessen wird ein Streit um eine Wohnung ins Spiel gebracht. Es dürfte aber allen klar sein, dass, wenn ein wirklich glücklicher Mensch existierte, der sich nicht wegen eines Wohnungsstreites zu Tode stürzen würde. Die Kurzschlusshandlung ist ohnehin eine reine Behauptung, denn die natürliche Angst vor dem Tode verhindert sie, gerade vor der genannten grausamen Methode würde jeder allfällige Kurzschlussgedanke zurückschrecken. Entgegen also dieser Theorien schreckt man erst nicht mehr zurück, wenn man mit dem Leben abgeschlossen hat, und die grausame Methode ist nicht etwa ein Beweis für den Kurzschluss, denn man muss nach reiflicher Überlegung jene Methoden wählen, welche zur Verfügung stehen und bei denen die Gefahr der Rettung am kleinsten ist.

All diese systematischen Verdrehungen der Wahrheit veranschaulichen die totale Abwehrhaltung der Gesellschaft, ganz nach dem Motto: Was nicht sein darf, kann nicht sein. Und ich wiederhole es ein weiteres Mal: Der Freitod gerade junger Menschen, ob sie nun prominent sind oder nicht, entsteht fast immer auch aus einem lebensverneinenden Gefühl heraus, das oft durchdachter ist, als der Mafia lieb sein kann. Auch wenn keine totale Lebensverneinung wie bei mir vorliegt, so doch mindestens eine, die dieses konkrete Leben in der heutigen Gesellschaft ablehnt. Und da die jungen Menschen sehen, wie an eine Veränderung nicht zu denken ist, muss zumindest von einer konkreten Lebensverneinung gesprochen werden, aber ich traue gerade den heutigen Jugendlichen auch ein weiteres Denken zu, das dann unweigerlich zu einer grundsätzlichen Lebensverneinung führt. Und somit noch einmal: Den eigentlichen Nachahmungseffekt gibt es nicht, denn viel eher wird durch ein Vorbild die letzte Angst überwunden, und das freitodbejahende Denken bestand schon länger. Die natürliche Angst vor dem Tode, gerade bei solch schlimmen Methoden wie dem Sprung vor den Zug, verhindert die reine Nachahmung. Dass sich die Psychiatrie, die Medien und schließlich die ganze Gesellschaft zu solch unsinnigen Behauptungen versteigen müssen, zeigt, wie schwach dieses Lügengebäude dasteht. Und wenn im Tages-Anzeiger vom Freitag, 28. Juni 1996 eindeutig falsche Angaben zur rechtlichen Situation bei der Beihilfe zum Freitod stehen, dann rundet sich das Bild ab. Ich bin froh, diese täglichen Verdummungen der Medien bald nicht mehr ertragen zu müssen. Nicht einmal die Frage scheinen sie zu stellen, wie der Mensch neben allem anderen auch noch die Zeit und Kraft finden sollte, das alles aufzunehmen und zu verarbeiten. Nein, im Gegenteil, sie weiten ihr Angebot noch aus, der einst freie Sonntag ist heute auch noch mit Zeitungen überhäuft. Man könnte nun sagen, dass ja kein Mensch verpflichtet sei, sich über die Medien zu informieren und ich ohne die Medien dieses Buch nicht hätte schreiben können. Nun, diese Aussage ergibt nur einen Sinn, wenn man zu diesem Leben steht. Ich gestehe aber hier, dass ich mich seit längerer Zeit mit dieser Welt und damit den Medien nur noch beschäftige, weil ich dieses Buch gegen diese Welt als nötig erachte und Wissen dabei verlangt wird. Es wäre mir lieber, es gäbe keine Welt, keine Menschen, keine Medien und ich müsste dieses Buch nicht schreiben. Den Medien sollte ich wohl noch dankbar sein für ihre Lügen, obschon ich diese nur aufnehme, um sie als solche zu entlarven. Auf diesen Dank werden die armen Leute ewig warten. „Gute Nacht, armselige Mediensekte!!"

10. Der Freitod in Kunst, Film, Musik, Oper und Theater

Mit den bildenden Künsten habe ich mich nicht eingehend beschäftigt, da sie mich nie besonders interessiert haben. Dass Kunst, was immer das eigentlich bedeuten soll, automatisch lebensbejahend ist, dürfte klar sein. Denn der/die wahre Freitodwillige geht ja und wird auch bis zu seinem/ihrem Tode kaum der letztlich sinnlosen Kunst verfallen sein, und die weiterlebenden LebensverneinerInnen dürften wohl kaum großen Gefallen daran finden, das Elend auch noch darzustellen. Doch gerade dieses Elend darstellen will angeblich die moderne Kunst, besonders der Dadaismus zu Beginn des 20. Jahrhunderts behauptete dies. Doch ich bin der klaren Ansicht, dass moderne Kunst Scharlatanerie zur eigenen Selbstdarstellung bedeutet. Natürlich kann man sich theoretisch eine echte Verarbeitung des Elends (ohne Selbstdarstellung) durch die Kunst vorstellen, aber sie macht weder Sinn noch funktioniert sie in der Realität. Von einer wahren Lebensverneinung bei modernen KünstlerInnen habe ich jedenfalls noch nie etwas gehört. Bei den DadaistInnen entpuppte sich das Anspielen auf den Freitod eher als eine Schau, auch wenn einige den Freitod wählten. So erscheint auch moderne Kunst im wahrsten Sinne des Wortes als absurde Kunst, welche effektiv eine absurde Flucht nach vorne, ein untauglicher Versuch der Lebensbewältigung ist, so wie alle andern Versuche auch, da es eben keine wirkliche Bewältigung des Lebens geben kann. Die LebensverneinerInnen, welche den Umständen entsprechend anständig weiterleben, dürften eher das konkrete Leben zu verändern versuchen, als in Kleinkindermanier ein Blatt zu verschmieren. Ich kann mich dem bekannten Spruch des israelischen Autors Ephraim Kishon anschließen: „Ich glaube nicht, dass moderne Kunst Scharlatanerie ist, ich weiß es!"

Die frühere Kunst entstand fast immer unter der Obhut der Mächtigen, da sie von diesen gefördert und für sich verwendet wurde. So kennt man aus den Museen die unzähligen Bilder von HerrscherInnen, Kirchenleuten, Bauten, Schlachten usw. Die Kunst stand also lange im Dienste der Mächtigen. Hin und wieder gab es auch AußenseiterInnen wie van Gogh (1853–1890), der aber entsprechend nicht anerkannt wurde und erst nach seinem Tode, sogar erst in der zweiten Hälfte des 20. Jahrhunderts, zu Ruhm kam. Sein Freitod entstand allerdings nicht aus lebensverneinendem Denken. Ob nun frühere oder moderne Kunst, die lebensverneinende Freitodbejahung spielte nie eine Rolle. Während Erstere aber doch meistens als große Leistung bewundert werden kann, bleibt Letztere eben Scharlatanerie, da dies jeder kann und damit ein ehrliches Kunstverständnis fehlt. „Gute Nacht, ihr armseligen Kunstleute!"

Der Film kann bei der heutigen Flut kaum mehr überschaut werden. Egal welche Art von Film, die Lebensbejahung bleibt immer gegeben. Mir ist jedenfalls kein einziger Film bekannt, der das Leben grundsätzlich ablehnt und den Freitod bejaht. In wenigen Fällen wird der Freitod nicht einfach abwertend dargestellt, aber von einer grundsätzlichen Freitodbejahung kann keine Rede sein. Viel eher wird er einfach festgestellt oder eben abwertend dargestellt. In der großen Masse der Filme existiert der Freitod gar nicht, denn es wird einfach das Leben gezeigt, mit mehr oder weniger Elend, dieses im besten Falle kritisiert, und noch seltener werden Verbesserungen erörtert, die aber immer im Rahmen der Lebensbejahung bleiben. Immer mehr, ebenfalls unter der Regie der USA, wird das Leben verharmlost oder eben Freude, Action, Abenteuer, Gewalt usw. zelebriert. Somit muss die Filmwelt, parallel zum bisher geschilderten, als eine eigene Sekte innerhalb der Mafia verurteilt werden. Die Lebens-Bejahung bleibt oberstes Prinzip. Somit darf es nicht erstaunen, wenn der Kampf aller gegen alle, die angeblich spannendste Sache der Welt, die Filmwelt dominiert. Und unter der Verharmlosung des Elends verstehe ich auch die häufigen Stilmittel namens Zynismus, Parodie und Ironie. Bezeichnenderweise kam 1999 an der Oscar-Verleihung ein Film zu Ehren, der nichts Besseres wusste, als gar das grauenhafte Leben in einem Konzentrationslager der Nazis in Form einer Komödie zu präsentieren. Also wird nicht nur Verharmlosung betrieben, sondern die Katastrophe auch noch als lustige Sache inszeniert. Aber solchen Schwachsinn sind wir ja inzwischen gewöhnt. Die Filmwelt als Ganzes kann man vergessen. Und übrigens, wen erstaunt es denn noch, gehören auch die kranken FilmkritikerInnen zu dieser fürchterlichen Sekte. Parallel zum Rest der jeweiligen Kulturredaktion möchten sie am liebsten jede Moral verbieten, obschon sie auch einer huldigen, richtig, natürlich jener, dass man den Kampf im Leben annehmen müsse, koste es, was es wolle. „Gute Nacht, ihr fürchterlichen Filmleute!"

Auch in der Musik sucht man die klare Lebensverneinung und eine umfassende Freitodbejahung vergeblich. Die frühere Musik der Klassik entsprach etwa der früheren Kunst. Die große Mehrheit wurde von den Mächtigen gefördert und führte auch zur christlichen Musik. Dass aber die vereint Herrschenden von Kirche und Staat an der Wahrheit nie interessiert waren, wissen wir ja schon. So konnte dies also auch in der Musik nicht anders sein. Es gab auch immer wieder AußenseiterInnen, die sich auch kritisch mit dem Leben auseinander setzten und ernste Musik komponierten. Doch eine grundsätzliche Lebensverneinung und Freitodbejahung ist mir nicht bekannt. Auch für die moderne Musik gilt das. Zwar kennt gerade die Popmusik einige Texte, welche das Leben kritisieren. Aber es bleibt immer bei einer Kritik am konkreten Leben, an der Gesellschaft. Oft wird der Protest mit Sarkasmus gewürzt und vielfach macht er den Eindruck von Selbstinszenierung und Pseudorevolution, denn andere, praktikable Lösungen fehlen. Schon in den 50er und 60er Jahren gab es diese Protestlieder und gibt sie bis heute. Wie ich zum Freitod des Rocksängers Kurt Cobain anmerkte, wurde sein Vorgehen zu sehr als Selbstinszenierung abgetan, aber natürlich gehörte dieser Aspekt auch dazu. Er und noch viele andere MusikerInnen der Moderne drücken eine gewisse Sinnlosigkeit des Lebens aus, manchmal ist auch der Freitod ein Thema, doch eine grundsätzliche Lebensverneinung und Freitodbejahung ist mir nicht bekannt. Jedenfalls widerspricht meist ihr Lebensstil einer tieferen Wahrheit. Hier werden gewisse Leute aha sagen, aber wieder liegen sie falsch, die Damen und Herren, denn über den effektiven Grad der Lebensverneinung sage ich nichts aus. Wie sollen denn diese jungen Leute zur totalen Lebensverneinung finden, in einer Welt des Gegenteils, wenn auch des offensichtlich lügenhaften Gegenteils?! Oder anders gesagt, sie passen sich den Erwachsenen mehr oder weniger an, zum Beispiel mittels Selbstinszenierung, aber im Innersten herrscht was anderes, wie bei allen, bei den jungen Menschen aber noch ein bisschen mehr. Aber wer den Freitod vollzieht, erbringt eigentlich dadurch den Beweis für den Sieg der Wahrheit (wird auch Tatbeweis genannt). Dazu ist zu sagen, dass die Musik wohl nicht für das Ende der Menschheit zuständig ist. Selbst für mich bedeutet Musik Liebeslust, Freude, sicher auch Melancholie, aber natürlich gehören Musik und Lebensbejahung zusammen. Nur ändert auch die Musik an der Tragödie des Menschen nichts, sie kann höchstens kurzzeitig die unglücklichen Gefühle verdrängen, wie die Liebe.

In der Oper gilt etwa das Gleiche wie für den Film oder die Musik. Der Freitod kommt zwar immer wieder vor, aber eine lebensverneinende Freitodbejahung ist mir nicht bekannt. Es geht in vielen Opern um die schlimmen Spiele der so genannten Liebe, um Macht, Eifersucht, angebliche Leidenschaft und Liebe, Tod, Mord usw., und hin und wieder geschieht auch ein Freitod aus Liebesschmerz oder gar ein gemeinsamer Liebesfreitod eines Paares. Die Opern stellen also einfach das Leben, die Menschen, die Wirren usw. dar, ohne groß zu werten und ohne andere Lösungen aufzuzeigen. Natürlich gibt es auch die lustigen Opern, wo das Leben als reine Freude angepriesen wird. Wir sehen also, dass auch hier die Wahrheit nicht vorkommt.

Im Theater gibt es trotz viel Dramatik, einigen Infragestellungen des Lebens und seltenen Freitoden meines Wissens keine Freitodbejahung aus Lebensverneinung. Bei der heutigen Flut von Stücken kann es sein, dass mir ein solches nicht bekannt ist. Aber die große Mehrheit der immer wieder gespielten Stücke bleibt bei einer Darstellung der menschlichen Wirren. Daneben gibt es einige wenige Stücke, welche dann doch wenigstens die Sinnlosigkeit des Lebens klar zugeben oder zumindest die Frage stellen, ob das Leben weiterzuführen sich lohnt. So stellte schon im Jahre 1600 Shakespeare (1564–1616) in seinem berühmten „Hamlet" die Frage: Sein oder Nichtsein? Allerdings konnte sich Shakespeare nicht zu einem Nichtsein durchringen. Ähnliches gilt für den irischen Autor Samuel Beckett (1906–1989), mit dem ich mich eingehender beschäftigte. In seinen Stücken versuchte er die Sinnlosigkeit des Lebens meist durch die Darstellung der Langeweile des Lebens ohne Ziel und Hoffnung zu vermitteln. Unterbrochen wird dieses sinnlose Leben des schlimmen Immer-Gleichen (von schlimmen Dingen) noch durch zusätzliche Schrecken. Ich habe seit meiner Bekanntschaft mit Becketts Werk die Bewunderung für diesen Mann nicht mehr verloren. Sein Erleben und ehrliches Zugeben der Sinnlosigkeit machte aus ihm einen tragischen Helden. Selbst als er den Nobelpreis erhielt, ließ er sich vom Ruhm nicht blenden. Doch was mich an Beckett stört, ist, dass er den Freitod auch nicht theoretisch vertrat. Er sah den Tod nicht als Erlösung. Eine solche Haltung ist zwar ehrlich, ob aus Todesangst oder anderen Gründen, und auf den ersten Blick hat es etwas Heldenhaftes, wenn man dann trotz der zugegebenen Sinnlosigkeit weiterlebt. Wie schon bei Cioran angesprochen, ist es tatsächlich ein Widerspruch, den Freitod zu vertreten und dann diesen Weg selbst nicht zu gehen. Insofern war Beckett, der auch die meiste Zeit seines Lebens in Paris verlebte, konsequenter als sein Freund Cioran. Und eben führt jedes Weiterleben automatisch zu Widersprüchen, die der lebensverneinenden Freitodbejahung nicht dienen. Eigentlich sieht das Endresultat gleich aus, und Beckett und Cioran waren bestimmt keine schlechten Menschen. Nur fehlt mir bei Beckett ein letzter, theoretischer Schritt, der einer klaren Lebensverneinung doch mehr dienen würde. So sagte er:

39: „Besser eine vergebliche Hoffnung als gar keine."

Dies dient dann schon eher wieder einer unsinnigen Lebensbejahung. Doch Beckett darf gerade dank seines berühmten Stückes „Warten auf Godot" (1953) zugestanden werden, dass er den Freitod sehr wohl in Betracht zog. Aber schließlich zeigte er nur, wie der Mensch trotz des Elends weiterlebt und grausam wird. Es klingt also ehrlich, wenn man im Tode als dem Unbekannten keine Erlösung sehen kann. Nur bleibt die Frage, weshalb Beckett diese Einstellung vertrat, denn der Tod kommt ja früher oder später doch. Da bleibt dann der Verdacht doch bestehen, dass er sich wohl wie Cioran wieder in einem gewissen Maße mit dem Leben anfreundete. Cioran wich dieser Frage der Todesangst aus, indem er einfach erklärte, er wisse nicht, was ihn vom Freitod abhalte. Doch Beckett hätte sich mit seiner Ehrlichkeit an die philosophische Überwindung der Todesangst machen müssen, welche die Voraussetzung für die reale Überwindung ist. Es bleibt letztlich bei beiden etwas Unbefriedigendes zurück. Die Vollendung der Wahrheit heißt vollzogener Freitod, was Jean Améry von Beckett und Cioran abhebt.

Ein weiterer Autor, der vor allem durch seine Theaterstücke bekannt wurde, war der Österreicher Thomas Bernhard (1931–1989) Auch mit ihm habe ich mich etwas genauer beschäftigt. Auslöser meines Interesses war das Stück „Heldenplatz" (1988), das ich schon vor einiger Zeit sah. Da wird anhand eines Freitodes die Frage nach dem Sinn des Lebens zwar gestellt, aber Bernhard blieb in seinem ganzen Werk auf einer konkreten Lebensebene. Immer geht es bei ihm um Kritik an seinem Lande, das durch die Verbindung von Faschismus und Katholizismus eine Katastrophe sei. So muss auch der Freitod und seine Bejahung in Heldenplatz in diesem Zusammenhang gesehen werden. Zu einer grundsätzlichen Lebensverneinung und Freitodbejahung konnte er sich nicht durchringen. Obwohl er ähnlich wie ich die Abrichtung des Menschen erkannte, welche von den Eltern, der Kirche, der Schule, der Gesellschaft usw. durchgeführt werde, und dazu noch richtig meinte, angesichts des Todes sei alles lächerlich, blieb er bei seiner Lebensbejahung. Er glaubte angeblich, durch die Ironie könne man das Leben gelassener nehmen und ertragen. Hier beginnt dann für mich die Enttäuschung. Auch seine berüchtigten Auftritte in der Öffentlichkeit lassen mich fragen, wie ernst es ihm mit der Infragestellung des Lebens war. Er scheint doch auch eher ein Selbstdarsteller gewesen zu sein. Wie bei Beckett und Cioran fehlt das Entscheidende, der letzte Schritt zur Wahrheit blieb aus. Es wirkt unglaubwürdig und schon fast zwanghaft lebensbejahend, wenn man die Ironie als Rettung preist, obwohl man das Leben als lächerlich erkannt hat. Auch die Schrecken gab er zu, trotzdem setzte er auf die Ironie. Beim Gesamturteil über Bernhard überwiegt die Enttäuschung. Wer sich trotzdem mit ihm beschäftigen möchte, denen sei eine Biographie empfohlen (Manfred Mittermayer: Thomas Bernhard). Abschließend muss festgestellt werden, dass auch im Theater die Wahrheit nicht gefunden werden kann, was natürlich auch wieder die armen KritikerInnen freut. Fast noch vergessen habe ich die große Anzahl von Lustspielen, von denen ja ohnehin nichts Wahres erwartet werden kann. Die Schlussbemerkung über das ganze Kapitel kann somit nur lauten: „Gute Nacht, ihr armseligen Kulturleute!!"

11. Weshalb Freitod die am wenigsten schlechte Lösung ist

Eigentlich habe ich alles gesagt. Doch in einer Art Zusammenfassung möchte ich zum Schluss noch eine kurze, systematisch aufgebaute Abhandlung meines Denkens geben.

Die ganze Katastrophe der Lebensbejahung, der Mafia beginnt mit einer denkerischen Flucht nach vorne. Ohne eine wirkliche Diskussion wird in der Gesellschaft das Leben als das sicher Richtige behauptet. Alle Teile der Mafia arbeiten an dieser primär unausgesprochenen und primär nicht abgesprochenen Übereinkunft. In ihrer Flucht vor der Wahrheit, in ihrer offensiven, lügenhaften Lebensbejahung und seltsamen Todesverdrängung betreibt die Weltgesellschaft ihre gigantische Lüge des Lebenssinns. Und alles geschieht in der Hoffnung, dieses Lügengebäude werde nicht in Frage gestellt. Erst wenn anders denkende Menschen und besonders die Freitodwilligen diese Übereinkunft stören, wird laut das Leben gepriesen und der Freitod verdammt. Wie wir gesehen haben, entsteht diese Verdammung aus der Angst jedes Mitgliedes und der Mafia als Ganzes, dass die eigene Lebensverneinung und Freitodbejahung wieder aufflammen könnte. Diese Angst kennt viele Ursachen, doch gibt es neben der verständlichen Todesangst (wenn auch unvernünftigen, da der Tod ohnehin kommt) viele, die unentschuldbar sind (Religionen und Lügen aller Art, die das Leben und den Menschen erhöhen sollen). Denn diese sind gerade im Jahre 2000 n. Chr. der westlichen Welt mehr oder weniger unabhängig von der Todesangst und werden sogar als ganz unabhängig bezeichnet, was die armen Leute in ein noch schlechteres Licht rücken würde, denn natürlich ist dies nur die halbe Wahrheit, was sie natürlich nicht merken wollen. Somit haben wir das Faktum, dass die meisten Menschen, statt sich an die Wahrheit und die Überwindung der Todesangst zu machen (was der Mensch als denkendes Wesen kann), Egoismus und Kampf wählen, weil das offenbar, aber natürlich nicht wirklich, (mehr) Freude bereitet. Das heißt: Aus Angst, der offiziell anerkannte Spaß und Kampf könnte von dem tieferen Ekel davor, dem Gewissen und schließlich dem Todeswunsch besiegt werden, wird alles freitodbejahende Denken verboten. Und somit geht der Schrecken ohne Ende weiter. Die Basis des ganzen Elends heißt Geburt. Und genau bei dieser herrscht auch die geistlose Übereinkunft. Fast alle Menschen und natürlich fast alle Eltern erklären die Geburt zum schönsten Ereignis, das es gebe. Selbst die bei der Geburt Schmerz leidenden Frauen müssen in dieses Lied einstimmen.

Auch wenn man die Geburt bei einem Paar, das sich zum Weiterleben entschloss, auf einer gewissen Ebene verstehen kann, so weiß eigentlich bald jedes Kind, dass eine ganzheitliche Sicht anders aussieht. Denn selbst auf der lebensbejahenden Ebene gesehen, bringen Kinder mehr Probleme als Freude. Die sonst schon schwierige Aufrechterhaltung der sexuellen Lust wird durch Kinder erst recht verhindert und die Unmöglichkeit einer guten Erziehung ist eine Realität. Das schlimme Resultat ist bekannt und selbst die Mafia muss hin und wieder zugeben, dass es so genannte intakte Familien zu keiner Zeit der Geschichte gab und auch nie geben wird. Daher muss die Geburt als eine egoistische, vermeintlich höhere und schließlich biologische Selbstverwirklichung gesehen werden, trotz der nicht zugegebenen eigenen Nachteile. Denn die Hauptzwecke sind die eigene Verewigung und das eigene und allgemeine Weiterleben, welches die Kinder im Alter sichern sollen. Und somit schließt sich der Kreis wieder, denn der kaum ausgesprochene Zweck der Mafia wird durch die Geburt erfüllt. Es soll weitergehen, koste es, was es wolle. Alles wird in Kauf genommen, denn der Zweck heiligt bekanntlich die Mittel. Nur, hier scheint doch jemand vergessen worden zu sein. Richtig, es sind die Kinder selbst. Die werden ungefragt in diese furchtbare Welt gesetzt und haben einfach mitzumachen. Der Tatbestand der Geburt ist somit ein doppelter. Erstens gilt sonst zu Recht, dass man niemanden ungefragt vor Tatsachen stellen darf. Bei der Geburt scheint dieses Gebot außer Kraft zu sein. Zweitens heißt diese Tatsache Leben und ist, abgesehen von Tod und Freitod, etwas Endgültiges, unveränderlich Grausames und wird von den ErzeugerInnen selbst nicht beherrscht. Man reißt also andere, Unschuldige, mit ins (eigene) Verderben, das man aber leugnet. Doch das Faktum bleibt, dass man das Leben lebt, obschon man es im Innersten hasst und nun, weil man den Absprung nicht schafft, LeidensgenossInnen und ErnährerInnen für die Zukunft braucht. (Dazu noch der Gedanke, dass man den armen Leuten mit aller Nachsicht dieses Verbrechen nicht verzeihen darf und es ihr Problem sein muss, wie sie sich im Leben und im Alter organisieren, denn für ein Verbrechen darf es keine Rechtfertigung geben, vor allem dann nicht, wenn man es selbst bewusst als solches erlebt hat. Doch die Flucht geht ja so weit, dass man behauptet, man sei grundsätzlich für die Geburt, was dann im bekannten und schlimmen Spruch gipfelt, man schenke dem Kind das Leben; so viel Lügen auf einmal sind selbst für starke Nerven zu viel.) Das kann man alles wieder als menschlich verständlich beurteilen. Doch hier geht es um die Verhinderung weiteren Elendes. Als Fazit muss man die Geburt als die schlimmste legale Tat der Mafia bezeichnen. Wie die meisten Menschen weiterleben und später meistens das selbst erlebte Unrecht auch wieder begehen, habe ich bereits geschildert. So stehen wir auch im Jahre 2000 n. Chr. in einer Welt, die grausamer kaum sein könnte. Und die Aussichten für die Zukunft sehen nicht besser aus. Was erwartet man eigentlich von einer Welt, in der die so genannten mächtigsten Männer der Welt die Gesetze des eigenen Landes nicht einhalten und vor allem im weiteren Sinne Verbrecher sind?! Was erwartet man von einer Welt, in der mit einer unglaublichen (bewussten) Blindheit Wissenschaft, Technik und Wirtschaft gefeiert werden, obschon die negativen Auswirkungen augenblicklich erfolgen und die so genannten positiven letztlich auch nur ein schlechtes Ganzes stützen?! Was erwartet man von einer Welt, in der jeden Tag mehrere 10.000 Menschen an den Folgen von Hunger, Verbrechen, Umweltkatastrophen, Kriegen, Unfällen, Krankheiten usw. sterben?! Was erwartet man von einer Welt, wo nach wie vor alles hierarchisch geordnet ist und selbst so unglaubliche Dinge wie Monarchien und Diktaturen existieren!? Der Natur entsprechend verhält sich der Mensch in den grundsätzlichen Dingen immer noch so grausam wie zu Urzeiten, oder eben wie die Tiere. Jeder einigermaßen anständige Mensch müsste doch da Einspruch erheben und schon morgen für die Abschaffung dieser Welt eintreten, denn jede Sekunde ist zu viel und ein Ende der Schrecken nicht abzusehen. Die unveränderlichen Grausamkeiten, der folgende Kampf aller gegen alle, die persönlichen Unglücke, die Unverträglichkeit unter den Menschen, selbst wenn mal nicht gekämpft wird (Liebe), und ihr aller Zusammenhang führen zu diesem Chaos seit Urzeiten und für alle Zeiten. Da steht der Freitod schon fast automatisch als die weniger schlechte Lösung da. Oder eben gäbe es die sanftere Variante, bei der es keine Geburten mehr geben würde. Somit wäre der schwere Akt des Freitodes nicht mehr nötig, außer für die sozusagen letzten Menschen. Doch das würde dieses Buch fordern, wäre es nicht eine Utopie, nach dem Motto: Lieber ein Ende mit Schrecken, als ein Schrecken ohne Ende!! Da aber die Unvernunft des Menschen seine Selbstabschaffung verhindert, bleibt mein Buch beim Möglichen und der Bemerkung, dass die Wahrheit es verdient, vertreten zu sein, egal wie viele ihr folgen werden, doch ich glaube und hoffe, dass es in Zukunft mehr sein werden. Ich fordere hiermit ein letztes Mal, dass der Freitod akzeptiert wird und folglich den Freitodwilligen keine Steine in den Weg gelegt werden. Denn der ehrlichste und humanste Weg ist der Freitod. Die lebensverneinenden Freitodwilligen lassen die Weiterlebenden auch ihren Weg gehen, obwohl sie die Wahrheit auf ihrer Seite haben. Somit prallt jede Kritik am lebensverneinenden Freitod ab, da er aus dem umfassendsten und wahrsten Denken hervorgeht.

(Man könnte die Sache zum Schluss noch ganz auf die Spitze treiben und sagen, der Freitod als schwerer Akt sei abzulehnen und man solle aus Angst vor dem Tode so lange wie möglich leben, in der Hoffnung, durch eine Wiederkunft eines Gottes den Tod erspart zu bekommen. Doch ein solcher Gedanke kann, angesichts der Realität, die Menschen nicht beeinflussen.)

Auf den ersten Blick mag so manche Kritik am Freitod berechtigt erscheinen. So die immer wieder an mich herangetragene Ansicht, gerade Leute wie ich müssten doch das Mögliche gegen das Elend unternehmen und besonders den Tieren und Kindern helfen. Das ist tatsächlich das einzige Argument gegen den Freitod, das ich ernst nehme und gelten lasse, nebst der Angehörigenfrage. Aber das Argument beinhaltet einige Schwächen. Es darf mit einer im Grundsatz schlechten Sache nie argumentiert werden. Das heißt: Jede Hilfe wird sich früher oder später als falsch erweisen, da nicht nur das falsche Ganze gestützt wird, nein, leider werden auch das Kind, der/die Hungernde, das Tier usw., welche auch mit meiner Hilfe weiterleben, zu neuem Elend beitragen, und es entstehen durch meine Anstrengungen Frustrationen, die automatisch zu neuen Opfern führen werden. Durch das grausame Elend ohne Ende trotz der Hilfe geht der/die HelferIn langsam kaputt und reagiert dies an anderen wieder ab. Das Helfen wird für ihn/sie ein Mittel zum Zwecke des eigenen Überlebens, und das Elend ohne Ende nimmt er/sie als Realität hin, ja eben braucht er/sie es sogar. Er/Sie wendet sich gegen das Ende der Geburt und den Freitod als humanere Lösung, weil er/sie ihn selbst nicht schafft und somit die Leidenden braucht. Früher wollte ich nach Afrika gehen und den armen Menschen helfen. Und bis heute unterstütze ich Hilfe gegen das Elend, denn gerade Kinder und Tiere sind unschuldig und verdienen sie. Doch bleibt das Faktum, dass damit effektiv das ganze Elend aufrechterhalten wird und der überlebende Junge in Afrika als Mann seine Frau beschneiden lässt und vergewaltigt. Aber ich gebe auch offen zu, dass ich mich heute überhaupt und gerade als Helfer in dieser Welt nicht mehr imstande fühle, das alles zu ertragen. Das hat nichts mit Feigheit zu tun, sondern mit Sensibilität. Aber vor allem kann man mich nicht zu Hilfe verpflichten, welche etwas stützt, das ich ablehne. (Ich müsste ja ehrlicherweise den Freitod als *die* Hilfe vorschlagen, doch da wäre ich schon morgen entlassen.) Man kann mich doch nicht noch etwa zur Beseitigung von Folgen der Taten der Mafia verpflichten. Ich verzweifle ja am Elend und empfinde meine Argumentation selbst als hart. Trotzdem ist sie die einzig richtige und wahre. Man könnte jetzt noch anführen, Lebensverneinung und Freitod seien zu vertreten, aber ich könne doch noch helfen und das andere eben vertreten und für die Zukunft fördern. Somit würde ich doppelt sinnvoll weiterleben. Doch es bleibt da eben ein Widerspruch, er ist längerfristig nicht menschlich zu leben, dient der Wahrheit nicht, und wie gesagt bin ich zu sensibel dazu, denn ich lebe ja schon in einem gewissen Maße so und ertrage es nicht. Der Lebensverneinung und der Akzeptanz des Freitodes dient der vollzogene Freitod am meisten. Wäre ich in der Lage, für die Abgabe von tödlich wirkenden, schmerzfreien Medikamenten zu sorgen und dadurch den Freitodwilligen zu helfen, dann wäre tatsächlich ein Sinn der Hilfe gegeben, da ich an eine Zunahme der wahren DenkerInnen glaube. Doch die Mafia verhindert diese Hilfe, eine Besserung ist nicht zu sehen, und überhaupt bin ich der Meinung, genug für die Wahrheit getan zu haben, ich gehe nämlich regelmäßig, seit Jahren, bis an die Grenze der Erschöpfung. Wie heißt es doch: Gegen die Dummheit kämpfen selbst Götter vergebens. Und obwohl ich nicht an solche glaube, bewahre selbst ich trotz oder gerade wegen meiner Wahrheitsliebe in den hintersten Ecken meines Hirns und meiner Seele die Hoffnung auf, dass in einem undefinierbaren Jenseits der Gerechtigkeit Recht verschaffen wird. Somit entsteht der Freitodwunsch auch aus einer Sehnsucht nach ewiger Wahrheit und dem Endlich-alles-wissen-Wollen, was eben allenfalls der Tod bringen kann. (Dazu noch der Gedanke, dass die Verlorenheit des Menschen im unermesslichen Raum und in der unendlichen Zeit geradezu zum Freitod drängt. Bezeichnenderweise beschäftigen sich die armen NaturwissenschafterInnen damit, ob das Universum nun endlich oder unendlich sei, stellen aber nie die Frage, was dann, sozusagen dahinter, sein soll. Der Mensch kann sich ja das alles gar nicht vorstellen, er fühlt sich hilflos, und auch da kann allenfalls der Tod helfen, aber sicher nie menschliche Forschung. Doch dies darf natürlich keine Naturwissenschafterin und kein Naturwissenschafter zugeben.) Da ich aber effektiv nicht an diese Endgerechtigkeit glauben kann, wird mein Freitod in unbestimmter Zeit nicht aus einer Lust auf den Tod erfolgen, aber sehr wohl aus einer Lust, nicht mehr leben zu müssen, aus einer Lust nach endgültiger Wahrheit und Ehrlichkeit. Ich habe genug, von allem und allen, außer den Tieren, Kindern und Pflanzen, doch ich kann nichts mehr für sie tun, nur hoffen auf möglichst wenig Elend und somit auf ein neues Denken, zu dem vielleicht dieses Buch und mein Freitod beitragen werden. Adieu!

P.S.: Ich möchte, hier und jetzt, im Mai 2004, kurz vor der endlichen Veröffentlichung meines Buches noch ein paar Dinge anfügen. Wie Sie am Ende des Vorwortes sahen, stellte ich mein Buch Ende 2001 fertig. Erst jetzt kann ich nun mein Buch dank

BoD veröffentlichen. Inzwischen ist mir klar geworden, dass die Zensur zugeschlagen hatte. Die vielen von mir angefragten Verlage wollten dies so natürlich nicht sagen, aber verschiedene Indizien deuten darauf hin. Natürlich darf das nicht erstaunen, denn wie gesagt gehört auch die Literaturwelt zur Mafia. Aber ich setzte nochmals auf die laut gerühmte Meinungsfreiheit, die gerade auch Verlage immer wieder betonen. Aber ebendiese gilt immer, nur beim Freitod ist alles anders. Ich entschied mich, keine Korrekturen oder Ergänzungen anzubringen, da mir die Kraft fehlt. Dazu wären nur wenige und eher unbedeutende nötig gewesen, da mein Buch in erster Linie nicht aktualitätsbezogen ist. Der Aufwand wäre aber eben doch groß gewesen. Etwas Wichtiges möchte ich zum Schluss doch noch anfügen, das unter dem Motto steht: Wenn man uns nicht helfen darf (Abgabe von tödlichen Medikamenten), so helfen wir uns selbst. Es geht also um möglichst humane Tötungsmethoden, bei welchen man unabhängig handeln kann. Um solche zu entwickeln, den Menschen mitzuteilen und den Freitod als Recht zu vertreten, wurde kurz nach Fertigstellung meines Buches in Zürich ein Verein gegründet. Ich war von Anfang an dabei und wurde im Mai 2003 in den Vorstand gewählt. Der Verein erlebte verschiedene Turbulenzen, die auch in den Medien thematisiert wurden. Als Höhepunkt wurde der Initiant des Vereins, ein Psychiater aus Zürich, verhaftet und musste für mehrere Wochen ins Gefängnis. Diese Untersuchungshaft wurde in Form von Isolationshaft durchgeführt, wie bei einem Schwerverbrecher. Dies alles, weil er zwei Menschen Beihilfe zum Freitod mittels Plastiksack leistete. Diese Beihilfe ist in der Schweiz, wie erwähnt, nicht strafbar, wenn sie nicht aus selbstsüchtigen Motiven geschieht. Er dokumentierte beide Begleitungen per Video, und es gab und gibt keine Gründe, am Willen und der Urteilsfähigkeit der Begleiteten zu zweifeln. Somit entfällt eigentlich auch eine allfällige Selbstsüchtigkeit. Trotzdem ging der Staat mit aller Härte vor, und in nächster Zeit wird der Fall in erster Instanz vor Gericht kommen. Dem Psychiater wurde die Praxisbewilligung entzogen und er wurde aus der Ärztegesellschaft ausgeschlossen. Die Mafia also in voller Aktion. Trotzdem hat der Verein weitergearbeitet und ist vor allem mit den Methoden weitergekommen. Er muss sich aber bis zum Ende des Gerichtsverfahrens auf Beratungen beschränken, und es droht ein Gesetz, das den Verein praktisch verbieten würde. Seit Mai 2003 arbeite ich also im Vorstand mit, dem noch der Psychiater und drei weitere Herren angehören. Leider, trotz meiner vollen Unterstützung für ihn, betrieb der Psychiater immer mehr Psychoterror gegen mich. Anfangs ohne Begründung, dann angeblich wegen meiner Philosophie. Er entpuppte sich immer mehr als egoistischer

Neurotiker, der den Verein als sein Egoprojekt und ohne klare Motivation führen will. Zwei der drei anderen Vorstandsmitglieder waren auf meiner Seite, sahen die Unmöglichkeit einer fruchtbaren Zusammenarbeit mit dem Psychiater, doch plötzlich, angeblich nach dem Lesen meines Manuskriptes, stellten sie sich gegen mich. Mit der Begründung, meine lebensverneinende Philosophie schade dem Verein, wollen sie nun meine Abwahl aus dem Vorstand erreichen, der Psychiater will mich gar aus dem Verein ausschließen, und dies alles in einem Verein, der sich „Suizid-Hilfe" nennt. Die Mafia also sozusagen in der vermeintlichen Widerstandsbewegung. Die Sache ist unglaublich und zeigt nochmals klar, nebst den persönlichen Aspekten, wie die Menschen in der Lebensbejahung verharren. Zum Glück habe ich durch diesen Verein auch Menschen kennen gelernt, die sehr nahe bei meinem Denken liegen. Sie werden mich unterstützen, da ich nicht zurücktrete.

Das Unglaublichste ist aber nun, dass ich mit der – berechtigten – Aussage, dem Psychiater gehe es mehr um seine Publizität als um die Sache, mithelfen könnte, ihn ins Gefängnis zu bringen, denn die Staatsanwaltschaft ermittelt bei der Selbstsüchtigkeit tatsächlich in diesem Bereich. So absurd das auch ist, denn wie gesagt sollten die Menschen im Mittelpunkt stehen, die eben wirklich sterben wollten, und dazu fragt es sich, wie man da Selbstsüchtigkeit definieren, quantifizieren und qualifizieren will. Und natürlich behaupte ich nicht, dass es ihm nicht auch um die Sache ging und geht, darum habe ich ihn ja auch immer unterstützt, obschon bei ihm und den anderen Vorstandsmitgliedern die Motive unklar sind, denn weshalb soll man einem körperlich gesunden Menschen beim Freitod helfen, wenn man 100-prozentig lebensbejahend ist. Diese Aussagen werde ich so auch machen, weil sie wahr und nötig sind, weil mir die Sache und der Verein wichtig ssind, nicht aus Rache und vor allem nicht vor Gericht. Denn der Mafia werde ich nicht noch helfen, da sie letzlich gegen meine Sache Prozess führt, und der Psychiater soll nicht dafür bestraft werden, dass er damals gegen die Mafia vorging und nun wenigstens noch ansatzweise, wobei man sich noch fragen kann, ob er nun auch aus Angst handelt, was aber sein Verhalten nicht entschuldigen kann. Es wäre also falsch, gegen ihn auszusagen, reine Rache, was menschlich wohl verständlich wäre, denn ein solches Mobbing von einem anfänglich (vermeintlich) Gleichgesinnten ist besonders schlimm und unverständlich, denn genauso wurde er vom Staat und den Medien behandelt. Ich bleibe meiner Ehrlichkeit und Wahrheit treu. Sie sehen, die Zukunft des Vereins ist unklar, trotzdem gebe ich unten die Daten bekannt, denn gerade bei den Methoden ist man weitergekommen.

Philipp Müller, Mai 2004

Verein für Suizidhilfe
Feldeggstraße 65
CH-8008 Zürich

Tel./Fax: 0041(0)44 383 88 01

E-Mail: info@suizidhilfe.ch

internet: www.suizidhilfe.ch

12. Anmerkungen

1. Fritz Zorn: Mars, 165, 166
2. Fritz Zorn: Mars, 170
3. Fritz Zorn: Mars, 191
4. Fritz Zorn: Mars, 174
5. René Descartes: Oeuvres et lettres, 1058
6. Voltaire: Randnotiz zu den Lois de Minos
7. Madame de Staël: Réflexions sur le suicide, In: Oeuvres complètes, Band 3, 179
8. Immanuel Kant: Grundlegung zur Metaphysik der Sitten, In: Werke, Band 7, 52
9. Arthur Schopenhauer: Die Welt als Wille und Vorstellung, In: Werke, Band 2, 492
10. Albert Camus: Der Mythos von Sisyphos, 10, 11
11. Albert Camus: Der Mythos von Sisyphos, 12
12. Albert Camus: Der Mythos von Sisyphos, 49, 50
13. Georges Minois: Die Geschichte des Selbstmords, 434, 435
14. Carl-Friedrich Geyer: Leid und Böses, in philosophischen Deutungen, 198
15. Erasmus von Rotterdam: Lob der Torheit, 31
16. Georges Minois: Die Geschichte des Selbstmords, 377
17. Georges Minois: Die Geschichte des Selbstmords, 377, 378
18. René Crevel: In: La révolution surréaliste, Heft 2
19. E. M. Cioran: Die verfehlte Schöpfung, 66
20. Jean Améry: Hand an sich legen, Diskurs über den Freitod, 146, 147
21. Hermann Burger: Tractatus logico-suicidalis, Über die Selbsttötung, Aphorismus 320, 73
22. Jean Améry: Hand an sich legen, Diskurs über den Freitod, 46
23. E. M. Cioran: Dasein als Versuchung, 104
24. Max Brod: Über Franz Kafka, 151
25. Anne Stevenson: Sylvia Plath, 501
26. Markus Werner: Zündels Abgang, 104, 105
27. A. Alvarez: Der grausame Gott – Eine Studie über den Selbstmord, 111
28. Jean Baechler: Tod durch eigene Hand, Eine wissenschaftliche Untersuchung über den Selbstmord, 32
29. Jean Améry: Hand an sich legen, Diskurs über den Freitod, 22
30. Jean Améry: Hand an sich legen, Diskurs über den Freitod, 57

31. Jean Améry: Hand an sich legen, Diskurs über den Freitod, 67

32. Jean Améry: Hand an sich legen, Diskurs über den Freitod, 150

33. Emile Durkheim: Der Selbstmord, 323

34. Harri Wettstein: Leben- und Sterbenkönnen, 332

35. Harri Wettstein: Leben- und Sterbenkönnen, 497

36. Harri Wettstein: Leben- und Sterbenkönnen, 802

37. Claude Guillon, Yves Le Bonniec: Gebrauchsanleitung zum Selbstmord, 128

38. Claude Guillon, Yves Le Bonniec: Gebrauchsanleitung zum Selbstmord, 222

39. Ria Endres: Am Anfang war die Stimme, Zu Samuel Becketts Werk, 21

13. Literaturverzeichnis

Alvarez, A.: Der grausame Gott, Eine Studie über den Selbstmord, Hoffman und Campe Verlag, Hamburg 1974, Übersetzung von Maria Dessauer

Améry, Jean: Hand an sich legen, Diskurs über den Freitod, Klett-CottaVerlag, Stuttgart 1976

Baechler, Jean: Tod durch eigene Hand, Eine wissenschaftliche Untersuchung über den Selbstmord, Verlag Ullstein GmbH, Frankfurt, Berlin, Wien 1981, Übersetzung von Christian Seeger

Beckett, Samuel: Warten auf Godot, Suhrkamp Verlag, Frankfurt/Main, Übersetzung von Elmar Tophoven

Bernhard , Thomas: Heldenplatz, Frankfurt/Main 1988

Brod, Max: Über Franz Kafka, Fischer Taschenbuch Verlag, Frankfurt/Main 1974

Burger, Hermann: Tractatus logico-suicidalis, Über die Selbsttötung, S. Fischer Verlag, Frankfurt/Main 1988

Camus, Albert: Der Mythos von Sisyphos, Ein Versuch über das Absurde, Rowohlt Taschenbuch Verlag, Hamburg 1959, Übersetzung von Hans Georg Brenner und Wolfdietrich Rasch

Casanova, Giacomo: Über den Selbstmord und die Philosophen, Campus Verlag, Frankfurt/Main 1994, Übersetzung von Martina Kempfer

Cioran, E. M.: Die verfehlte Schöpfung, Wien 1973 und Frankfurt/Main 1979, Übersetzung von François Bondy und Elmar Tophoven

Cioran, E. M.: Dasein als Versuchung, Stuttgart 1983, Übersetzung von Kurt Leonhard

Crevel, René: In: La révolution surréaliste, Zur Frage: Ist Selbstmord eine Lösung?, Heft 2, 15.1.1925, Übersetzung von Tanja Graf

Descartes, René: Briefe, Herausgeber Max Bense, Köln und Krefeld 1949

Deschner, Karlheinz: Kriminalgeschichte des Christentums, Bis heute 5 Bände, Rowohlt Verlag, Hamburg

Durkheim, Emile: Der Selbstmord, Suhrkamp Taschenbuch Verlag, Frankfurt/Main 1983, Übersetzung von Sebastian und Hanne Herkommer

Endres, Ria: Am Anfang war die Stimme, Zu Samuel Becketts Werk, Suhrkamp Taschenbuch Verlag, Frankfurt/Main 1991

Erasmus von Rotterdam: Lob der Torheit, Übersetzung von Heinrich Hersch

Fink-Eitel, Hinrich: Michel Foucault, zur Einführung, Junius Verlag, Hamburg 1990

Geyer, Carl-Friedrich: Leid und Böses, in philosophischen Deutungen, Karl Alber Verlag, Freiburg und München 1983

Goethe, Johann Wolfgang: Die Leiden des jungen Werther, Philipp Reclam Jun. Verlag, Stuttgart 1948

Goethe, Johann Wolfgang: Faust, Der Tragödie erster Teil, Philipp Reclam Jun. Verlag, Stuttgart 1971

Goethe, Johann Wolfgang: Faust, Der Tragödie zweiter Teil, Philipp Reclam Jun. Verlag, Stuttgart 1986

Guillon, Claude / Le Bonniec, Yves: Gebrauchsanleitung zum Selbstmord, Robinson Verlag, Frank Brunner Commandit Gesellschaft, Frankfurt/Main 1982, Übersetzung von Eva Moldenhauer

Horstmann, Ulrich: Das Untier, Konturen einer Philosophie der Menschenflucht, Suhrkamp Taschenbuch Verlag, Frankfurt/Main 1985

Jaccard, Roland / Thévoz, Michel: Manifeste pour une mort douce, Grasset, Paris 1992

Kant, Immanuel: Grundlegung zur Metaphysik der Sitten, In: Werke in zwölf Bänden, Band 7, Wiesbaden 1956

Kehl, Robert: Sterbehilfe, Ethische und juristische Grundlagen, Zytglogge Verlag, Bern 1989

Le Bonniec, Yves / Guillon, Claude: Gebrauchsanleitung zum Selbstmord, Robinson Verlag, Frank Brunner Commandit Gesellschaft, Frankfurt/Main 1982, Übersetzung von Eva Moldenhauer

Menninger, Karl: Selbstzerstörung, Psychoanalyse des Selbstmords, Suhrkamp Verlag, Frankfurt/Main 1974, Übersetzung von Hilde Weller

Minois, Georges: Geschichte des Selbstmords, Artemis & Winkler Verlag, Düsseldorf und Zürich 1996, Übersetzung von Eva Moldenhauer

Mittermayer, Manfred: Thomas Bernhard, J. B. Metzler Verlag, Stuttgart und Weimar 1995

Nehru, Pandit Shri S.: Mahatma Gandhi, Leben und Werk des großen Freiheitskämpfers, Gustav Lübbe Verlag, Bergisch Gladbach 1983, Übersetzung von Dr. Adolf Krüper

Schopenhauer, Arthur: Die Welt als Wille und Vorstellung, In: Werke in zehn Bänden, Band 2, Diogenes Verlag, Zürich 1977

Shakespeare, William: Hamlet, In: Deutsche Gesamtausgabe, Band 3, Übersetzung von A. W. Schlegel

Staël, Madame de: Betrachtungen über den Selbstmord, Stralsund 1813, Übersetzung von Fr. Gleich

Stevenson, Anne: Sylvia Plath, Eine Biographie, Frankfurter Verlagsanstalt, Frankfurt/Main 1989, Übersetzung von Friederike Roth, Manfred Ohl und Hans Sartorius

Störig, Hans Joachim: Kleine Weltgeschichte der Philosophie, Verlag W. Kohlhammer, Stuttgart 1981

Thévoz, Michel / Jaccard, Roland: Manifeste pour une mort douce, Grasset, Paris 1992

Voltaire: Randnotizen zu den Lois de Minos

Werner, Markus: Zündels Abgang, Residenz Verlag, Salzburg und Wien 1984

Wettstein, Harri: Leben- und Sterbenkönnen, Gedanken zur Sterbebegleitung und zur Selbstbestimmung der Person, Peter Lang Verlag, Bern 1997

Willemsen, Roger: Der Selbstmord, in Berichten, Briefen, Manifesten und literarischen Texten, Verlag Kiepenhauer + Witsch, Köln 1986

Zimmer, Dieter: Tiefenschwindel, Die endlose und beendbare Psychoanalyse, Rowohlt Verlag, Hamburg 1986

Zorn, Fritz: Mars, Fischer Taschenbuch Verlag, Frankfurt/Main 1994

14. Personenregister

A

Adler, Alfred 154, 156
Alvarez, A 158, 160, 161, 199
Améry, Jean 13, 37, 40, 41, 106, 107, 108, 109, 110, 111, 115, 137, 160, 161, 162, 189, 199, 200, 201
Aquin, Thomas von 127
Aristoteles 85
Augustinus 127

B

Baechi, Walter 175
Baechler, Jean 159, 160, 199, 201
Baezner, Elke 47
Baumann, Frank 180
Beckett, Samuel 188, 189, 201
Bernhard, Thomas 189, 201, 203
Bichsel, Peter 147, 148, 149
Blocher, Christoph 41, 43
Brandt, Willy 55
Brod, Max 139, 140, 141, 142, 144, 199, 201
Brücker, Michael 47
Brunner, Christiane 26,
Burger, Hermann 44, 45, 109, 110, 172, 199, 201

C

Calvin, Johannes 127
Camus, Albert 92, 93, 94, 95, 97, 199, 201
Canetti, Elias 16
Casanova, Giacomo 88, 201
Cäsar, Gaius Julius 56
Celan, Paul 161
Chamfort 103
Churchill, Winston 56
Cioran, E. A. 107, 123, 188, 189, 199, 201
Cobain, Kurt 182, 187
Crevel, René 106, 199, 201

V

W

Z